위대한 부모 위대한 자녀

차 례

시작하며 4

1부 좋은 부모를 꿈꾸며 14

1장 부모됨을 생각하며 16
2장 신적 자존감 심어주기 34
3장 진정한 인격 교육을 꿈꾸며 44

2부 자녀교육의 실수들 68

1장 인간이해의 부족 70
2장 점수전쟁터인 교육 현실 82
3장 잘못된 사랑 94
4장 부정적 자아상 120
5장 열등감 146

3부 위대한 지도자 탄생을 위하여 162

1장 신앙을 물려주는 부모 164

2장 고난을 극복하고 도전하는 부모 176

3장 대화하는 부모 186

4장 좋은 습관을 물려주는 부모 200

5장 올바른 권위로 훈계하는 부모 216

6장 함께 웃는 부모 236

7장 비전을 보여주는 부모 248

마치며 284

부 록 290
참고문헌 300

시작하며

　좋은 부모가 되려고 노력하는 사람일수록 부모 역할에 대한 바른 기준과 스스로를 향한 부지런한 성찰이 필요합니다. 그렇지 않으면 그릇된 가치관을 가진 어리석은 부모가 되어버릴 가능성이 많습니다. 하나님께서는 사람들에게 누구나 가치 있고 행복하게 살 수 있는 능력을 부여하셨습니다. 따라서 자기 안에 있는 능력을 얼마나 잘 발견하고 계발해내는가에 따라 그 사람의 인생이 결정된다고 할 수 있습니다. 귀중한 광석을 함유한 광맥이라 하더라도 발견하여 캐내지 않으면 그냥 버려지는 것과 마찬가지로 우리 자녀들 내면에 귀한 보석이 숨겨져 있지만 그저 스쳐지나가 버리면 아무런 의미가 없습니다. 하지만 우리 부모들 중에는 자녀의 내면에 있는 귀한 보석을 캐내기는 고사하고 오히려 상처를 주는 사람들이 얼마나 많은지 모릅니다.

　여러분은 어떠신지요? 잘못된 선입견과 혼탁한 가치관으로 자녀를 바라보기 때문에 그 속에 숨겨져 있는 찬란한 보석을 지나쳐버리지는 않으셨는지요? 저는 우리 자녀들의 보석을 가정에서는 부모가, 학교에서는 선생님이, 교회에서는 영적 권위자들이 찾아주고 발전시켜주어야 한다고 생각합니다. 하지만 이런 책임을 감당하기가 쉽지 않은 것이 오늘의 현실인 듯합니다.

급속하게 진행되는 인격의 파괴현상은 전 세계적인 흐름입니다. 오직 적합한 곳에 닻을 견고히 내린 아이들만이 그 강하고 위협적인 물살에서 살아남을 수 있습니다. 사이버 공간에서부터 계산대에 진열되어 있는 잡지에 이르기까지 부도덕한 영상과 타락한 정보가 우리 자녀들 주위에서 소용돌이치고 있습니다. 순수함이 가치를 지니고 인간의 생명이 존중받으며 하나님을 경외하던 시대는 지나가버린 것처럼 보입니다. 폭력과 낙태로 생명이 경시되며 하나님과 그 분을 따르는 자들을 조롱거리로 만드는 시대적 흐름을 볼 때마다 가슴을 치며 통탄할 뿐입니다. 오래 전에는 하나님의 이름이 높임을 받으시며 믿지 않는 자들에게도 존경을 받았지만 지금은 그리스도인들이 비난의 대상이 되고 하나님마저 어리석은 인물로 풍자되고 있습니다.

기독교 변증론자인 조쉬 맥도웰은 이 시대의 도덕 불감증의 심각성을 이렇게 묘사하고 있습니다.

"이 세대가 부정직과 불경과 성적 문란과 폭력과 자살에서 신기록을 수립하고 있는 가장 중요한 원인 중에 하나는 자신들의 정신적 지주를 잃어버렸기 때문입니다. 즉 도덕과 진리에 대한 그들의 근본적인 믿음이 쇠퇴했기 때문입니다."

얼마나 옳은 말인지요!

"내가 옳다고 생각하는 것은 무엇이든지 다 옳으며 절대적인 것이란 없다. 스스로 인생의 규칙을 만들어라. 그것이 좋다고 느껴지면 그냥 그렇게 살아라."

정서적인 충동에 인생을 맡기는 이런 유의 철학과 잘못된 사고가

득세하고 있습니다. 이런 그릇된 철학의 홍수는 우리의 어린이와 젊은이들의 생각과 가치관을 휩쓸고 지나가 결국에는 비참한 패배감을 맛보게 할 뿐입니다.

우리는 부모로서 우리의 자녀들을 이러한 영향력들로부터 어느 정도는 보호할 수 있습니다. 하지만 그들의 머릿속에 들어가는 모든 것을 통제할 수는 없습니다. 만일 자녀들이 학교에 다닐 나이라면 그들은 하루 중 가장 중요한 시간 동안 우리와 떨어져 있게 됩니다. 그러므로 이 세상의 사고방식으로부터 그들을 완전히 차단할 수는 없습니다. 그러나 아무리 세상적인 생각들이 그들의 감수성에 영향을 주더라도 그들이 굳게 서 있도록 해 주는 정신적 진리의 토대, 즉 그 홍수의 물 위로 물살을 막을 힘과 용기를 주는 견고한 반석을 마련해 줄 수는 있습니다.

그 반석은 바로 하나님의 말씀입니다. 성경은 우리 자녀들에게 유산으로 전해 줄 영원한 진리입니다. 그러므로 우리가 성경의 진리들을 충실하게 가르치고 이 교훈대로 살아가도록 우리 자녀들을 돕는다면 그들은 홍수 속에서도 안전한 항구를 가질 것이고 인생의 확실한 지반 위에 삶이 세워질 것입니다.

저는 꿈을 꿉니다. 우리의 귀한 보석들이 찬란하게 빛을 발하는 그런 꿈을 꿉니다. 저들이 자신들의 재능과 은사로 이 세상을 섬겨 그 빛을 온 누리에 펼치는 꿈을 꿉니다. 세상을 섬기는 우리 아이들 때문에 하나님께서 영광을 받으시고 그 자신들은 행복과 사랑 가운데 감격하며 살아가는 꿈을 꿉니다.

이 얼마나 뿌듯한 기쁨인지요? 저는 현실이 아무리 어두워도 하나님 때문에 이 소망을 더욱 굳게 붙잡습니다. 그래서 저는 하나님이 주신 비전을 늘 되새깁니다. 그 비전은 "다른 사람이 비전의 지도자가 되도록 돕는 것"입니다. 이 비전은 하나님이 저에게 주신 하나님의 비전이요 소명입니다. 이 소명 때문에 이 책이 나오게 된 것입니다.

저는 우리들의 자녀가 하나님의 형상으로 지음 받은 아름답고 귀한 보석임을 믿습니다. 너무도 위대하고 귀해서 하나님께서 심히 좋았더라고 탄성을 지를 수밖에 없었던 바로 그 존재임을 믿습니다.

이런 귀한 존재인 우리의 자녀를 이 시대와 담대히 맞서 싸울 수 있는 위대한 하나님의 사람으로 만들어야 합니다.

그러려면 어떻게 해야 할까요? 그것은 부모가 먼저 위대한 하나님의 사람이 되는 것입니다. 전능하신 하나님께서 우리를 당신의 자녀 삼으시고 우리에게 이 세상을 정복하고 다스리고 지배하자고 하셨습니다. 그러나 인간은 타락하여 생각과 삶, 행동을 비롯한 전인이 부패한 존재입니다. 하나님께서 은혜주시지 않으면 선을 행할 수 없는 그런 연약한 죄인입니다. 이런 우리가 어떻게 위대한 존재가 될 수 있겠습니까?

여기에서 우리는 위대함이 무엇인지 먼저 정리해야 합니다. 위대한 것은 우리가 아니라 하나님이십니다. 전능하신 하나님께서 그 위대한 손길로 우리를 예수님의 사람으로 만들어 주셨기에 우리가 위대해진 것입니다. 이 사랑에 감사한 마음으로 하나님의 뜻에 순종하여, 말씀대로 자녀를 키우기 위해 애쓰는 그 노력이 바로 위대한 것입니다. 하나님의 뜻을 실현하려고 몸부림치는 부모, 하나님의 뜻대로 자녀를 키우려 애쓰는 부모가 바로 위대한 부모입니다. 이런 부모는 위대해 질 운명을 안고 태어난 자녀를 향해 위대한 비전을 꿈꿀 것입니다. 그래서 매일이런 메시지를 전달 할 것입니다.

"너는 위대한 하나님의 사람이란다. 하나님을 위해 그 힘을 사용하렴. 넌 나의 영웅이야."

이렇게 섬긴 내 아이는 하나님 안에서 위대한 자녀가 될 것입니다. 저의 이런 비전에 대해 주님께서는 생각과 꿈을 주시고, 실제적인 대안을 갖게 하셨습니다.

이 책은 2005년도에 출판되어 2012년까지 많은 사람들에게 오랫동안 사랑받아온 '탁월한 자녀를 위한 특별한 교육법'의 개정판입니다. 그동안 강의를 하면서 부족한 점이 발견되어 수정, 보완을 하였습니다. 그 과정에서 위대하신 하나님께서 우리를 위대하게 만드셨고, 또 우리의 자녀들을 하나님의 아름다운 형상대로 위대하게 키우라는 비전을 주심에 동의하여 제목도 '위대한 부모, 위대한 자녀'로 새롭게 바꾸었습니다.

1962년 J.리 톰슨 감독은 고골리의 초기 작품 '대장 부리바'라는 역사 소설을 영화로 만들어 세인의 관심을 모았습니다. 율 브린너와 토니 커티스, 크리스틴 카프만이 열연한 영화였습니다. '대장 부리바'는 코사크와 폴란드 귀족간의 치열한 전투 속에서 적장의 딸과 사랑에 빠진 아들이 끝내는 우군을 배반하자 그 아들을 제 손으로 처단하는 아버지 부리바의 통한의 이야기로서 가족과 사랑, 민족이라는 운명의 끈에 의해 엮어진 슬픔의 대서사시입니다.

저는 이 영화에서 아들을 처단하면서 그 아버지 부리바가 남긴 말에 강한 인상과 큰 충격을 받았습니다. "내가 목숨을 주었으니 내가 목숨을 거두노라." 이 말은 부모가 자녀의 전능자요, 자녀는 부모의 소유임을 천명하는 말입니다. 저는 이러한 주장과 신념에 반대합니다. 부모는 일정한 기간 동안 아이를 위탁받은 청지기입니다. 동시에 같은 인간됨을 가지고 고뇌하며 살아가는 동등한 사람임을 잊지 말아야 합니다. 때가 되어 자녀가 자신의 길을 가기까지 보호하며 양육하여 자기 능력과 자기됨을 찾도록 이끌어주는 것이 부모인 것입니다.

저는 이러한 관점을 '따뜻함'이라는 말로 정리해 보았습니다. 제가 이해하는 '따뜻함'이라는 말은 부모가 진정한 권위를 사용하는 관계 형성입니다. 즉 아이를 바르게 세우기 위해 부드럽게 배려하는 마음으로 권위를 사용하는 것입니다. 이때 자녀는 부모가 나와 같이 서 있는 '동등한 존재'임을 느끼며, 자신을 낮추려는 그 고뇌에 찬 몸부림에, 그 공감적 시각에 감동하는 것입니다.

주님은 아비인 우리에게 말씀하시길 너희는 아비가 되지 말라고 하셨습니다(마 23:9). 왜냐하면 우리에게는 진정한 아버지가 계시기 때문입니다. 그 아버지의 뜻대로 우리 자녀가 아름답게 서도록 겸손히 주님 앞에 머리 숙이는 부모가 되어야 할 것입니다. 이를 위해 현 시대의 문제들을 직시하면서도 보다 나은 교육을 통하여 우리의 자녀를 비전 있는 사람으로 키워야 할 것입니다. 이 책은 진정으로 자녀를 사랑하고 올바르게 교육하고 싶어 하는 부모들을 위해 만들어진 것입니다. 여기에 있는 내용만 잘 숙지하여 적용한다면 우리의 자녀는 행복해 할 것이며 그들의 미래 또한 밝을 것입니다.

사실 이 책의 내용은 하나님께서 제게 주신 선물들인 저의 자녀, 자연이와 수연이, 그리고 제가 섬기는 한밀교회 성도들의 자녀를 사랑으로 양육하면서 얻게 된 깨달음을 바탕으로 쓰였습니다. 이 책은 그들 모두와 함께 한 작품이기에 사랑하는 저의 육적, 영적 자녀 모두에게 이 책을 바치고자 합니다.

이 책이 나오기까지 도움을 주신 많은 분들께 감사와 사랑의 마음을 전하고 싶습니다. 이 책을 쓰면서 저의 구상에 지지와 비평, 조언을 아끼지 않으며 창조적인 대안으로 섬겨주시고 이 글의 초고와 마무리 손질에까지 함께 참여해준 유근준 교수님, 아울러 교회 사역의 바쁜 여정속에서 나를 돕기위해 수많은 밤들을 하얀 새벽으로 맞이하며 전혀 불평하지 않고 수고해주신 김선경, 임선옥 전도사님, 편집과 디자인으로 수고해 주신 김명진 집사님, 수준 있는 솜씨로 원고를 교정해주신 전은희 집사님께 감사를 드립니다.

사실 자녀교육에 대해 누가 감히 장담할 수 있겠습니까? 제가 책을 쓰는 중에도 저는 딸 아이와 작은 갈등이 있었습니다. 늦은 나이에 얻은 딸은 지금 초등학교 6학년입니다. 이 딸이 작년부터 저의 흰머리가 나이가 들어보여 싫다며 염색을 하는 것이 소원이라고 사정을 합니다. 딸의 입장에서 보면 충분히 이해가 됩니다. 자기 나이 또래의 젊은 아빠와 제가 얼마나 비교가 되겠습니까? 그러나 저는 나이가 들어감에 따라 생기는 백발은 자연스러운 것이며 "젊은 자의 영화는 그의 힘이요 늙은 자의 아름다움은 백발이니라(잠 20:29)"는 성경말씀처럼 백발은 아름다운 것이라고 늘 말해오던 소신이 있던

터라 어떻게 하는 것이 딸에게 고통을 적게 주고 나의 말도 지켜가는 것인지 고민하게 됩니다. 자녀를 사랑하기 때문에 그만큼 더 많은 고민과 염려가 지나갑니다. 하지만 이 모든 것을 저의 하나님께 의탁하고 딸과 대화하면서 이 문제를 풀고 있습니다.

좋은 부모가 된다는 것은 결코 쉬운 일이 아닙니다. 위대한 부모가 된다는 것은 더욱 더 어려운 일입니다. 그렇기에 위대한 부모는 자신의 능력이나 실력을 내세우는 자가 아니라 매순간 하나님 아버지의 음성을 들으며 그분의 뜻이 무엇인지 의뢰하고 순종하며 살아가는 자입니다. 하나님이 상처투성이인 저와 우리 시대의 모든 사람들을 은혜로 이끄신 것처럼 우리의 모든 자녀들에게 동일한 은혜를, 아니 더 크신 긍휼을 베풀어 주시기를 기도할 뿐입니다.

오, 주님 저들을 축복하소서.

하나님 아버지의 뜻대로 교육하기를 열망하는 마음으로

2012. 7.

하나님의 자녀 심수명

자녀를 위한 기도

오, 주님이시여!
나의 자녀를 이렇게 키워 주소서.
약할 때에 자기를 분별할 수 있는 강한 힘과
무서울 때 자신을 잃지 않을 수 있는 담대한 마음을 주시고
정직한 패배에 부끄러워하지 않고 태연하며
승리할 때 온유하고 겸손할 수 있는 자녀로 키워 주소서.

생각해야 할 때에 고집하지 말게 하시고
주님을 알고 자신을 아는 것이
지식의 근본임을 아는 자녀로 키워 주소서

바라옵건대, 그를 안일과 쾌락의 길로 인도하지 마옵시고
고난과 역경 속으로 인도하사
폭풍우 속에서도 용감히 일어설 줄 알고
패자를 불쌍히 여길 수 있는 사랑을 배우게 하소서

마음이 깨끗하고 목표가 고상한 자녀
남을 정복하려고 하기 전에 먼저 자기 자신을 다스릴 수 있는 자녀
장래를 내다보는 동시에 과거를 잊지 않는 자녀로 키워 주소서.

그리고 또 유머를 알게 하시고
인생을 엄숙하고 진지하게 살면서 삶을 즐길 줄 알게 하시며
자기 자신을 너무 크게 평가하지 않는 겸손한 자녀로 키워 주소서.

또한 참으로 위대한 것은 소박한 것이며
참된 지혜는 개방된 것이요
참된 힘은 온유함이라는 것을 항상 기억하게 하소서.

그러면 아버지 나는 감히 이렇게 고백하겠나이다.
"내 생애는 결코 헛되지 않았노라!"

— 맥아더 장군의 자녀를 위한 기도문 —

자녀교육에 있어서 가장 중요한 첫 번째 원칙은 아마도 '자녀를 자신의 소유물이 아닌 하나의 독립된 인격체로 대하라'일 것입니다. 하지만 실제로 그렇게 대하는 부모는 매우 드문 것 같습니다. 심지어 어떤 부모는 자녀는 내 몸으로 낳았으니 바로 나라고 생각하면서 자신이 원하는 방식대로 통제하면서 키우기도 합니다. 옛날만큼은 아니지만 아직도 자녀를 부모의 분신으로 생각하는 경우가 많은 것이 현실입니다. 이런 경우 자녀의 성공은 곧 나의 성공이고 자녀의 실패는 나의 실패, 더 구체적으로 말하면 자녀의 성적이 곧 부모의 성적이 되어버립니다. 이런 현실 속에서 과연 시대를 뛰어넘는 위대한 지도자가 탄생할 수 있을까요? 부모 된 우리는 과연 어떻게 키우는 것이 자녀를 잘 키우는 것인지 다시금 새롭게 고민해보고 그 길을 찾아야 할 것입니다.

1부
좋은 부모를 꿈꾸며

1장 부모됨을 생각하며

2장 신적 자존감 심어주기

3장 진정한 인격 교육을 꿈꾸며

1장
부모됨을 생각하며

부모로 사는 어려움

다음은 어느 목사님 가정의 이야기입니다. 이 목사님은 인격적으로 자녀를 존중하면서도 권위 있는 지도로 가정을 잘 이끌어나가시는 분이셨는데, 어느 날 막내딸이 갑자기 냉담해지면서 대화를 거절하는 것이었습니다. 누가 물어도 대답을 하지 않습니다. 목사님이 계속 대화를 시도하지만 딸은 여전히 거절하고 입을 열지 않았습니다.

가족 간에 썰렁한 분위기가 오래 지속되니 아빠로서 견디기 어려워 어느 날 밤 조용히 딸아이의 방문을 두드렸습니다. 아무 반응이 없었지만 막내딸의 이름을 계속 부르고 그의 동의를 구하며 방문을 열고 들어가니 딸은 침대에 누워 천장만 바라보고 있었습니다. 딸의 행동은 대화를 나누고 싶지 않으니 조용히 나가달라는 것처럼 보였습니다.

그래도 목사님은 이번 기회를 놓칠 수 없다고 생각하여 침대 가까이 가서 앉으면서 딸의 이름을 부르며 물었습니다. "무슨 일이니? 내가 잘못한 것이라도 있니?" 그러자 딸은 약간 비꼬는 투로 말하는 것입니다. "아니요, 아빠가 잘못하신 적이 있나요? 아니에요." 그리고 계속 천장만 쳐다보고 있는 것입니다. 아빠는 딸이 마음을 열기를 기다리며 그 옆에 말없이 앉아있습니다.

딸의 가슴에 아빠의 노력하며 애쓰는 진심이 전해지자 눈에 눈물이 흐르기 시작했습니다. 그러자 아빠는 딸이 자기도 모르는 심각한 고민이 있다고 생각하고 근심어린 마음으로 다시금 물었습니다. 한참 후에 딸이 얼굴을 외면하고 내뱉는 말이 "아빠, 저는 며칠 전에 아빠가 엄마를 대하는 태도에 완전히 실망했어요."

딸의 말이 아빠의 귀에 청천벽력처럼 다가왔습니다. 너무 놀라 한참 생각해 보니 한 가지 기억나는 일이 있었습니다. 아내가 부엌에서 식사준비를 할 때 무슨 일인가 아내에게 역정을 내던 일이 떠올랐습니다. 그때 딸이 옆에 있다는 것도 모르고 지나치게 감정을 폭발했는데 딸의 마음에 목사이자 상담가인 아버지의 모습이 위선적으로 비춰진 것입니다. 목사님은 자신의 잘못을 고백하며 딸에게 용서를 구하였습니다.

이처럼 참 교육은 삶의 전달이기에 매우 어렵습니다. 그러나 우리의 모습을 있는 그대로 인정하면서, 우리의 아이들을 사랑으로 이끄는 수고는 얼마나 귀합니까?

인간은 누구나 자기방어기제가 있습니다. 그래서 나에게 해를 주거나 악한 말과 행동을 하는 사람이 있을 때 마음을 닫아버리고 그 사람에게서 멀리 도망을 가게 돼 있는데 부모에 대해서는 이런 방어기제가 작동을 하지 않습니다. 자녀는 부모에게 사랑받고 싶어서 마음을 항상 열어 놓기 때문에 부모가 부정적이고 잘못된 행동을 하면 마음에 상처를 입게 될 수 밖에 없습니다. 그리고 그것이 반복되면 자녀의 가슴에는 상처가 쌓이다가 마침내 한꺼번에 폭발하여 노와 분기를 가지고 부모에게 대들거나, 자신을 죽여 버립니다.

자녀는 부모에게 온전함을 기대하는 것이 아닙니다. 실수했을 때, 잘못했을 때 정직하게 "그건 내가 부족한 것"이라고 말할 수 있는 부모, 자기 자신을 정직하게 열어서 있는 그대로 진실하게 말할 수 있는 부모를 원합니다. 하지만 많은 경우에 부모들은 쓸데없는 권위주의 때문에 자기를 은폐하고 숨기며 고집을 부리게 됩니다. 그럴 때 자녀는 부모에게서 위선적인 모습을 보게 되고, 더 이상 마음을 열 수 없는 관계까지 치닫게 되는 것입니다.

부모의 가치관

오늘날 대다수의 자녀들이 대중매체에 길들여지고 있습니다. 풍부한 물질, 넘치는 정보, 성의 개방, 열광적 스포츠, 연예인 우상화 등에 노출되어 획일적인 인생을 강요받고 있습니다. 마음속에 공허함을 느끼지만 그 원인을 찾아 해결하는 데는 무기력합니다.

우리들은 저마다 자신의 머릿속에 수도 없이 많은 가치관을 가지고 있습니다. 그런데 문제는, 자신의 무의식에 가득 차 있는 가치관을 자신이 모른다는 것과 그 가치관이 옳은지 그른지 알지 못한 채 부지불식중에 그 가치관에 휘둘려 살아간다는 것입니다. 부모는 의식하든지, 의식하지 않든지 간에 자신의 가치관에 따라 자녀를 양육합니다. 따라서 자신의 가치관을 점검하여 말씀 안에서 치유하고 통합하는 수고가 필요합니다.[1)]

　많은 사람들이 우리나라의 현실을 보고 미래에 대해 불안해하는 것은 훌륭한 지도자가 부족하기 때문입니다. 뇌물과 무관한 정치인이 과연 몇 명이나 되는지, 정말 깨끗한 정치인이 한 사람이라도 있을지, 의문이 드는 그런 시대적 상황 속에 우리가 살아가고 있습니다. 왜 이 땅에 훌륭한 지도자가 적을까요? 간단합니다. 그것은 부모인 우리가 자녀에게 위대한 지도자의 씨앗을 심지 않았기 때문입니다.

　미국의 위대한 대통령 중 한 분인 아브라함 링컨을 생각해봅시다. 링컨과 같은 훌륭한 지도자가 태어난 것은 좋은 부모가 있었기 때문입니다. 링컨의 전기 작가들은 링컨에게는 훌륭한 지도자가 될 만한 조건들이 하나도 없었다고 말합니다. 하나님께서는 그에게 가난과 신앙의 어머니를 주셨을 뿐입니다. 링컨이 그의 절친한 친구 빌리 헌

---

1) 가치관을 다른 말로 세계관이라고 합니다. 가치관의 차이 중 제일 큰 것이 기독교적 가치관인가? 세속적 가치관인가? 하는 것입니다.

던에게 쓴 편지에 이런 내용이 있습니다.

'내가 아직 어려 글을 읽지 못할 때부터 어머니께서는 날마다 성경을 읽어주셨고 나를 위해 기도하는 일을 쉬지 않으셨네. 통나무집에서 읽어주시던 성경 말씀과 기도 소리가 지금도 내 마음을 울리고 있네. 나의 오늘 나의 희망, 나의 모든 것은 천사와 같은 나의 어머니에게서 물려받은 것이라네.'

오늘 우리시대의 문제는 좋은 지도자를 길러낼 수 있는 좋은 부모가 부족한 것입니다. 우리 자녀들이 위대한 지도자가 되는 것은 부모인 우리가 믿음에 근거한 위대한 삶을 살고 있는지에 달려있다고 할 수 있습니다. 내가 믿음과 소망과 사랑으로 내 자녀를 키우면 이 자녀가 내일의 모세가 될 수도 있고 내일의 아브라함이 될 수도 있는 것입니다.

히브리서 11장 24절에서 26절을 보면 '믿음으로 모세는 장성하여 바로의 공주의 아들이라 칭함을 거절하고 도리어 하나님의 백성과 함께 고난 받기를 잠시 죄악의 낙을 누리는 것보다 더 좋아하고 그리스도를 위하여 받는 능욕을 애굽의 모든 보화보다 더 큰 재물로 여겼으니 이는 상 주심을 바라봄이라' 는 말씀이 있습니다.

어떻게 모세가 이와 같은 큰 결정을 내릴 수 있었을까요? 그것은 부모의 영향 때문입니다.

일찍이 모세는 바로의 공주의 아들이라는 명예를 거절하고 이스라엘 민족을 탈출시켰습니다. 모세가 어떻게 그런 위대한 결정을 어떻게 내릴 수 있었겠습니까? 그것은 진정으로 영원한 것이 무엇이냐,

무엇이 참으로 가치가 있느냐 하는 것에 대해 바라볼 수 있는 눈을, 어머니가 심어주었기 때문입니다. 그래서 스스로 백성과 함께 고난의 길을 선택하게 됩니다. 모세가 이기심을 거절하고 백성과 함께 의미 있는 고난을 받기로 선택한 것은 그의 부모의 영향 때문임이 자명합니다.

하나님은 모세라는 훌륭한 지도자를 이스라엘에 주기 전에 아므람과 요게벳이라는 훌륭한 부모님을 준비시켜 주셨습니다. 당시 이스라엘은 애굽의 속국이었습니다. 애굽왕은 이스라엘 백성이 강성해지는 것을 두려워하여 아들을 낳으면 전부 죽이라고 하였습니다. 그런데 히브리서 말씀을 보니 '믿음으로 모세를 낳을 때 그 부모가 아름다운 아이임을 보고 석 달 동안 숨겨 임금의 명령을 무서워 아니하였으며…….' 라고 말하고 있습니다. 국가의 명령이라도, 시대적 흐름이 아무리 대세라도, 진리에 따라 거룩한 삶을 결단할 수 있는 사람이 아므람과 요게벳이었습니다. 이들은 아이를 살리기 위해 목숨을 걸었습니다. 석 달이 지나 아이의 울음소리가 너무나 우렁차서 더 이상 숨길 수 없게 되자 하나님의 섭리에 아이를 맡겨보기로 하고 지혜를 다하여 갈대 상자를 만들고 역청을 칠해 아이를 그 속에 누이고 나일 강에 떠내려 보냅니다. 그리고 하나님의 간섭으로 바로의 딸 공주가 목욕하러 나왔다가 그 상자를 발견하게 되고 모세를 자신의 아들로 삼습니다.

그때 누이인 미리암이 공주에게 나아가 모세의 친어머니를 유모로 소개하여 그 어머니가 합법적으로 모세를 기르게 됩니다. 그 당시 귀족이나 왕족들은 어머니가 친히 젖을 먹이지 않고 유모에게 젖을 먹여서 키웠는데 보통 4년 동안 유모 밑에서 자라게 됩니다. 이 4년 동안 요게벳이 얼마나 정성을 다해 모세를 믿음으로 키웠을지는 충분히 짐작하고도 남습니다. 얼마나 철두철미하게 신앙교육을 했던지 그 4년의 교육이 애굽의 40년 교육을 이겼습니다.

목숨을 걸고 교육한 부모의 사랑으로 인해 영원을 볼 수 있는 안목을 갖게 된 모세는 세상의 흐름을 따라가지 않았습니다. 오늘 우리 시대의 성공위주 교육은 세상에서 잘 먹고 잘 살기 위해 함께 달려가자고 우리를 유혹하고 있습니다. 우리는 이러한 유혹을 분별하며 뿌리치고 더 높은 가치를 바라보아야 합니다.

청지기 의식을 가진 부모

아메리카 인디언들은 추장이 아들을 얻으면 그 아이를 미래의 추장으로 정해 놓고, 부족을 지킬 만한 용감한 추장이 되도록 강인한 양육 과정을 거치는 것이 전통이었습니다. 이 아이는 성인이 될 때까지 여러 가지 훈련을 통과해야 하는데, 그 중에서 가장 위험한 훈련이 '광야 훈련' 입니다. 추장은 부족의 거주지와 멀리 떨어진, 사나운 들짐승과 독사들이 우글대는 광야로 아들을 데리고 갑니다. 거기서 아이를 나무에 묶어놓고 창 한 자루만 쥐어준 채 돌아옵니다. 그런 후 다음날 아침이 되면 아이를 데리러 갑니다. 아이는 홀로 남아 야수들의 울음소리를 들으며 자신의 담력을 테스트 받습니다. 그런데 그 위험한 시험에서 사고가 발생하는 일은 별로 없습니다. 이유인즉 아들이 나무에 묶여 있는 동안 추장인 아버지는 마을로 돌아가지 않고 아이 몰래 들짐승을 쫓아내며, 밤새도록 활시위를 당긴 채 아들을 지키고 있기 때문입니다.

이 땅의 부모라면 이 이야기에 등장하는 인디언 추장의 심정을 모두 이해하고도 남을 것입니다. 아니, 모두 겪어보았을 것입니다. 한 자녀가 자라 성인이 될 때까지 보이지 않는 곳에서 얼마나 많은 돌봄과 헌신이 있는지 부모인 우리는 너무나 잘 알고 있습니다. 하나님은 부모인 우리에게 자녀 양육을 의탁하셨습니다. 부모는 하나님을 대신해서, 하나님 아버지의 마음으로 자녀를 양육해야 합니다.

"아비들아 너희 자녀를 노엽게 하지 말고 오직 주의 교양과 훈계로 양육하라"(에베소서 6:4).

이 말씀은 부모가 하나님을 대행해서 자녀를 양육하고 훈련하여 하나님이 쓰시고자 할 때 온전히 내어 드리도록 양육하라는 뜻입니다. 자녀를 부모 마음대로 키우지 말고 하나님의 뜻과 말씀에 따라 양육하라는 의미입니다. 따라서 자녀 양육은 부모가 갖는 특권임과 동시에 막중한 책임이 따르는 일입니다. 자녀는 부모의 소유물이 아닙니다. 하나님의 자녀일 뿐입니다. 부모는 하나님의 청지기입니다. 부모가 된다는 것은 자녀를 하나님의 일꾼으로 훈련시키고, 하나님의 자녀로 살아갈 수 있도록 필요한 모든 것들을 구비시켜야 하는 자임을 인식하는 것입니다.

옛날 어느 나라에 반란이 일어났습니다. 왕을 가까이 모시던 신하가 반란을 일으켰습니다. 왕을 죽이고 왕의 모든 가족을 죽였습니다. 그런데 나이 어린 왕자 하나가 기적적으로 살아남았습니다. 군사들이 왕자를 죽이러 갔을 때 유모가 자기 아들을 내어주고 왕자를 살린 것입니다.

그 유모는 숨어서 왕자를 키우며 그 아이의 본래 신분이 왕자임을 절대 잊지 않았습니다. 자신은 비록 헐벗고 굶주리지만 왕자에게는 비싼 돈을 들여 최고의 교육을 시켰습니다. 훌륭한 스승을 만나 학문과 무예도 닦게 해주었습니다. 드디어 이 왕자가 청년이 되었을 때 학문과 무예에 능한 아주 듬직한 청년이 되었습니다. 마침 그 나라에 전쟁이 벌어졌고 이 청년은 전쟁터에 나가 공을 세우고 그 뛰어난 실력을 인정받아 장군으로 발탁됩니다. 그리곤 전쟁터에 나가 싸울 때마다 승리를 거두었습니다. 전쟁이 끝나갈 무렵 이 젊은이의 명성은 온 나라에 퍼져나갔습니다. 드디어 전쟁이 영광스러운 승리로 끝나게 되었습니다.

왕자는 제일 먼저 어머니에게 달려왔습니다. 어머니 앞에 무릎을 꿇고 고백합니다.

"이 승리는 저의 것이 아니고 어머니의 것입니다. 어머니의 사랑과 희생이 없었다면 오늘의 제가 어찌 있을 수 있겠습니까?"

이때 유모는 때가 왔음을 알아차리고 왕자에게 절을 하며 "왕자님 사실 저는 왕자님의 어머니가 아닙니다. 저는 단지 유모에 불과합니다. 이 나라에 큰 난이 일어났을 때 제 아들을 왕자님 대신 내어주고 제가 왕자님을 길렀습니다."라고 모든 과정을 이야기하였습니다.

유모가 이어서 말하기를 "이제 왕자님이 이렇게 훌륭한 젊은이로 성장하였으니 저는 더 이상 바랄 것이 없습니다. 단지 하나 소원이 있다면 왕자님이 잃어버린 자신을 되찾고 잃어버린 아버지의 명예를 회복하는 것입니다."라고 하면서 왕자에게 용기와 도전정신, 비전을 제시하였습니다.

그날 밤 깊이 고민한 왕자는 굳게 결심하고 군사들을 이끌고 왕궁으로 들어갔습니다. 왕궁에서는 개선장군이 왔다고 성문을 활짝 열고 환영하였고 왕이 친히 나와 그 왕자를 맞으며 무슨 소원이든 들어주겠다고 합니다.

이때 왕자가 "저에게 두 가지 소원이 있습니다. 하나는 아버지를 죽인 원수를 갚는 것이고 또 하나는 저의 아버지가 잃어버린 것을 찾는 것입니다." 말합니다.

그러자 왕이 "그래, 그렇다면 그 사람이 누구인지 말하게. 내가 자네의 소원을 다 들어주겠네."라고 대답하였습니다.

이때 왕자가 "저의 부모님을 죽인 원수는 바로 당신입니다. 그리고 저의 아버지가 잃어버린 것은 바로 이 나라와 왕으로서의 명예입니다. 지금 그것을 저에게 주십시오."

그 순간 왕자의 군사들이 달려가 그 왕을 사로잡아 폐위시켜 죽이고 반역에 동참했던 신하들을 죽였습니다. 그리고 왕자는 왕으로 등극하였습니다.

이 이야기 속에서 여러분은 어떤 교훈을 얻으십니까? 제가 드리고 싶은 메시지는 이것입니다. 지금 당신이 키우고 있는 자녀가 내 자녀입니까, 하나님의 자녀입니까? 만약 내 자녀라고 생각한다면 결코 하나님의 사람으로 키울 수가 없습니다. 그리스도인 부모는 나의 자녀가 나의 것이 아닌 하나님의 자녀임을 아는 사람입니다. 부모는 청지기입니다. 자녀의 원래 신분이 무엇인가를 분명히 깨달아야 합니다.

자녀는 '손님'입니다. 손님이란 내 집에 잠시 머물러 있다가 떠나는 투숙객입니다. 집에 손님이 오면 우리는 사랑과 정성으로 손님을 잘 대접하여 그를 기쁘게 하려고 애를 씁니다. 자녀는 하나님께서 나에게 맡겨주신 손님입니다. 우리는 손님에게 과한 기대감을 갖지 말고, 잘 대접하고 도와주어서 그가 제 길을 갈 수 있도록 힘과 능력을 길러주어야 합니다.

자녀의 자유의지를 존중하는 부모

하나님은 인간에게 자유의지를 부여하셨습니다. 우리를 로봇이나 동물처럼 창조하지 않으셨습니다. 그래서 자유의지를 가진 인간은 하나님과의 인격적이고 충심어린 관계를 맺을 수 있습니다. 물론 자유의지를 가지고 하나님을 거역할 위험이 있었지만, 하나님은 자유를 부여하셨고 우리의 인격을 존중하셨습니다.

이와 마찬가지로 부모도 자녀의 인격과 자유의지를 존중해야 합니다. 강요나 억압으로는 진정한 사랑의 관계를 맺을 수 없습니다. 강압적인 지배로는 자녀에게 사랑을 줄 수도, 자녀에게 사랑을 받을 수도 없는 것입니다. 진정한 사랑이란 대상의 인격과 자유의지를 존중하는 것에서 출발합니다.

　인간은 죄인으로서 깨어진 마음을 가지고 태어나지만 하나님의 사랑을 아는 부모의 사랑으로 회복될 수 있습니다. 비록 깨어진 존재이지만 하나님의 사랑으로 재형성이 가능한 존재입니다. 이런 점에서 부모의 역할은 중요합니다. 부모가 무심코 던진 말 한마디가 자녀의 자아상에 깊은 상처를 낼 수도 있다는 점을 명심하십시오. "너는 참으로 귀한 하나님의 자녀야." "너는 정말로 사랑스러워." "하나님이 너를 너무나 사랑하신단다." 하고 말해주면, 자녀는 '나는 귀하고 사랑스럽다. 하나님은 나를 너무나 사랑하신다.'고 굳게 믿으며, 건강한 자아상을 형성할 수 있습니다. 그리고 성인이 된 후에도 대인 관계를 잘 하고, 자신감 있고, 실패를 두려워하지 않는 건강한 사람으로 뻗어 나갈 것입니다.

　그렇다고 부모에게 완벽함을 요구하는 것은 아닙니다. 인간은 죄인이기에 연약한 존재입니다. 부모가 하나님의 뜻대로 자녀를 양육한다 해도 완벽하게 키울 수는 없습니다. 그러므로 자신의 부족함을 인정하면서 겸손한 태도로 자녀를 양육하고 매순간 하나님의 도우심과 은혜를 구해야 합니다.

부모 존경과 하나님 경외

　요즘 우리 청소년들은 부모를 존경하기보다는 자신을 뒷바라지하는 사람으로 인식하는 경향이 많습니다. 가정에서 아버지의 위상을 조사하기 위한 '현재 아빠를 존경하는가?'라는 질문에 무려 62%의 청소년이 '아니오'라고 대답했다고 합니다. 게다가 '아버지와 가장 하고 싶은 일은 무엇인가?'라는 질문에 '없다'고 답한 학생들도 적지 않다고 합니다. 참 가슴 아프지 않습니까? 부모들은 아이들을 위해 모든 것을 걸고 헌신하고, 가정을 위해 자신을 희생하면서 사는데 왜 이런 일이 일어나는 걸까요?

어떤 사람들은 세대차이 때문이라고 말하고 어떤 사람들은 아이들과 의사소통이 이루어지지 않기 때문이라고 말합니다. 하지만 근본적인 문제는 우리가 자녀들에게 부모를 존경하는 법을 가르치지 않았기 때문입니다(김인환, 2006, 231–232).

부모 공경이 자녀에게 축복임을 가르쳐야 합니다. 출애굽기 20장 12절은 말씀하고 있습니다.

"네 부모를 공경하라 그리하면 너의 하나님 나 여호와가 네게 준 땅에서 네 생명이 길리라."

무슨 말입니까? 부모를 존경하는 것이 축복이라는 말입니다. 다시 말해서 자녀가 아무리 좋은 대학을 나와 부와 명예를 갖는다 해도 부모를 공경하지 않는다면 축복된 인생을 살아갈 수 없다는 것입니다. 그러기에 자녀들이 축복된 인생을 살아가길 원한다면 무엇보다 자녀가 부모를 존경하는 마음과 자세를 가질 수 있도록 해야 합니다.

그리고 더 중요한 이유가 있습니다. 부모를 존경하는 자녀는 하나님을 경외하며 그리스도의 사랑을 받아들이는 것을 어려워하지 않고, 부모를 존경하고 사랑했듯이 하나님을 존경하고 사랑하게 됩니다. 즉 부모를 존경하는 자녀는 하나님을 경외하기가 쉽습니다. 부모의 권위에 순종하는 자녀는 하나님께도 진심으로 순종할 수 있기에 이것은 너무도 중요합니다.

자녀 양육에 성경적이고 실제적인 통찰력을 제공해 주고 있는 제임스 돕슨은 '자녀 훈계와 사랑'이라는 저서에서 이렇게 말하고 있습니다.

"부모에 대한 존경은, 예수 그리스도에 대한 사랑을 자기 자녀에게 물려주기를 원하는 그리스도인 부모들에게는 더없이 중요한 요소다. 왜냐하면 어린 아이들은 대개 부모, 그 중에서도 아버지를 하나님과 동일시하기 때문이다. 따라서 그들의 부모가 존경받을 가치가 없다면 부모의 도덕과 조국, 가치관, 신념, 심지어는 종교적 믿음까지도 마찬가지가 된다."

자녀에게 존경받는 어머니

당신의 자녀가 이 세상에서 가장 존경하는 분으로 당신을 꼽는다면 이보다 더 보람 있는 일이 어디 있겠습니까? 그러나 존경받는 부모는 누구나 얻을 수 있는 이름이 아닙니다. 그럼에도 불구하고 도전해야 하며 하나님께 순종하면서 노력해야 하는 것이 부모됨의 목표입니다. 존경받는 부모란 하나님이 부모에게 주신 진정한 권위를 가지고 자녀를 대하는 부모입니다. 존경심은 내적인 마음의 상태로서 부모의 삶에 대한 진실한 감동이 있을 때 발현되며, 이것이 있을 때 부모의 권위를 인정하고 자발적인 순종이 뒤따르게 됩니다. 우리가 이런 부모라면 이 얼마나 큰 축복이겠습니까?

우리 교회의 교인이었고 평범한 가정 주부였던 한 어머니의 이야기를 소개하고자 합니다. 저는 그 분 안에 있는 잠재력과 재능을 발견하고 하나님과 영혼들을 위해 자신의 인생을 좀 더 주도적으로 살도록 격려하였습니다. 그러자 그분은 자신의 은사를 발견하고 말씀 공부를 통해서 자신을 성장시켜갔습니다. 그리고 그리스도의 성품에 따라 변화의 삶을 시작하였습니다. 뿐만 아니라 영혼들을 섬기는 영적 어미의 역할을 다하기 위해 자기부인이란 처절함을 감당하였습니다. 또한 힘들고 고된 상담과 심리치료의 임상훈련을 소화해 낼 뿐만 아니라 석사와 박사과정을 마치고 상담자로, 대학 교수로 많은 사람을 상담하며 가르치는 사역을 잘 감당하며 살아가게 되었습니다.

그 분에게 똑똑한 대학생 딸이 있는데 그 딸이 중학생 때, 가장 존경하는 사람을 엄마로 꼽았다고 합니다. 그만큼 엄마를 존경하고 사랑하니 그 엄마의 기쁨이 얼마나 컸는지 그 분 말로는 순간 너무 기뻐 눈물이 났다고 합니다.

그런데 어느 날 딸과 이야기하는 중에 딸이 이제는 엄마를 존경하는 인물 3위로 두게 되었다는 말을 하는 것입니다. 그분은 이 말을 듣고 충격을 받아 도대체 내가 무엇을 잘못했나, 낙심이 되어 1, 2위가 누구냐고 물어 보았습니다. 딸은 쉽게 대답하지 않았고, 너무 궁금한 나머지 며칠 지난 후 다시 물어보니, "엄마, 1위는 예수님이니까 너무 속상해하지 마."라고 하면서 2위에 관한 자신의 속마음을 다음과 같이 털어 놓았다는 것입니다.

"나는 엄마가 왜 이렇게 좋은 엄마가 됐을까 생각해 봤는데, 엄마가 이렇게 되도록 키워준 사람이 있을 거라는 생각이 들었어. 그래서 엄마의 스승은 누구일까 봤더니 바로 심 목사님인 것 같고 그러면 엄마보다 심 목사님이 더 훌륭할 거라는 생각이 들었어. 그래서 심 목사님을 엄마보다 좀 더 존경하기로 했어."라고 대답했다는 것입니다.

그분은 딸의 깊은 생각에 감동하면서 딸이 엄마보다 더 훌륭한 사람을 존경하는 분으로 마음에 두게 된 것이 더 기특하고 기뻤다고 합니다. 그러면서 여기까지 오도록 자신을 이끌어 준 저에게 고마움을 표하며 감격의 눈물을 흘렸습니다. 저는 머리 숙여 사례하면서 가슴이 뜨거웠습니다. 그러나 한편으로는 그 딸이 저를 닮고 싶은 모델로 인정하고 관찰하는 동안 저의 부족함을 넘어 저보다 더 성숙하고 자유롭고 하나님과 영혼을 잘 섬기는 사람이 되기를 기도하였습니다.

시편 127:4에 보면 '자녀는 장사의 손에 있는 화살과 같다' 고 말하고 있습니다. 화살이 이쪽으로 날아갈지 저쪽으로 날아갈지 그것은 화살을 쏘는 장사에 의해서 결정됩니다. 자신만을 위한 이기적인 삶을 사는 아이가 될지, 아니면 교회와 국가와 민족을 위해 자신을 희생할 줄 아는 그런 사람이 될지는 부모가 어떻게 기르느냐에 따라 달라지는 것입니다.

또한 화살은 활이 많이 휘면 휠수록 멀리 날아갑니다. 부모가 자식의 위대함을 위해 허리가 휘면 휠수록 자식은 위대한 사람이 됩니다.

이 과정에서 부모의 인내와 고통이 얼마나 크겠습니까? 그러나 하나님이 우리들을 위해 허리가 휘어지는 것을 넘어 십자가에서 목숨까지 주는 대속적 희생을 묵상한다면 부모들인 우리도 행복한 마음으로 자식을 섬길 수 있지 않을까 생각해 봅니다. 그리고 나아가 우리 자녀가 부모가 되었을 때 자신의 자녀들을 그렇게 섬길 것을 기대하게 되는 것입니다.

2장
신적 자존감 심어주기

사람은 하나님이 창조하신 존재로 누구에게나 무한한 잠재능력이 있습니다. 뿐만 아니라 같은 종류의 꽃이나 풀잎도 서로 다르듯이 각자 자기만의 독특한 아름다움이 있습니다. 그것은 그 어떤 것과도 비교할 수 없는 영원한 존재로서의 존엄성입니다. 이렇듯 한 사람, 한 영혼이 소중하듯이 우리의 자녀 역시 특별한 존재입니다. 이런 우리의 자녀가 얼마나 큰 인물이 되는가는 부모가 자녀를 어떻게 대하는가에 따라 달라집니다.

소년 스필버그

다음의 이야기는 자녀의 꿈을 실현하는 데 부모의 역할이 얼마나 중요한지 잘 보여주고 있습니다.

스티븐이라는 어린 소년은 영화 제작 부문에서 보이 스카우트 공로 훈장을 받고 싶었습니다. 그래서 그의 아버지는 8밀리 무비 카메라를 사 주며 격려했습니다. 소년은 공포 영화를 만들려고 계획을 세웁니다. 그때 그의 엄마는 놀랍게도 체리 주스 50통을 사다가 압력솥에 집어넣고 요리하여 정말 완벽한 상태의 '걸쭉하고 끈적끈적한 붉은 색의 피'처럼 보이는 물질을 만들어 주시며 아들의 꿈을 격려했습니다. 그녀는 아들이 집안을 난장판으로 만들어 놓아도 책망하거나 나가서 놀라고 하지 않았습니다.

스티븐은 엄마의 격려에 힘을 얻어 부엌을 자신의 영화 스튜디오로 바꾸어 놓았습니다. 이 과정에서 스티븐의 엄마와 아빠는 함께 가구들을 옮기고 의상도 만들고, 배우가 되어 그의 영화에 출연해 주었습니다. 뿐만 아니라 자동차로 사막까지 가서 아들이 원하는 장면을 촬영하도록 도와주었습니다.

이렇게 아들의 꿈과 비전에 기꺼이 자신들을 희생한 부모의 교육적 도움으로 인하여 그 아들은 세계 최고의 영화 제작자가 되었습니다. 바로 그가 스티븐 스필버그입니다. 스필버그의 영화에서 느껴지는 인간에 대한 사랑과 희망은 부모로부터 물려받은 것입니다. 물론 그의 사상이나 신념은 기독교적 입장에서 볼 때 비평할 요소가 많습니다. 그럼에도 불구하고 스필버그의 부모님은 그 아들을 격려함으로 꿈을 이루게 하고 이 시대의 가장 위대한 인물 중 한 사람이 되도록 도왔습니다.

나의 아버지

아버지는 제가 태어나기 전부터 과자공장을 경영하셨습니다. 그 당시 과자의 품질과 수준은 지금에 비하면 아주 형편없었습니다. 아버지는 무엇인가 새로운 제품을 만들어 하나님께 영광 돌리며 사회에 공헌하고 돈도 벌고 싶어서 오랫동안 기도로 계획하셨습니다. 직원들이 퇴근한 후 혼자 공장에 남아 "하나님! 지혜를 주십시오."라고 기도하면서 연구하셨습니다. 그러다가 무엇인가 떠오르는 영감이 있으면 그림을 그리고, 직접 기계를 가지고 실험을 계속하셨습니다. 이러한 수년간의 연구 과정 중에 여러 종류의 사탕과자를 개발하시고 마침내 그 유명한 '모나카'라는 과자를 개발해 내셨습니다. 이 과자는 우리 아버님이 한국 최초로, 아니 세계 최초로 만든 제품이었습니다. 이로 인하여 아버님은 당시 부산에서 둘째가라면 서러워 할 만큼 큰 부자가 되셨습니다.

아버지는 훗날 자신의 도전에 관한 이야기를 하실 때면 언제나 얼굴에 미소를 띠우고 자신감 있는 목소리로 말씀하셨습니다. 그럴 때 아버지의 얼굴은 마치 꿈을 꾸는 청년의 모습 같았습니다. 저는 그때마다 아버지의 모습에 압도되면서 마음에 깊은 감동을 받았습니다. 그러한 아버지의 모습은 '하나님을 의지하고 기도할 때 무에서 유를 만들어낼 수 있구나!'라는 의미로 제 마음에 새겨졌습니다. 이 생각은 저에게 꿈을 꾸며 살고 싶은 마음을 불러 일으켰습니다. 그리고 꿈을 위해 하나님께 기도하고 싶어졌습니다. 그래서 저는 새로운 일을 시도할 때면 언제나 기도하며 하나님의 지혜를 구하였고, 또 일을 진행하다가 힘이 들거나 어려움이 생길 때마다 아버지가 그러셨던 것처럼 하나님을 붙들고 기도하면서 다시금 비전을 따라 일어서곤 하였습니다.

목표가 없는 삶은 진정한 삶이라고 할 수 없습니다. 분명한 목표와 방향이 있고 비전이 있는 사람만이 이 땅 위에서 아름다운 삶의 결과를 얻게 됩니다. 그래서 부모인 우리가 자녀에게 주어야 하는 선물 중의 하나는 분명한 생의 목표를 가지고 사는 삶의 모델입니다.

지상 최대의 성공 집단인 유대인

인간의 잠재력을 탁월하게 사용하여 놀라운 결과들을 만들어낸 집단이 있다면 그들은 다름 아닌 유대인들입니다. 유대인을 배제하고 현대 문명을 말하기는 어렵습니다. 현재 유대인은 전 세계에 약 1천 3백만으로 이는 세계 전체 인구 약 63억의 0.2%정도에 해당됩니다. 그러나 이 얼마 안 되는 인구로 유대인들은 역사상 가장 많은 창조적 인물들을 배출하며 세계 역사에 공헌해 왔습니다. 구체적으로 유대인들은 노벨상에서 경제 65%, 의학 23%, 물리 22%, 화학 12%, 문학 8%의 수상자를 배출하였습니다. 유대인들은 또 미국 인구의 2%에 불과하지만, 최상위 부호 400가족 중 24%를 차지합니다. 미국에 사는 모든 유대인 세대의 소득 수준은 전체 평균의 2배 수준입니다.

뿐만 아니라 이름만 들으면 알 만한 유명한 사람들 중에 유대인이 많이 있습니다. 사상 분야에는 마르크스, 스피노자, 베르그송, 비트켄슈타인, 사무엘슨, 촘스키 등이 있습니다. 또한 심리학 분야의 프로이트, 아들러 등과 자연과학 분야의 뉴턴, 아인슈타인, 오펜하이머, 예술 분야에도 멘델스존, 쇼팽, 말러, 번스타인 등의 음악가들과 모딜리아니, 샤갈 같은 미술가들이 있습니다. 또한 문학 분야의 하이네, 카프카 등과 영화계의 에이젠슈타인, 채플린, 스필버그 등이 있습니다. 경제 금융 계통에는 로스차일드 가문, 듀폰, 머독, 소로스, 골드만삭스, 앨런 그린스펀, 언론 출판계에서도 유대인들은 퓰리처를 비롯하여 로이터, 뉴욕 타임스, 워싱턴 포스트 등을 소유하며, 미국 4대 일간지 경영의 35%를 차지하고 있습니다. 그리고 정치계의 레닌, 디즈레일리, 키신저 등도 빼놓을 수 없습니다. 또 미국 동부 명문, 아이비리그의 총장 및 교수 가운데 40% 이상을 차지하며 미국을 통해 세계에 영향력을 행사하고 있습니다. 이런 유대인들을 이 지상에서 가장 성공한 집단이라고 불러도 지나치지 않을 것입니다.

신적 자존감을 가진 나의 자녀

그렇다면 우리의 자녀들을 유대인 이상의 훌륭한 인물로 키워낼 수는 없을까요? 가능하다고 분명히 대답할 수 있습니다. 왜냐하면 우리의 가능성은 하나님이시며 하나님께서는 우리에게 위대한 존재로 살아갈 수 있는 축복을 주고 싶어 하시기 때문입니다. 그 축복은 야곱을 이스라엘이 되게 하시며 요셉을 요셉 되게 하신 하나님의 축복입니다. 인생이 바라볼 수 있는 축복과 비전은 하나님입니다. 하나님이 내 생애 목표요, 꿈이요, 비전일 때 우리의 인생은 가장 빛나고 복될 수 있습니다. 그리고 그러한 삶을 우리 자녀에게 보여주어야 합니다. 삶 속의 구체적인 사건을 통해 하나님이 내 전부인 것을 보여줄 때 자녀는 '아, 우리 부모님이 그렇게 사셨구나, 나도 부모님처럼 살아야지.'라고 생각하게 됩니다. 아무리 많은 말로 예수님에 대하여 설명해 본들 그것이 무슨 본이 되며 감동이 있겠습니까? 부모가 자신의 삶을 통해 그리스도를 소개할 때 자녀의 가슴에 파문이 일게 됩니다.

에베소서 1장 4절은 '창세전에 영원 전부터 하나님이 나를 사랑하시고 나를 구원하셨다'라고 말씀합니다. 예레미야 31장 3절은 '내가 너희를 향하여 무궁한 사랑으로 너희를 사랑하고 내가 인자함으로 너희를 인도하였도다'라고 말씀합니다. 하나님이 사람을 만드실 때 독특하고 유일무이하며 존엄한 인격으로 창조하셨습니다. 모든 가능성의 원천은 바로 나를 창조하신 하나님으로부터 오는 것입니다. 하나님이 만드신 세상에는 '똑같음'이 없습니다. 하나님께서는 모든 것들을 그 목적에 따라 다르게 만드셨으며 그 중에서도 가장 아름다운 걸작은 바로 우리 인간입니다. 그 사실은 "보시기에 심히 좋았더라!"는 감탄의 말씀 속에 분명히 표현되어 있습니다. 하나님께서 천지만물을 창조하셨지만 유독 인간만 당신의 형상대로 창조하셨습니다. 다른 동물들은 결코 그렇지 않았습니다. 이것은 실로 엄청난 차이입니다. 존재가치와 근거에 있어서 하늘과 땅보다 더 큰 차이를 만들어 냅니다. 이러한 차이는 인간으로서 우리 자신에 대한 존엄과 긍지, 숭고함을 가지게 하는데 그 이유는 인생의 뿌리가 하나님의 신성이기 때문입니다.

따라서 자녀 교육의 기본 원리는 하나님이 만드신 독특한 '자기 자신'이 되게 하는 것입니다. '자기 자신'이 될 때에 비로소 우리 아이들은 '최고의 존재'가 될 수 있으며 가장 아름다운 보석으로 빛날 것입니다.[2] 이러한 최고의 존재라는 인식은 어디에서 나오는 것일까요? 그것은 내가 전능하신 하나님의 사랑받는 자녀라는 자아상에서 출발하는 것입니다. 나는 이러한 자아상을 가지고 사는 마음을 '신적 자존감'이라 부르고 싶습니다. 원래 자존감이란 자기 존재에 대한 자부심을 의미하는데 저는 하나님이 보시는 시각으로 자기를 보도록 한다는 의미에서 '신적'이라는 단어를 추가하여 사용하고자 합니다.

20세기에 타고난 지성 프란체스코 박사는 이렇게 말했습니다. '인간은 죄악 된 존재인 것이 사실이다. 그러나 인간은 여전히 놀라운 존재이다.' 그렇습니다. 우리는 죄인입니다. 그러나 하나님의 사랑과 축복을 받는 자녀입니다. 바로 이 사실이 인간의 존엄의식을 만들어 나가는 것입니다. 그러므로 나를 향한 하나님의 기대와 사랑을 가지고 내 삶의 존엄과 자존감을 회복해 가는 것입니다. 바로 이것이

---

[2] 가장 어리석은 교육은 다른 사람을 흉내 내는 사람이 되게 하는 것입니다. 우리의 아이들이 다른 사람을 흉내 낼 때 그는 '지루한 2등 인간, 3등 인간'으로 전락할 수밖에 없습니다. 아무리 모방을 잘해도 그는 2등의 위치를 면하지 못합니다. 그러나 '자기 자신'이 되게 하면 그는 세상에서 둘도 없는 일류인생으로서 '자기의 자리'에 앉을 수 있습니다.

신적 자아상입니다. 우리는 신적 자아상으로 나와 내 자녀를 보아야 합니다. 바로 그때 그 어떤 실망이나 부족함, 어려움에도 불구하고 담대하게 다시 일어서서 아름답게 살아갈 수 있을 것입니다.

예수님은 시몬 베드로를 처음 만났을 때 '네가 장차 게바가 되리라.'고 말씀하셨습니다. 게바는 반석, 거대한 돌이라는 뜻입니다. 그런데 베드로는 다혈질이어서 아침과 저녁의 감정이 다르고 일관성이 없는 사람이었습니다. 하지만 예수님은 그를 향하여 "내가 너를 반석이라고 하리라."고 말씀하셨습니다. 예수님이 말씀하신 것은 반석이 당장 된다는 것이 아닙니다. 내가 너를 그렇게 만들어 갈 것이라는 약속과 비전의 말씀을 하시는 것입니다. "내가 너의 창조주가 아니냐? 영원의 관점을 가지고 내가 너를 이끌어 가리라."고 말씀하십니다. 이것이 하나님의 가능성입니다. 예수님은 그렇게 우리를 바라보시며 우리를 이끄십니다. 그래서 성경은 이렇게 약속하고 있습니다.

"너희 속에 착한 일을 시작하신 이가 그리스도 예수의 날까지 이루실 줄을 우리가 확신하노라(빌 1:6)."

"너희 안에 행하시는 이는 하나님이시니 자기의 기쁘신 뜻을 위하여 너희로 소원을 두고 행하게 하시느니라(빌 2:13)."

창조하신 그 분이 우리 생애의 마지막을 바라보시며 우리의 삶을 그렇게 이끌어가고 있다고 말씀하십니다. 우리는 부족합니다. 그러나 그 분의 능력과 도우심으로 말미암아 완성될 날을 기다리고 있는 것, 바로 이것이 우리의 소망입니다. 그러므로 하나님의 가치로 자기를 사랑하는 것을 배워야 하며 사랑은 계속 강화되어야 합니다. 그것은 자기에 대한 절망 이후에 그리스도의 은혜에 절대적으로 의존하는 데서 나오는 힘으로 가능합니다. 더 나아가 우리는 하나님의 형상으로 지음 받은 존재이기에 하나님은 우리를 특별한 소유로 삼을 것이라고(말 3:17) 말씀하신 약속의 말씀을 믿음으로 계속 바라보아야 합니다.[3] 성경에서는 인간을 심히 귀한 존재, 예수님의 목숨과도 바꿀 만큼 귀한 존재로 보고 있습니다. 우리 자녀가 이런 자존감을 가질 수 있다면 이것보다 더 값진 것이 어디에 있겠습니까?

---

3) 열등감에 사로잡힌 사람들은 칭찬이나 격려를 부정적으로 받아들여서 스스로의 열등감을 재강화하므로 자신을 사랑하고, 자신을 있는 그대로 용납하는 긍정적인 태도를 끊임없이 강화시켜야 합니다.

3장
진정한 인격 교육을 꿈꾸며

여러분은 어떤 모습을 자녀에게 보여주고 있는지요? 하나님 중심으로 의미 있는 하루하루를 살고 계신지요? 항상 최선을 다하고 계신지요? 만약에 그렇다면 여러분은 삶으로써 자녀에게 교육을 하고 있는 것입니다. 말로만 교육하는 것이 아니라 삶으로 보여주는 부모가 가장 아름다운 법입니다. 사회적으로나 경제적으로 성공한 것처럼 보여도 그의 성품이 이기적이거나 부정적일 때 결국에는 그것이 다 드러나서 나중에는 망하는 경우를 자주 볼 수 있습니다. 당신의 인격과 성품으로 자녀에게 선한 영향력을 미치는 부모가 되고 싶지는 않으신지요?

인격의 중요성

'취권'이란 오래된 무술 영화가 있습니다. 무술 도장을 하는 아버지를 두었지만 무술 훈련은 뒷전이고 마을 술집이나 들락날락하던 성룡이 주인공으로 나옵니다. 껄렁껄렁한 세월을 보내던 성룡은 어느 날 주막에서 술에 취한 늙은이가 무술의 고수들을 혼내주는 현장을 목격합니다. 술기운에 비틀거리면서도 상대의 공격을 이리저리 피하고, 마침내는 상대의 허를 찌르는 것입니다. 성룡은 '재주도 많은 늙은이일세!' 하며 매우 호기심을 가지고 지켜봅니다. 그리고 집으로 돌아와 보니 집안은 쥐죽은 듯 조용합니다. 아버지의 원수가 아버지를 살해한 것입니다. 성룡은 아버지의 복수를 하려 하지만 실력이 없습니다. 그 때 불현듯 생각나는 사람은 주막에서 만났던 늙은 도사였습니다.

아버지의 원수를 갚고 도장을 지켜야 한다는 일념 하에 도사를 찾아가 제자가 되는 것을 허락받습니다. 그 후 주인공은 멋진 권법을 배우려나 했더니 사부는 집안 청소에서부터 시작하여 물 나르기, 밥 짓기, 술심부름, 혹은 철봉에 거꾸로 매달리기 등 권법과 상관없는 것들만 시킵니다. 그야말로 종이요 하인입니다. 그렇게 부려먹으면서도 고마워하기는커녕 도리어 면박이나 주고 마음에 들지 않는 것이 있으면 가차 없이 지팡이로 때립니다. 하루, 이틀, 참고 지내보지만 아무리 생각해도 이건 도무지 참을 수 있는 상황이 아닙니다. 이런 비인간적인 대접을 견딜 수 없어 도망쳐 보지만 어느새 알고 쫓아온 사부에게 잡히고 맙니다. 이제는 도망가고 싶어도 도망칠 수 없고 자신의 뜻대로 살 자유를 빼앗긴 노예입니다. 그러나 고달픈 세월을 보내면서 성룡은 사부의 깊은 배려와 참된 사랑을 조금씩 알게 됩니다.

이 과정에서 주인공 성룡은 게으름과 나태함, 참을성 없음, 남에게 책임을 전가하는 비인격적인 거지근성을 벗고 진실, 책임, 인내, 마음 지키기, 용기, 절제, 자각, 투명함, 성실 등 지도자로서의 기본적인 성품을 익히게 됩니다. 이러한 인격적인 태도가 기본이 되어 마침내 무술을 익힐 수 있게 되며 복수를 위해 사는 인생이 아니라 진정한 정의를 위해 사는 대가(大家)로 성장하게 됩니다.

현대사회에는 인격보다는 인간관계의 기술을 중요하게 생각하는 풍토가 있습니다. 따라서 커뮤니케이션 기술이나 적극적 사고 등을 통해 대중적 이미지를 얻거나 여러 가지 기법을 배워 성공하는 것에 더 관심을 가지고 있습니다. 물론 이러한 면이 성공을 가져다주기도 합니다. 그러나 인격에 결점이 많고 이중적이고 불성실한 사람은 초반에 성공할지 모르지만 장기적으로는 실패하고 말 것입니다.

그 사람의 인격은 패러다임과 불가분의 관계가 있습니다. 즉 무엇을 보는가는 그 사람이 어떤 존재인가와 밀접한 관계에 있습니다. 패러다임은 우리가 세상을 보는 렌즈를 만들기 때문에 패러다임을 변화시켜 사물을 달리 보기 시작할 때 우리 자신과 상황 그 자체에도 획기적으로 변화가 일어날 수 있습니다. 잘못된 패러다임을 갖고 있는 경우 자신도 인식하지 못한 상태에서 잘못된 방향으로 나아가게 됩니다.

따라서 자녀의 성공에 우선순위를 두는 관점에서 자녀가 훌륭한 인격, 하나님께서 원하시는 사람이 되는 것이 가장 중요하다는 인식의 변화가 있어야 합니다. 우리는 무엇보다 인격적이며 긍정적인 사람, 이해심이 많고, 공감적이며, 일관성 있게 사랑을 베풀 수 있는 내면적 자질을 갖추는 것이 그 무엇보다 중요합니다.

이런 점에서 인격 교육은 언행일치, 겸손, 충성, 절제, 용기, 인내, 근면, 소박, 신앙의 순수함 및 신앙적 양심 등을 포함합니다. 이러한 요소 외에도 저는 신앙적 인격이 중요하다고 생각하기에 성령의 9가지 열매인 사랑과 희락과 화평과 오래 참음과 자비와 양선과 충성과 온유와 절제를 인격의 요소로 덧붙이고자 합니다.

인격을 강조하는 교육을 통해 자녀를 세계적인 인물로 만든 사람의 예를 든다면 전혜성 박사의 이야기가 제일 먼저 떠오릅니다.

전 박사는 1952년 남편과 함께 한국학연구소를 설립해 미국 사회에 한국을 알리는 데 힘써 온 분으로 셋째 아들인 고홍주 교수를 예일대 법과대학 학장이 되도록 성장시켰을 뿐 아니라 여섯 아이들을 모두 하버드대학과 예일대 등 명문대에 보낸 것으로 유명합니다.[4] 제가 전 박사의 자녀교육에서 그들이 좋은 대학에 들어갔다는 것을 강조하고 싶은 마음은 없습니다. 성품이나 인격교육을 하면 자녀들이 학업이나 사회에서 성공하게 되는 것이 자연스러움을 말하고 싶은

---

4) 맏딸 경신(하버드대 · MIT 졸 · 중앙대 화학과 교수), 맏아들 경주(예일대 졸 · 하버드대 공공보건대학원 부학장), 차남 동주(하버드 졸 · 매사추세츠대 의대 교수), 차녀 경은(하버드대 졸 · 예일대 법대 교수), 막내 정주(하버드대 졸 · 일러스트레이터)

것입니다.

전 박사는 아침마다 아이들을 모아놓고 '재승덕(才勝德)말라'를 강조하며, 재주가 있을수록 덕망을 더 높여야 한다고 가르쳤습니다. 그리고 아들 고홍주 교수가 대학 총장에 선임되었을 때도 "네가 잘 해서가 아니라 하나님이 도와주셔서 가능한 일이었던 만큼 높은 자리에 오를수록 약자를 돕고 배려하는 사람이 돼야 한다"고 당부하였습니다. 이렇듯 삶의 능력이나 기술보다 더 강조되어야 하는 것은 바로 성품, 곧 인격입니다.

인격의 개념

사람들은 기술만 있으면 성공할 수 있다고 확신합니다. 그러나 진정한 성공에 있어 가장 중요한 것은 무엇보다 인격입니다.[5] 그런데 이 인격에는 세 가지 면이 있습니다.

1) 가면적 인격

인격(personality)의 어원(語源)은 라틴어로 연극의 가면(역할·등장인물 등)을 뜻하는 '페르조나'(persona)입니다. 인격의 일차적 개념은 사람과 사람 사이의 적절한 간격을 유지할 수 있는 능력입니다. 그래

---

5) 카네기재단에서는 성공한 사람 10만 명의 인사 기록들을 분석하여 그 원인을 살펴보았더니 성공하는 요인의 15%는 전문적인 기술훈련, 나머지 85%는 인격적인 요인이 차지하는 것으로 확인하였습니다. 이것은 일반인의 기대를 완전히 바꾸어 놓았습니다.

서 인간이 사회화되어가는 첫 과정에서 배변훈련(Toilet Training)을 시키는 것입니다. 즉 너와 나의 관계를 위해 타인이 싫어할만한 부분들을 적절히 다룰 수 있는 능력을 기르는 것입니다. 그러므로 다른 사람이 나를 좋아하여 나에게 가까이 다가올 수 있도록 타인을 배려하는 차원에서 그들이 싫어할 만한 것을 잘 다루어 나가는 것은 가장 기본적인 예절입니다.

사람이 다른 사람으로부터 자신을 보호하며 타인도 보호해주기 위해서는 경계선이 필요합니다. 경계선에는 물리적, 심리적, 영적 경계선이 있습니다. 인간에게는 내면적 악이 있고 부패한 본성이 있어서 자신의 연약함을 다스리지 못하면 다른 사람에게 상처를 주게 됩니다. 따라서 경계선을 지킬 능력이 부족하면 혼란, 소외감, 거절감, 그리고 좌절 뿐 아니라 정체성의 상실, 자기포기, 무절제한 삶, 분노, 무책임 등의 수많은 문제점들로 시달리게 됩니다. 자신의 경계선을 세울 수 없는 사람은 다른 사람들이 자신에게 상처를 주어도 그것을 방어할 힘이 없습니다. 그래서 상처를 주는 대로 다 받게 됩니다. 또한 그 반대로 상처를 받은 것을 조절할 능력이 없어서 타인의 경계선을 침범하여 타인에게 해를 끼치는 악순환이 반복됩니다.

부모와 자녀의 관계에서 경계선이 분명하지 않은 부모는 자녀가 비밀을 갖는 것을 허락하지 않습니다. 그러나 자녀가 성장하게 되면 자기만의 비밀을 갖고 싶어 합니다. 비밀을 간직하기 시작하는 것은 이제 부모의 그늘에서 벗어나 자기만의 세계를 갖는 성장의 첫 단계입니다. 하지만 자녀의 인격에 대해 지식이 없는 부모는 자녀의 이러한 행동을 배척으로 느끼면서 분노하게 됩니다. 모든 것을 말하던 아이가 무언가 감추기 시작한다고 느끼자 실망하며, 심지어는 거짓말을 하는 것으로 오해하고 다그칩니다.

하지만 안타깝게도 부모의 이러한 행동은 자녀의 인격을 존중하는 것이 무엇인지 모르는 행동으로, 이러한 경우 자녀는 부모의 침범을 다 받아들여 자신만의 경계선을 지키는 것이 무엇인지 모른 채 인격에 문제가 생기거나 심한 경우에는 병리적인 상태로까지 발전하게 됩니다. 경계선이 불분명하거나 점점 파괴되면 각종 인격 장애(편집성, 정신분열성, 히스테리성, 자기애성, 반사회성, 경계성, 회피성, 의존성 인격 장애)가 나타납니다.[6] 인간은 누구나 이러한 장애를 조금씩 가지고 있지만 이것이 심한 사람은 자기의 틀 속에 갇혀 살아가게 됩니다.

2) 내면적 인격

인격의 일차개념이 사람과 사람 사이의 경계선을 유지하고 자기만의 고유한 영역을 지킬 수 있는 능력이라면 인격의 이차개념은 내면의 악이나 부패성을 피하지 않고 맞서면서 이를 적절하게 노출하고 고백할 수 있는 능력입니다. 사람은 누구나 남에게 다 보여줄 수 없는 부분을 가지고 있습니다.[7] 하지만 타인의 비판과 정죄, 거절에 대한 두려움을 믿음으로 이겨내며 있는 그대로의 자신을 보여줄 수 있는 용기가 필요합니다. 이것은 가면을 벗어도 거절 받지 않을 수 있

---

6) 심수명, 인격치료(서울: 학지사, 2004) 참조.

7) 은밀히 감추어진 악에 대해 하나님의 끊임없는 용서와 사랑을 덧입으면서 자기를 치료하고 개방하여 남에게 자신의 내면을 보여주며 함께 사귀어야 합니다.

다는 확신으로, 하나님과 자신과 사람 앞에 자신을 보여주는 것입니다.

사도바울은 사람들에게 내면적 고통을 숨기지 않고 드러내었습니다. 그는 자신을 죄인중의 괴수로 고백하면서 자기의 한계와 악에 대해 깊은 허무와 절망을 토로하고 있습니다.

"오호라 나는 곤고한 사람이로다. 이 사망의 몸에서 누가 나를 건져내랴."(롬 7:24)

그는 자신의 절대무능을 인정하며 하나님의 은혜를 갈망하고 있습니다. 이것이 내면적 인격이 잘 갖추어진 성숙한 모습입니다. 그래서 인격의 이차적인 면이 성숙한 인격의 모습인 것입니다. 이것은 자기를 그럴듯하게 가장하는 것이 아니라 예수 그리스도의 온전함을 바라보고 자신의 죄성과 싸우며 욕망을 다스리면서 성령 안에서 자신의 부족을 고백하며 하나님을 의지하는 것입니다. 가장 성숙한 인격은 자기를 부인하고 예수 그리스도를 따르며 그분의 성품을 내면화시키는 것입니다. 이때 성령의 열매를 맺는 존귀한 삶의 모습이 나타날 것입니다.

3) 관계적 인격

인간은 본래 관계를 맺고 싶은 본성이 있으며 사회적인 관계에서 태어나고 생을 끝낼 수밖에 없는 관계적 존재입니다. 따라서 관계적 인격이란 타인과 관계를 맺으며 살아가야 하는 인간이 어떠한 방식으로 관계를 맺으며 살아가는지를 보여주는 인격이라고 할 수 있습니다. 인간은 사랑하고 관계를 맺고 싶은 욕구를 가지고 있습니다. 그런데 대부분의 사람들은 관계에서 힘들고 아픈 경험을 하게 되면 인간 관계가 아닌 사물의 세계로 피하고 싶어 합니다. 모든 인간이 죄로 인해 인격적인 관계를 맺을 수 있는 능력을 상실하였기에 자신이나 타인, 그리고 사회에서 갈등과 상처를 받을 수밖에 없는데 이것을 견딜 힘이 부족한 사람은 상처받고 싶지 않아서 비인격의 세계 속으로 피해버리는 것입니다.

우리 자녀들도 살아가면서 여러 가지 상황과 사람들 가운데에서 외로움과 고통을 겪을 것입니다. 누군가와 이야기 하고 싶은 욕구가 있기에 사랑하는 부모님에게 마음을 열어 인격적인 관계를 맺고 싶어합니다. 그러나 부모가 자녀의 마음을 헤아리며 관계를 만들어 갈 수 있는 관계적 인격의 능력이 적을 때 그 자녀 또한 관계적 능력을 상실하게 될 것입니다. 부모는 올바른 관계와 만남의 모델을 보여주어야 합니다. 그러나 이러한 능력을 가진 부모가 너무나도 적은 것이 현실입니다.

하나님은 우리를 끊임없이 인격적으로 대하시고 존중해 주시며 우리의 말과 마음을 경청해주시건만 부모인 우리는 그 역할을 해주지 못하고 있으니 그 자녀가 다른 사람과 인격적인 관계를 맺는 방법을 모르는 것은 어쩌면 너무나 당연합니다. 수많은 방어벽과 껍데기를 뒤집어 쓴 채 자신을 억압하며 살아가는 법만 배우고 있는 것 같습니다.

관계적 인격을 잘 세워나가기 위해서는 먼저 자신을 지켜나갈 힘을 키워야 하며 타인과의 만남에서는 영적인 면과 개인적인 면에 깊은 관심을 가지며, 나 자신의 삶과 문제들을 개방하여 인격적인 신뢰를 형성해 나가는 노력이 필요합니다. 자신의 삶을 열 수 있는 용기와 주도적인 태도는 상대방으로 하여금 신뢰의 마음을 갖도록 하여 진실한 만남과 관계가 이루어지게 합니다. 관계적 인격이 제대로 세워지기 위해서는 관계를 맺을 수 있는 능력과 다른 이에 대한 진실하면서도 개인적이며 따뜻한 관심이 있어야 합니다.

부모로서 자녀에게 인격적인 관심과 온정을 베풀려면, 하나님의 무한한 사랑인 아가페를 끊임없이 공급받아야 합니다. 인격의 회복을 위해 가장 필수적이고 기본적인 것은 하나님과의 개인적이고 인격적인 만남인 것입니다. 인격적인 만남을 추구하는 사람은 하나님께 절대적으로 의존하는 기도의 사람인 동시에 성경을 통해 하나님에 대한 충분한 지식을 가진 사람이어야 합니다. 뿐만 아니라 내가 하나님 앞에서나 다른 사람, 그리고 경우에 따라서는 자녀에게라도 자신의 결점과 약점까지 정직하게 고백할 수 있는 겸손의 사람이어야 합니다.

내가 그리스도께 삶을 의뢰하고 주께서 불완전한 나를 인도하시는 것을 온전히 믿음으로 받아들이는 것처럼, 다른 사람에 대해서 그렇게 믿어주는 사람이 바로 인격적인 사람인 것입니다. 부모인 내가 이러한 인격적인 만남과 관계를 하려는 결단과 수고가 있을 때에 나의 자녀도 인격적인 관계를 맺어갈 수 있을 것입니다.

가면적 인격, 내면적 인격 그리고 관계적 인격을 비교하여 요약하면 다음과 같이 정리할 수 있습니다.

〈인격의 비교〉

	가면적 인격	내면적 인격	관계적 인격
일반적인 모습	겉으로 보이는 부분, 성격(내향, 외향), 역할, 외모(사람들이 주목함)	은밀히 감춰진 모습, 죄와 자신만의 약점, 비밀, 상처 중심(하나님이 주목하심)	타인과 관계 맺는 모습, 친밀함, 자신의 고독과 소외를 스스로 다스림
성공 시	예의와 신사도(내 기분과 내적 상태가 어떠하더라도 남에게 피해를 주지 않는 태도), 탁월한 일처리 능력, 전문성	자기노출과 고백(위선과 조종을 버림)으로 죄책감에서 자유로움, 겸손	진실한 사랑, 정직한 나눔, 자기개방, 리더십
실패 시	인격장애, 위선으로 포장	잘못된 죄책감, 합리화, 남 탓이나 자기비하	눈치(정중심), 조종, 관계중독, 집단주의
교육 목표	자신을 지키면서도 타인의 영역을 침범하지 않는 경계선유지 능력 키우기, 자신의 역할을 청지기 정신으로 살아갈 수 있는 능력 키우기, 직업적 능력 키우기	자신의 죄, 허물, 실수, 악에 대해 진실하게 인정함(손해를 보더라도 정직하게 대함), 자신의 악을 부인하는 고통 수용, 자신의 조화 통일을 모색(철학, 원칙이 있는 삶, 감동, 감화력이 있는 삶)	진정한 친밀감, 사랑의 능력, 열매 맺는 생산성, 사랑으로 섬기는 지도자
교육적 초점	지식, 건강(오래 삶), 부와 권력의 추구(모든 공교육과 사교육의 초점은 세상에서의 성공)	가치(무엇을 남겼는가?), 예수님의 제자됨 추구(모든 신앙교육 및 훈련의 초점), 자기성장	인류애, 공적사랑, 남에게 기여, 영향력, 성숙한 리더십, 땅끝까지 복음화에 기여
자질	경청, 대화능력, 공감, 직면 등 상담적 기술, 성격개발, 적극적 사고방식, 대중적 이미지, 유머 등	절제, 언행일치, 겸손, 용기, 근면, 소박, 진실, 사랑받기와 용서누림	성령의 열매(믿음, 사랑, 소망, 충성, 희락, 화평, 오래참음, 자비, 양선, 온유, 절제)
보상	주목받는 것(명성), 경제적 넉넉함	존경, 신뢰, 고결함, 명예, 삶의 만족, 풍성한 기쁨	다른 사람이 순종함, 자신의 삶을 위임하며 충성함, 사람을 얻음

인격적인 부모

1) 인격적인 부모의 모델

착하고 예쁘게 자라나던 당신의 딸이 중 3이나 고 1이 된 어느 날 '아빠, 저 임신했어요'라고 이야기한다면 어떤 감정을 느끼며, 어떻게 행동하겠습니까? 하나님을 원망하면서 분노와 미움에 가득 차 딸을 때리거나, 쫓아내는 등 태풍과 같이 파괴적인 감정이 휘몰아쳐 올 것입니다.

그런데 빌이라는 목사님은 딸의 임신으로 인하여 자신의 위치가 파괴될 것을 걱정하기보다 딸이 마음에 상처를 입지 않도록 "이 아빠에게 하나님께서 지금까지 한 번도 경험해보지 못한 아픔을 주시는구나."라고 고백하며 딸을 위로하였습니다. 그리고 하나님을 의지하는 마음으로 그 딸을 꼭 끌어안고 용서하고 사랑한다고 고백하였습니다. 그런 다음 아내와 함께 서로 위로하며 기도하였습니다.

다음은 빌 목사님의 간증입니다.

아내와 나는 서로를 위로하면서 마치 아침이 오지 않을 것처럼 느껴지던 그 긴 밤을 함께 지새웠습니다. 우리는 저만치서 달려오는 성난 감정의 파도 때문에 서로를 잃지 않도록 우리 가족을 하나로 묶어주실 것을 주님께 간구했습니다. 다음날 아침 우리는 임신 사실을 확인하기 위해 딸(안젤라)을 의사에게 데려갔습니다. 그리고 아내와 나는 조언을 해 줄 믿을만한 친구들을 찾아갔습니다. 그들은 우리가 택

할 수 있는 선택에 대해 신중하게 생각해 보라고 말해 주었습니다.

우리 내외는 점심을 먹으면서 딸애의 임신 사실을 알아야 할 사람들이 누구인지 한 명씩 손꼽아 보았습니다. 그리고 나서 사무실로 가서 몇몇 사람들에게 전화를 걸었습니다. 나는 안젤라의 아버지로서 그들에게 그 기막힌 소식을 알려야 했습니다. 사람들이 한결같이 안타까움을 표하면서 위로의 말을 건네주었습니다. "안젤라는 어때요?" "그 애에게 사랑한다고 전해주세요"라고 사람들이 말할 때마다 나는 이렇게 말했습니다. "지금 곁에 있습니다. 바꿔드릴 테니 직접 말해주시겠어요?" 그 다음엔 딸애가 친구들에게 전화를 거는 동안 곁에 함께 있어 주었습니다. 쉬운 일은 아니었지만, 그 아이는 잘 해냈습니다. 그리고 내가 지금 해야 할 가장 중요한 역할은 좋은 아버지, 훌륭한 남편으로 가족과 함께 있는 것이라고 생각하여 돌아오는 주일, 나를 대신해서 설교해 줄 목회자를 찾았습니다. 그 후에 가족과 함께 있으면서 안젤라에게 하나님과의 올바른 관계를 회복하기 위해 무슨 일을 하고 싶으냐고 물었습니다. 그때 안젤라는 참으로 고맙게도 하나님과 교회의 용서를 바라며 회중 앞에서 회개하고 싶다고 말했습니다.

나는 당회원들에게 전화를 걸어 특별한 자리를 마련했습니다. 진심으로 그들 앞에서 용서를 구하며 그들의 지혜를 빌리려는 마음에서였습니다. 그분들은 안젤라의 임신을 어떻게 받아들여야 하는지, 그리고 내게 사임을 요구해야 마땅한지 아닌지를 결정해야 했습니다. 그분들은 한결같이 아연실색한 표정이었습니다.

주일 날 우리 가족은 안젤라와 함께 앉아서 예배를 드렸고 그 애가 죄를 고백하기 위해 강대상 앞으로 나갔을 때 우리 부부 역시 그 애와 함께 교우들 앞에 섰습니다. 그때 당회원들이 다 앞으로 나와 안젤라의 곁을 빙 둘러섰습니다. 그리고 안젤라는 자신의 죄와 허물을 진심으로 고백하며 형제들의 용서를 구했습니다. 잠시 침묵이 흐른 후 둘러 서 있는 당회원 중 한 분이 이렇게 이야기하셨습니다. "우리는 안젤라가 죄를 지었다는 것을 압니다. 그러나 안젤라가 회개하고 하나님께 용서를 구하였으므로 하나님께서 용서하셨다고 믿습니다. 그래서 우리 당회원 일동은 이렇게 여러 교우들 앞에서 우리가 이 아이를 용서했으니 여러분 역시 이 아이를 용서해 주시기를 바란다고 말씀드리려 합니다."

예배가 끝난 후 나는 안젤라를 임신하게 한 남자 친구 댄에게 전화를 걸어 그 애 부모님과 만날 약속을 정했습니다. 우리는 댄의 집으로 가서 그 애와 따로 이야기를 나누었습니다. 나는 내가 그 애를 용서했고 그 애가 입은 마음의 상처와 실망을 같이 나누고 싶다고 말했습니다. 그리고 그 애의 협조가 필요하다는 뜻을 전하고 아이가 태어날 때까지 우리 딸애에게 힘이 되어 달라고 부탁했습니다. 댄의 부모님들에게는 장차 여러 가지를 결정해야 하지만 현재로서는 그 첫 만남이 우리 아이들이 장래를 헤쳐 나가는 데 도움이 되도록 서로 힘을 합치는 계기가 되었으면 한다는 심경을 고백했습니다.

나는 생명은 임신하는 순간부터라는 굳은 믿음을 가지고 있었기 때문에 낙태는 꿈도 꿀 수 없었습니다. 어떤 사람들은 그것을 하나의 가능한 대안으로 생각하기도 했지만 우리 내외나 안젤라는 그것을 대안으로 받아들일 수 없었습니다. 엄청난 혼란으로 마음이 무거워도, 아무리 앞길이 보이지 않아도, 그 일만은 상상하기도 싫었습니다.

　수많은 물음이 하루 종일 내 머리를 스쳐갔습니다. 열여섯 살 난 나의 딸 안젤라는 열일곱 살 난 소년과 결혼해야 하는가? 안젤라는 미혼모가 되어 아이를 낳아 길러야 하는가? 그러면 우리 내외는 그 아이를 입적시켜 키워야 하는가? 아니면 아이를 입양해서 친부모처럼 키워줄 크리스천 가정을 찾아보아야 하는가? 너무도 어린 딸이 무사히 출산할 수 있을까? 딸애와 댄은 장차 결혼할 수 있을까? 돈 문제는 어떻게 해결하지? 안젤라 일이 다른 자녀들에게 영향을 끼치지는 않을까? 안젤라는 남자 친구보다 하나님을 더 사랑해야 한다는 교훈을 기억하고 있을까? 학교 친구들은 안젤라를 어떻게 대할까? 아이는 장차 어떻게 될까? 목사로서 내 지위는 과연 건재할까?(빌이라는 이름을 가진 아버지, 1997)

　저는 '빌'이라는 그 목사님의 행동을 보고서 그분을 보고 싶었습니다. 이런 아빠를 둔 딸은 결코 그 삶이 파괴되거나 좌절로 끝나지는 않을 것입니다. 어쩌다 실수했는지는 몰라도 그녀는 다시 일어나 삶의 아름다움과 고귀함을 회복할 것입니다. 참 사랑이야말로 삶을 영광스럽게 변화시켜 주기 때문입니다. 그리고 저도 그런 영적이며 육적인 아빠가 되고 싶은 마음이 가득하였습니다. 왜냐하면 내 하나님은 그보다 더한 사랑으로, 그보다 더한 인격적인 포근함으로, 나를 위해 자신의 생명을 희생하셨기 때문입니다. 이 감격, 이 환희가, 내 마음을 치유하고 내 생애를 뒤흔들고 있습니다.

자녀가 성장함에 따라 그에게 더 많은 문제를 결정할 수 있도록 권한을 위임하는 부모가 인격적인 부모입니다. 자녀의 나이와 수준에 맞게 자기 인생을 결정할 수 있도록 기회를 주고, 그가 실수를 통해서 배움을 얻고 잘못된 결정을 극복함으로써 바른 결정을 해나가는 법을 배워가도록 권고하고 이끌어주는 것이 부모의 역할입니다.

2) 인격적인 부모의 특징

인격적인 부모와 그렇지 않은 부모의 경우, 그 결과가 어떠한지 다음 두 사람의 삶을 비교해 볼 때 잘 알 수 있습니다. 미국에 에드워드라는 사람과 아다요크라는 사람이 동시대에 살고 있었습니다. 에드워드는 1703년에 태어나 목사로서 하나님을 경외하는 삶을 살았으며, 작가 및 프린스턴 대학 총장을 역임하며 11명의 자녀들을 두었습니다. 그리고 또 한 사람은 아다요크라는 사람인데 이 사람은 술과 음식을 파는 요정업자였습니다. 이 두 사람의 후손을 조사한 결과를 발표한 통계학자가 있었습니다. 에드워드의 자손들은 대학교 총장 13명, 국가의 고급 관리가 83명, 문학가가 60명, 의사가 60명, 육, 해, 공군 장교가 75명, 대학교 교수가 86명, 목사, 선교사가 100명이나 되었습니다. 이와는 반대로 아다요크의 자손들은 거지가 310명, 전과자가 130명, 절도범이 7명, 성병환자가 440명, 겨우 생계를 유지하는 상인이 20명(10명은 감옥에서 직업을 배운 자)으로 나타났습니다.

인격적인 부모는 다음과 같은 특징이 있습니다.

첫째, 칭찬과 훈계, 수용과 직면이 적절하게 조화를 이루되 먼저 사랑하고 칭찬하고 수용해 줍니다. 먼저 수용이 있어야 훈계와 책망을 들을 수 있는 마음의 여유를 갖게 되기 때문입니다. 만일 이 순서를 잊어버리면 우리의 자녀 교육은 절대로 성공할 수가 없습니다. 마음껏 칭찬한 부모만이 책망할 자격이 있는 것입니다.

미국의 댈러스 신학교의 교수인 하워드 헨드릭스 박사는 어느 날 자기의 아이에게 물었습니다. "너 커서 뭐가 되고 싶니?" 그랬더니 아이는 "아빠 난 말이야, 쓰레기차 운전수가 되고 싶어." 골목길에 쓰레기차가 도착해서 신호를 울리면 일제히 집집마다 문을 활짝 열고 자루를 들고 일제히 나오는 데 아이가 그것을 보고 마음에 큰 감동을 받았던 것입니다. 이때 핸드릭스 박사는 "이 녀석아, 너 무슨 소리 하는 거냐, 쓰레기차 운전수라니"라고 말하지 않고 "하나님께서 너에게 그것을 정말 원하신다면 이 세상에서 가장 아름다운 쓰레기차 운전수가 되길 바란다."라고 하면서 아이를 축복해 주었습니다. 이것이 자녀를 믿어주고 붙들어 주는 칭찬이요, 사랑이요, 격려입니다.

마크 트웨인은 이렇게 말했습니다.

"나는 칭찬 한 번 받으면 적어도 2, 3개월은 신나게 살 수가 있습니다."

이것이 칭찬의 매력입니다. 깨끗하고 진심어린 칭찬은 삶을 행복하게 하고 신바람 나게 만듭니다.

둘째, 자녀의 능력과 결정을 존중합니다. 일반적으로 사람들이

'능력'이라고 하면 지적인 지능인 IQ지수를 이야기합니다.[8] 그러나 하워드 가드너 교수는 7가지 다른 종류의 지능 즉 언어적, 음악적, 논리-수학적, 공간적, 신체적, 대인 관계적, 대내 관계적 지능이 있기 때문에 일반적인 시험 성적에 따라 인간을 수재와 바보로 구분할 수 없다고 주장했습니다. 교육의 가장 큰 사명은 자녀의 재능과 자녀가 가장 좋아하는 분야를 추구하고 개발할 수 있게 도와주는 것입니다. 자녀들을 성적과 석차로 구분하는 일을 멈추고 하나님이 주신 독특한 재능을 파악해서 개발할 수 있도록 도와주어야 합니다. 성공으로 가는 길은 수백, 수천 가지가 있으며 그것을 가능케 하는 재능도 엄청나게 다양합니다. 그러므로 획일적인 사고를 버리고 자녀가 클 수 있는 무한한 가능성들을 향해 문을 열어 주어야 합니다.

하나님은 사람을 공평하게 만드셨습니다. 어떤 사람은 IQ가 아주 높다 하더라도 감성지수가 낮아서 인간관계의 어려움을 가질 수 있습니다. 반면에 IQ는 낮아도 기억력과 인내심이 높아서 단순 반복적 작업에 결코 지루함을 느끼지 않는 경우도 있습니다. 인간의 삶과 인류의 문명은 어느 한 가지 능력만으로는 이루어지지 않습니다. 여러 능력을 가진 사람들이 각자 자신의 능력을 최대한도로 발휘할 때, 우리의 삶과 인류문명은 더 풍성해집니다. 내 자녀가 가지고 있는 능력

---

8) 제1차 세계 대전이 터지자 미국 정부는 수백만 명의 장병들을 징집해 가장 빠른 시간 내에 젊은이들의 기본적인 지적 능력을 구분해 그들에게 적절한 임무를 맡겨 전선에 보내야 했습니다. 이를 위해 가장 편하고 분명한 시험 방법이 필요했습니다. 그래서 스탠포드 대학의 심리학자인 루이스 터먼에 의해서 IQ테스트가 개발되었습니다. 2백만 명이 넘는 미국의 젊은이들이 IQ테스트를 거쳐 분류되었고, 이때부터 몇 십 년 동안 미국은 "IQ 테스트적 사고방식", 즉 선다형 시험을 통해 인간을 똑똑한 사람과 명청한 사람의 두 종류로 단순히 구분지어 버리는 교육지침을 시행했습니다.

중에서, 자기 자신과 이 사회뿐 아니라 인류를 위해서 공헌할 가능성이 높은 한두 가지 능력을 발굴해주고 육성시켜 주어야 합니다.

아인슈타인도 수학에는 천재적 능력을 가졌지만 라틴어, 생물, 역사 등에서는 낙제를 할 만큼 열등하였습니다. 그의 아버지조차도 아인슈타인의 학교 성적에 실망했고, 크게 성공할 아이라고는 결코 생각하지 않았습니다. 그의 수학능력에 주목한 스위스 어느 교사를 만나기 이전까지 아인슈타인은 학교 성적을 기준으로 보면 열등한 학생일 뿐이었습니다(문용린, 1994, 14-15). 부모는 하나님이 자녀에게 주신 은사와 재능과 능력이 무엇인지 찾아서 자기 길을 기쁘게 갈 수 있도록 도와주어야 합니다.

셋째, 자녀의 기분과 취향을 존중하되 원칙을 지킵니다. 많은 부모들이 자녀의 기분을 존중하지 않고 부모의 기분대로 자녀를 대합니다. 부모의 기분뿐만 아니라 자녀의 기분도 중요합니다. 가정 안에 인격적 평등이 있어야 합니다. 분명한 원칙으로 자녀를 대하지 않고 부모의 기분에 따라 원칙이 흔들릴 때 자녀는 상처를 받습니다. 부모는 분명한 원칙을, 일관성 있게 적용해야 합니다. 하지만 적용의 과정에서 자녀의 기분과 감정을 고려하여 지혜롭게 해야 합니다. 자녀들은 자기의 기분을 알아주고 이해하는 부모를 존경합니다. 그때 교육은 자연히 이루어지는 것입니다. 자녀의 기분과 취향을 이해하고 알아줄 때 부모와 자녀의 관계가 아름답게 세워지고 깊은 사랑의 만남이 이루어지게 됩니다.

넷째, 자신의 실수에 대하여 자녀에게 용서를 구할 수 있는 마음을 가집니다.

죠셉 텔러스킨이라는 랍비의 이야기입니다. 그는 분노에 대하여 강의하던 중, 사람들에게 이렇게 물었다고 합니다.

"혹시 당신의 부모가 당신에게 잘못했을 때 절대 사과하지 않는 집에서 자란 분들이 있습니까?"

그때 성인의 30, 40퍼센트가 손을 들었습니다. 그들은 부모가 엉뚱한 일로 그들에게 화를 낸 후에 사과하지 않았다고 회고했습니다. 그러면서도 반대로 그들이 잘못했을 때는 잘못했다는 사과를 부모가 강요했기 때문에 실망과 분노를 느꼈다고 털어놓았습니다.

그 후 텔러스킨은 다른 집회에서 청중들에게 그와 비슷한 질문을 던졌습니다.

"혹시 여러분 가운데 가족 누군가가 엉뚱하게 화를 내서 나쁜 영향을 받으며 자랐다고 생각하시는 분이 계십니까?"

그때 그는 어른들 속에서 자그마한 두 손이 올라오는 것을 보았습니다. 놀랍게도 그 아이들은 자신의 두 딸이었습니다. 처음에 여섯 살 된 큰딸이 손을 들자, 네 살 된 작은 딸이 덩달아 들었습니다. 강사의 두 딸이 그런 질문에 손을 들었으니 청중 앞에 선 강사가 얼마나 땀이 났을지는 충분히 상상이 가는 일입니다.

강의를 마친 후 텔러스킨은 큰 딸에게 아까 왜 손을 들었는지 물었습니다.

"아빠가 동생에게 책 읽는 것을 가르칠 때, 동생이 잘하지 못하면 날카롭게 말했잖아요."

생각해보니 그는 작은 딸을 가르칠 때 아이가 잘 못하면 화를 낸 것이 생각났습니다. 하지만 아이들은 그의 감정을 못 느낄 줄 알았는데 큰딸이 너무도 정확히 그의 태도를 읽은 것입니다. 그는 깜짝 놀라서 딸들에게 당장 사과를 했습니다.

"그래, 그렇게 한 것은 내 잘못이야. 정말 미안해. 다시는 그렇게 하지 않으려고 노력할게. 나를 용서해주기 바란다."

그리고 이렇게 덧붙였습니다.

"나중에 만약 내가 또 참지 못한다면, 너희는 나에게 '아빠, 화내시면 안 돼요'라고 말해줘야 한다."

부모들이 아이에게 하는 잘못에 비하면 자녀들의 실수는 정말 작은 것인지도 모릅니다. 우리는 아이에게 잘못을 하고서도 미안하다는 말을 하지 않습니다. 자녀에게 사과하지 않는 부모는 아이에게 매우 무서운 메시지를 주는 것이나 마찬가지입니다.

"내가 너를 낳고 뒷바라지를 해주기 때문에, 나는 내가 원하는 대로 너를 대해도 돼."

"나는 부모이기 때문에, 비록 내가 잘못했더라도 미안해라고 말하지 않아도 돼."

"너도 너보다 약한 사람에게는 네가 잘못했더라도 용서를 구할 필요가 없어."(이영희, 2006, 29-30)

다섯째, 자신의 연약함을 공개할 줄 압니다.

어느 날 필자의 아들이 태권도장을 다녀와서 다짜고짜 이렇게 묻습니다.

"아빠! 아빠도 격파했어?"

순간 주춤하던 저는 자신감 있는 목소리로 "아, 그럼." 하며 당당하게 말하였습니다.

"아빠는 무슨 띠였어?"

"검은 띠였지."

그러니까 애가 "와!" 하고 놀라더니 돌아서서 고개를 툭 떨구고 방을 나갔습니다. 무엇인가 심상치 않은 느낌과 함께 '아차!' 하는 마음이 들었습니다. 제가 태권도를 하긴 했지만 그렇게 썩 잘했던 건 아니었고 태권도를 배울 그 당시 저도 참 힘들어 순간순간 두려웠던 생각이 지나가면서 '그 이야기를 해 줄 걸' 하는 생각이 들고 좋았던 결과만 이야기 한 것이 후회가 되었다. '아들이 나와 어려움을 나누고 싶었는데 나누지 못하고 그냥 눌려서 나가게 되었구나!' 하는 안타까운 마음이 저의 마음속에 지나갔습니다.

자녀의 눈에 부모는 거인으로 보입니다. 그래서 부모가 모든 문제를 잘 헤쳐 나가는 것처럼 보이는 경우, 자녀는 오히려 좌절감을 더 크게 느끼곤 합니다. 그런데 부모가 자신의 실수나 연약함을 개방하면 그것이 자녀에게는 격려가 될 수 있습니다. 부모가 너무 뛰어나면 자식은 모든 것을 부모와 비교하기 때문에 자신이 형편없어 보일 수 있습니다. 너무 뛰어난 부모 밑에서 자란 자녀가, 부모보다 뛰어날 경우에는 부모의 후광이 도움이 되지만, 그저 평범한 자녀라면 바보 취급을 당하는 경우가 많습니다.

솔로몬의 아들 르호보암이 그랬습니다. 어떻게 보면 르호보암도 믿음이 있고 똑똑한 왕이었습니다. 그러나 아버지 솔로몬왕이 너무 뛰어난 지혜자이기 때문에 자신이 바보가 될 수밖에 없었습니다. 자녀에게 자신의 실수를 공개함으로써, 자녀가 재도약 할 수 있도록 하는 자세는 섬기는 부모의 자세라 할 수 있을 것입니다.

한 사람이 있었습니다. 그의 인생은 상처와 아픔가운데서 시작되었습니다. 그의 어머니는 세 번 결혼했으나 다 실패할 정도로 인간관계에 아픔이 많은 사람이었기에 자녀를 돌볼 수 있는 준비가 되지 못한 분이었습니다. 따라서 이 사람은 그의 어머니로부터 전혀 사랑받지 못하였고 성격은 매우 포악했습니다.

13살이 되었을 때, 학교 상담자는 그에게 "사랑"이라는 단어의 의미조차도 모르는 아이라고 평가했습니다. 사춘기가 되었어도 여자아이들은 그와 사귀려 들지 않았고 늘 남자아이들과 싸움판을 벌이곤 했습니다. 지능지수는 매우 높았지만 학교 공부는 늘 하위권에 머물렀고, 마침내 고3 때는 학교를 그만두고 해병대에 지원하였습니다.

그러나 어디를 가도 문제들이 그를 따라다녔습니다. 다른 해병대원들이 자신을 비웃고 조롱한다고 여겨 싸움을 벌이고, 상관의 명령도 순순히 따르지도 못하여 결국에는 군법회의에 회부되고 불명예제대를 하게 되었습니다.

20대 초반의 젊은 청년은 친구 하나 없이 인생 파산을 당해 쓰레기처럼 버려졌습니다. 체격은 왜소하고 목소리도 듣기 힘든 음성일 뿐 아니라 대머리이기까지 했습니다. 아무런 재능이나 기술, 자신감도 없었고 심지어 운전면허증조차 없었습니다.

그는 이런 모든 문제에서 도망쳐 외국으로 나갔지만 가는 곳마다 배척을 받았습니다. 너무나 외롭고 힘들어하다가 사생아로 태어난 여인을 만나 결혼하여 미국으로 돌아왔습니다. 하지만 얼마 지나지 않아서 그 여인도 다른 사람들처럼 그를 멸시하기 시작했습니다. 그는 자녀를 둘이나 두었지만 아버지로서의 존경도, 대접도 받지 못했습니다. 그의 결혼생활은 점점 파탄에 이르고 있었습니다. 아내는 그가 할 수 없는 일들을 날마다 더 요구했습니다.

그는 아내에게 얼마 되지 않은 월급이지만 78달러를 내밀며 원하는 대로 쓰라고 했습니다. 그래도 그녀는 그를 비웃으며, 가족의 필요를 채우고자 하는 그의 노력이 가치 없다고 무시했습니다. 그녀는 그의 실패를 비난하였고 친구들 앞에서도 그가 성적으로 허약하고 아무것도 할 수 있는 것이 없는 무기력한 남자라며 흉을 보고 조롱했습니다. 그는 악몽과 같이 처절한 현실에서 헤어 나올 수 없는 자신의 모습이 원망스러워서 땅에 주저앉아 흐느껴 울었습니다. 모든 사람에게서 배척을 받은 자, 그의 자아는 산산조각으로 부서져 버렸습니다.

그는 이 가혹한 세상을 살아가는 동안 아내가 그의 친구가 되어 주기를 바랐지만, 그녀는 가장 심술궂은 적이 되고 말았습니다. 그녀는 싸움에서도 그를 이겼고, 그를 난폭하게 괴롭혀 화장실에 감금하기도 했고, 마침내 그를 집에서 쫓아내고 말았습니다.

그는 이 세상에서 살아남기 위해 최선을 다했지만, 아무도 그의 친구가 되어 주지 않았습니다. 그는 무섭도록 외로움을 느꼈습니다.

어느 날부터 그에게서 말이 사라졌습니다. 그는 더 이상 아내나 다른 사람들에게 간청하지 않았습니다. 그는 다른 사람으로 변해 있었습니다. 그가 마음으로 준비한 날, 침대에서 일어나 차고로 가서 숨겨 두었던 총을 꺼내 들었습니다. 그리고 새로 얻은 직장의 서적 보관 창고로 갔습니다. 그날 오후, 1963년 11월 22일, 그는 건물의 6층 창문을 통해서 두 발의 총알을 날려 존 F. 케네디 대통령의 머리를 부숴 버렸습니다. 그가 리 하비 오스왈드였습니다.

사람들의 배척과 거절감에 몸부림치던 그는 자신이 소유하지 못했던 성공, 아름다움, 부, 그리고 가족의 사랑을 모두 가졌던 자를 죽임으로써 세상의 주목을 받고자 하였습니다.

모든 부모들은 이 세상에서 가장 귀한 것이 무엇이냐고 물으면 주저함 없이 '내 자녀' 라고 이야기합니다. 자녀가 행복해지고 잘 되는 일이라면 목숨까지도 바칠 태세입니다. 그런데 자녀들은 왜 이런 부모의 마음을 모를까요? 더군다나 자녀들이 부모에게 가장 많은 상처를 받는 것은 무엇 때문일까요? 이점에 대하여 생각하며 대안을 찾아보고자 합니다.

2부
자녀 교육의
실수들

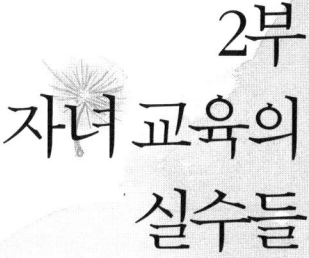

1장 인간 이해의 부족

2장 점수전쟁터인 교육 현실

3장 잘못된 사랑

4장 부정적 자아상

5장 열등감

1장
인간이해의 부족

　인격적인 양육이 이루어지지 못하는 이유는 부모가 자녀에 대한 이해가 부족하기 때문입니다. 또한 잘 모르고 있음에도 불구하고 알고 있다고 착각하거나, 알아도 잘못 알고 있는 경우가 많습니다. 사람들은 자신이 경험한대로 자녀들을 가르치고 이끕니다. 그것이 잘못된 줄도 모르고 그냥 본능대로 교육하고 있는 셈입니다. 따라서 새롭게 배우고 훈련하지 않는다면 자녀는 부모의 수준을 그대로 반복하거나 그보다 훨씬 더 나빠지는 병든 모습을 가지게 될 것이며 진정한 자기 자신이 될 수 없는 것입니다.

자녀에 대한 부모의 무지

많은 부모들이 인간과 자녀에 대하여 잘 모릅니다. 자녀의 마음과 생각과 그 심리에 대하여 공부하지 않기 때문에 잘 알지 못합니다. 따라서 자신이 부모에게 대접받은 대로, 부모가 자신을 교육한 대로 그냥 그렇게 아이를 대합니다. 별것도 아닌 자동차운전을 배우는 데도 얼마나 많은 시간과 과정이 필요한지 모릅니다. 많은 공부를 해야 하고 오랜 시간을 훈련 받아야하며 시험을 통해서 자격증을 취득해야 합니다. 그런데 고귀한 우리의 자녀를 양육함에 있어서 아무런 준비도 하지 않고 임한다면 얼마나 심각한 문제가 발생하겠습니까? 이런 맥락에서 준비되지 않은 부모들은 자녀에 대하여 무면허인 것입니다. 그러므로 자녀에 대하여 연구해야 합니다.

자녀들이 전인적으로 성장하는 과정에는 발달적 위기와 돌발적인 삶의 위기가 항상 있는데, 이에 대해 연구하지 않는 것은 부모의 교만함이요, 자녀에 대한 무례함이라 말할 수밖에 없습니다. 성경은 '자녀를 노엽게 하지 말라(엡 6:4)'고 권고하고 있습니다. 이것은 자녀를 양육할 때에 말씀의 원리에 따라 인격적이고 예의 있는 태도로 양육하라는 것입니다. 또한 자녀의 심리적, 육체적, 영적 발달을 고려하여 때에 맞는 사랑의 접근이 필요하다는 의미입니다. 자녀는 부모의 소유가 아니며 노예가 아닙니다. 그럼에도 불구하고 자녀들은 부모들의 무례함 때문에 많은 상처를 받고 있습니다.

우리는 자녀에게 최소한의 예의를 갖추고 대우해야 합니다. 자녀가 예의 없고 어른 알기를 우습게 안다면 그것은 부모의 책임입니다. 부모가 자녀에게 예의를 갖추고 대할 때에 자녀가 인간 존중이 무엇인지, 관계가 무엇인지를 알아 가는 것입니다. 그러므로 우리가 먼저 자녀에게 예의 있는 관계, 인격적인 만남을 가져야 합니다.

다이애나 루먼스, 잭 킨필드가 편집한 '만일 내가 다시 아이를 키운다면'에 나오는 글의 한 토막을 인용하고자 합니다. 우리가 부모라면 한번쯤은 멈춰 서서 자신에게 스스로 물어볼 만한 부모 고백서입니다.

> 만일 내가 다시 아이를 키운다면 먼저 아이의 자존심을 세워주고,
> 집은 나중에 세우리라.
> 아이와 함께 손가락 그림을 더 많이 그리고,
> 손가락으로 명령하는 일을 덜 하리라.
> 아이를 바로잡으려고 덜 노력하고,
> 아이와 하나가 되려고 더 많이 노력하리라.
> 시계에서 눈을 떼고, 눈으로 아이를 더 많이 바라보리라.
> 만일 내가 다시 아이를 키운다면
> 아이를 키우는 지식보다 내 아이 그 자체에 더 많이 관심을 가지리라.
> 그래서 자전거도 더 많이 타고 연도 더 많이 날리리라.
> 들판을 더 많이 뛰어다니고 별들을 더 오래 바라보리라.
> 더 많이 껴안아주고, 더 적게 다투리라.
> 내 자녀의 능력과 자질, 은사를 찾아서

그가 자신의 비전과 꿈을 더 많이 보도록 인도하리라.
덜 단호하고 더 많이 긍정하리라.
힘을 사랑하는 사람으로 보이지 않고,
사랑의 힘을 가진 사람으로 보이게 하리라.

이런 정신과 철학으로 우리 자녀를 양육한다면 위대한 지도자를 만들 수 있지 않겠습니까?

무지에서 오는 갈등

일반적으로 갈등에 대한 오해가 있습니다. 그 중에 하나는 좋은 인간관계에는 갈등이란 전혀 존재하지 않는다는 환상입니다. 그래서 갈등이 일어날까 두려워합니다. 하지만 신뢰롭고 깊은 인간관계는 갈등이 없는 관계가 아니라, 갈등을 극복해 나갈 때 이루어지는 것입니다. 이것은 부모와 자녀의 관계에도 마찬가지입니다. 따라서 부모와 자녀가 진정으로 서로를 신뢰하려면 서로의 차이에 대해 이해하고 갈등을 잘 극복해야 하는 과제가 있습니다.

다음의 목록은 부모가 자녀를 화나게 할 수 있는 행동들을 적어본 것입니다. 여러분의 경우는 어떤지 한번 점검해 보십시오.

내용	표시	내용	표시	내용	표시
고함치기		제약이 너무 많음		다른 사람 앞에서 꾸짖기	
당황하게 만들기		완벽을 요구하기		원인이나 과정 무시하고 결론만 생각하기	
우습게 만들기		거짓말하기		부당한 대우나 처벌	
무시하기		지나치게 기대함		잔소리	
너무 바빠서 경청 안하기		용서하지 않기		비판의 말이나 태도	
화를 내며 훈육하거나 때리기		비웃음		실수 들먹이기	
필요 고려하지 않기		융통성 부족		요구를 무조건 거절	
비교하거나 편애하기		신뢰하지 않음		조건적으로 대하기	
민감하지 못함		일관성이 없음		의견이나 결정 존중하지 않기	
날카로운 목소리로 말하기		약속을 지키지 않음		프라이버시를 인정하지 않기	
인내 부족		부부싸움		과잉반응이나 과잉보호	

 부모, 자녀간의 갈등이 일어나는 배경에는 다음과 같은 것이 작용하고 있음을 부모는 인지하고 있어야 합니다.

 첫째, 부모가 자녀를 대하는 방식은 옳고 그름보다는 주로 자신이 경험한 것에 기초하고 있습니다.

 둘째, 아이들의 발달 수준이나 능력과는 상관없이 과한 기대를 가지고 자녀에게 요구할 때 갈등이 일어납니다. 과도한 기대는 단지 부모의 헛된 욕망일 뿐입니다. 따라서 이것이 부모의 욕심임을 알고 다스릴 수 있어야 합니다.

 셋째, 자녀들의 문제는 부모와 연관성이 많습니다. 즉, 아이의 문제는 부모 문제에서 비롯되는 경우가 많기 때문에 자녀를 거울로 삼아 자기를 성찰하는 기회로 삼아야 합니다.

넷째, 자녀의 현재 모습은 부모의 책임임을 자각해야 합니다. 부모들은 자신들의 말, 생각, 행동들이 자녀들의 삶에 얼마나 지대한 영향을 주고 있는지 알아야 합니다.

부모는 자녀를 사랑하고 잘 되기를 바라는 마음 때문에 '너 잘되라고 잔소리 하고 혼내는 것이다.' 라고 말을 하지만 자녀들은 이 말을 받아들일 준비가 되어있지 않습니다. 부모들이 가지고 있는 이러한 생각을 수정하기 전에는 부모와 자녀간의 갈등을 좁힐 수 없습니다. 갈등을 해결하기 위한 여러 전략을 익히는 것도 좋지만 무엇보다 중요한 것은 자녀는 나와 같은 동등한 인격을 가진 존재라는 의식과 함께 인격적인 태도를 갖는 것입니다.

차이를 인정하지 않는 무지

부모 자녀 간에는 위에서 말한 대로 기대와 욕구의 차이로 인한 갈등이 무엇보다 크지만 다음과 같은 차이로 인한 갈등도 만만치 않습니다. 부모의 키와 자녀의 키가 다르듯이 사고 체계에도 엄청난 차이가 있습니다. 자녀세대를 부모가 다 이해하지 못한다 하더라도, 그들을 이해하고, 그들의 눈으로 바라볼 수 있도록 눈높이를 조절할 필요가 있습니다.

1) 세대차이

유명한 인류학자 마가렛 미드는 세대차를 설명하면서 "자녀들이 경험하는 세계를 부모들은 도저히 경험할 수 없습니다."고 하였습니다. 자신들도 지금의 청소년들과 같은 시절을 겪었기 때문에 다 이해할 수 있다고 하는 부모도 있을지 모릅니다. 그렇지만 부모들이 경험한 20년 또는 30년 전의 청소년 시절과 지금의 청소년이 경험하는 세계는 너무나 다른 점이 많습니다.

현재의 아동과 청소년들은 풍부한 물질문명 속에 살면서 발전된 교육방식을 경험하고 TV와 인터넷 등의 대중매체를 접하며 성장해 왔기 때문에 부모세대보다 더 신속하고 더 높은 수준에 도달하게 됩니다. 그렇기 때문에 세대차이로 인해 부모 자녀 간에 어려움이 발생하는 것은 당연한 일입니다.

현대 사회를 디지털(Digital) 사회라고 합니다. 디지털 사회는 문자세대인 아나로그세대와는 다릅니다. 문자세대에서 성장했던 사람들은 디지털 사회를 이해하기 힘듭니다. 역으로 디지털 세대자녀도 문자세대 부모를 이해하지 못합니다. 아나로그세대는 영화나 드라마를 볼 때 TV를 통해 시청하는 것이 편하지만 디지털세대는 자신의 컴퓨터로 자기가 보고 싶은 시간에 보는 것을 더 선호합니다. 또한 아나로그세대는 만남이나 상호관계를 소중히 여기기 때문에 대화를 좋아하며 여러 다양한 주제를 가지고 대화하는 것이 익숙합니다. 하지만 디지털세대는 대화를 해도 자신이 관심 있는 부분만 대화하는 것이 익숙하고 대화 시간도 짧을뿐더러 만남도 각자가 선호하는 관심사를 가지고 모입니다. 그래서 아나로그세대의 부모는 자녀와 대화할 때

학교 생활은 어떠한 지, 친구나 선생님과의 관계, 여러 일상적인 일들을 다 알고 싶어 질문하면, 디지털세대의 자녀는 귀찮아 하면서 한 가지만 물어봐 주기를 바랍니다.

이처럼 각 세대의 특징을 바로 이해하면 성장하는 자녀들을 지도하는데 많은 도움이 됩니다. 따라서 부모들은 어른의 눈을 가지고 보면 자녀와 오해가 생긴다는 것, 자신의 자녀를 객관적으로 보기 힘들다는 사실을 알고 있어야 합니다. 또한 부모들이 자녀들의 세계를 직접 경험할 수 없기 때문에 부모가 자녀를 이해하는 데는 엄연히 한계가 있으며 이 한계를 조금이라도 줄이려면 부모들은 엄청난 노력을 해야 한다는 사실을 알고 있어야 합니다.

2) 성격 차이

사람들은 내성적인 사람과 외향적인 사람, 관념적인 사람과 직관적인 사람, 생각하는 사람과 느끼는 사람, 시작하는 사람과 따라가는 사람 등 성격이 다양합니다. 부모와 자녀는 성격의 차이로 인하여 많은 갈등을 겪곤 합니다. 성격은 쉽게 변할 수 있는 것이 아니므로 부모는 자녀가 나와 어떤 점에서 다른지 알고 차이는 문제가 아님을 기억하고 있어야 합니다.

승패적 태도

부모와 자녀의 관계에서 기본적인 특징의 하나는 부모가 자녀보다 더 큰 '심리적 크기(psychological size)'를 가지고 있다는 것입니다. 물론 심리적 크기를 이상적으로 나타낸다면 똑같은 크기의 원으로 나타낼 수 있을 것입니다. 그런데 현실적으로 자녀는 나이와 관계 없이 부모와 같은 크기의 원일 수는 없습니다.

부모는 언제나 자녀보다 더 큰 심리적 크기를 지닙니다. 이와 같은 심리적 크기의 차이는 자녀들이 그들의 부모를 더 크고, 더 힘센 존재로 지각하고 있기 때문이기도 합니다. 자녀들에게 부모는 모르는 것이 없고 못하는 일이 없는 사람으로 보일지도 모릅니다. 아이들은 부모들의 이해의 폭, 예측의 정확성, 그리고 지혜로운 판단에 감탄합니다. 자녀들에 비해 더 큰 심리적 힘을 가진 부모는 이것으로 자녀들을 통제하려 합니다. 즉, 힘의 근원으로 여기는 것입니다.

부모로부터 나오는 또 다른 힘의 근원은 자녀들이 그들의 기본적 욕구를 충족하기 위해 그들의 부모에게 지나치게 의존하는 데 있습니다. 이것이 부모들에게 자녀를 다스리는 권위를 부여하는 것입니다. 자녀들은 태어남과 동시에 생존과 안전을 거의 전적으로 부모에게 의존하고 있습니다. 따라서 자녀들의 욕구를 충족시키는 모든 수단을 결국은 부모가 소유하고 통제하고 있는 것입니다.

부모-자녀 간의 갈등 해결을 이기고(승자) 지는(패자) 견지에서 생각하는 부모들이 많은 게 사실입니다. 이러한 태도가 오늘날의 부모들이 겪는 오해이며 어려움입니다. 부모들이 자녀들을 키울 때 위의 태도 중 어느 한 쪽, 혹은 일방적으로 훈육적인 태도로만 교육할 때 자녀들과의 관계가 권력투쟁으로 변질됩니다.

자녀들과의 갈등에서 지지 않고 이기려는 어떤 어머니는 다음과 같이 말합니다.

"딸이 어떻게 느끼든 나는 상관하지 않습니다. 다른 부모들이야 어떻게 하든 나에겐 상관이 없어요. 우리 딸은 그 누구도 짧은 치마를 입을 수 없습니다. 이 싸움에서는 내가 꼭 이기고 말지요."라고 힘주어 말했습니다.

고등학교 3학년생인 현욱이는 부모가 자기를 이기려는 태도에 대처할 다른 전략을 알게 되었다고 말합니다.

"내가 무엇이 꼭 필요할 때 어머니한테 절대 가지 않습니다. 어머니의 대답은 즉각적으로 '안 돼' 이니까요. 그래서 아버지가 돌아오실 때를 기다려 아버지를 내편이 되게 하지요. 아버지는 관대하시며 내가 원하는 것을 잘 들어 주시거든요."

부모-자녀 간의 갈등이 발생했을 때 부모들은 자기들의 욕구에 맞게 해결하려고 하기 때문에 자연히 부모가 이기고 자녀들이 지는 결과를 선택합니다. 부모-자녀간의 갈등이 이기거나 지는 승패적인 관계가 될 때 갈등은 해결될 수 없습니다.

갈등해결을 위한 제언

부모 자녀 관계는 어쩔 수 없이 많은 갈등을 가질 수밖에 없습니다. 그렇다면 자녀와 갈등에 부딪쳤을 때 어떻게 하면 좋을지 그 대안을 몇 가지 제시하고자 합니다. 아래의 원리를 적용할 때 부정적이었던 관계가 긍정적으로 변할 수 있을 것입니다.

① 자녀에게 당신의 필요를 직접적으로 말하십시오.

당신이 자신의 필요를 자녀에게 말할 때 자녀는 긍정적으로 반응할 수 있습니다. 예를 들면, "엄마는 지금 당장 이 일을 해야 한단다. 이 일이 끝나는 대로 그 일에 대해 얘기를 하자"라고 이야기하고 나서 자녀가 기다릴 수 있도록 하십시오. 당신은 할 말을 다했으므로 자녀 편에서 이제 기다리는 일이 남았는데 자녀는 기다림을 통해서 인격을 성숙시킬 수 있는 기회를 얻게 되는 것입니다.

② 당신이 다른 일로 화가 났거나 좌절에 빠졌을 때는 자녀에게 솔직하게 말하고 당신의 마음을 전하십시오.

예를 들면, "지금 엄마는 ……일로 화가 나 있어. 너희들과는 관계 없는 일이야. 그러나 엄마가 마음이 불편하니 오늘 오후에는 조용히 놀도록 해라."고 말합니다.

③ 자녀가 잘못된 행동을 해서 혼낼 때 말로 지적한 것은 곧바로 행동에 옮기십시오. 이 말은 행동에 옮기지 않을 말은 하지 말라는 것입니다.

어떤 부모는 계속 참기만 하고 결정적으로 교정이 필요할 때도 행동을 취하지 않곤 합니다. 그러면서 자신의 분노를 비판이나 조롱으로 표현하곤 하는데 이것은 자녀의 자존심을 해치는 행동입니다. 잘못된 행동을 했을 때는 단호하게 대처하는 것이 올바른 인격 형성에 꼭 필요한 것입니다. 이때 자녀의 자존심에 상처가 남지 않도록 감정적인 반응을 자제하는 것이 좋습니다.

④ 자녀에 대해 현실감 있는 기대를 하십시오.

자녀가 무엇을 할 수 있는지 바로 이해하십시오. 완벽을 요구하지 말고 자녀의 수준에 맞는 현실적인 기대를 하십시오.

⑤ 자녀를 통제하려는 본능을 떨쳐버리십시오.

자녀가 스스로 자랄 수 있도록 자유를 허락해 주십시오. 훈계의 목표는 자녀가 스스로 자기 통제를 할 수 있도록 하는 것입니다.

⑥ 긍정적인 면에 초점을 맞추는 훈련을 하십시오.

자녀에게서 긍정적인 면을 찾고 그것을 표현하십시오.

위의 원리들을 적용해 갈 때 부모는 점점 긍정적인 표현을 하게 되고 비난이나 조소의 표현을 줄여가게 될 것입니다. 그렇게 되면 당신의 자녀도 긍정적으로 자라나는 축복을 얻게 될 것입니다.

2장
점수전쟁터인 교육 현실

한국 학생의 학업 성적은 참으로 뛰어납니다. 그러나 학부모들과 교육 전문가들 대부분은 우리 교육 현실이 심각한 위기에 처해 있다고 말합니다. 한국의 근면성과 성실성은 세계적으로도 인정받고 있지만 점수위주의 교육에 대해서는 최근 UN까지 나서서 "한국의 입시 위주 교육이 아동의 권리를 침해하고 있다"고 지적하고 있습니다. 이러한 교육 현실에 대해서 우리 부모들은 어떤 자세를 취해야 할지 생각해 보아야 합니다.

시험 전쟁터인 교실

한국의 교육현실이 얼마나 비참한지 한 여학생의 유서에 잘 나타나 있습니다.

난 1등 같은 것은 싫은데…….
앉아서 공부만 하는 그런 학생은
싫은데
난 꿈이 따로 있는데, 난 친구가 필요한데…….
이 모든 것은 우리 엄마가 싫어하는 것이지
난 인간인데
난 꿈이 따로 있는데, 난 친구가 필요한데…….
이 모든 것은 우리 엄마가 싫어하는 것이지
난 인간인데
난 친구를 좋아할 수도 있고,
헤어짐에 울 수도 있는 사람인데
어떤 땐 나보고 혼자 다니라고까지 하면서
두들겨 맞았다.
나에게 항상 수단과 방법을 가리지 말고
이기라고 하는 분
항상 나에게 친구와 사귀지 말라고
슬픈 말만 하시는 분
그 분이 날 15년 동안 키워 준 사랑스러운 엄마라니…….
너무나도 모순이다. 모순.
세상은 경쟁! 경쟁! 공부! 공부!
아니 대학! 대학!
순수한 공부를 위해서 하는 공부가 아닌,
멋들어진 사각모를 위해.
잘나지도 않은 졸업장이라는 쪽지 하나 타서
고개 들고 다니려고 하는 공부…….
꼭 돈 벌고, 명예가 많은 것이 행복한 게 아니잖아.
나만 그렇게 살면 뭐해?

나만 편안하면 뭐해?
매일 경쟁! 공부! 밖에 모르는 엄마
그 밑에서 썩어 들어가는 내 심정을
한번 생각해 보았습니까?
난 로봇도 아니고 인형도 아니고
돌멩이처럼 감정이 없는 물건도 아니다.
밟히다, 밟히다 내 소중한 삶의
인생관이나 가치관까지 밟혀질 땐,
난 그 이상 참지 못하고 이렇게 떤다.
하지만 사랑하는 우리 엄마이기에…….
아, 차라리 미워지면 좋으련만,
난 악의 구렁텅이로 자꾸만 빠져 들어가는
엄마를 구해야 한다.
난 그것을 해야만 해. 그치?
행복은 성적순이 아니잖아?
난 그 성적순이라는 올가미에 들어가
그 속에서 허우적거리며 살아가는 삶에 경멸을 느낀다.
난 눈이 오면 한껏 나가 놀고 싶다.
난 딱딱한 공부보다는 자연이 좋아.
산이 좋고, 바다가 좋고…….
하긴 지금 눈이 와도 못 나가는 걸.
동생들도 그러하고…….
너무 자꾸 한탄만 했지. 그치?
……………………
난 나의 죽음이 결코 남에게
슬픔만 주리라고는 생각지 않아.
그것만 주는 헛된 것이라면,

난 가지 않을 거야.
비록 겉으로는 슬픔을 줄지 몰라도,
난 그것보다 더 큰 것을 줄 자신을 가지고
그것을 위해 신에게 기도한다.

오늘 우리의 자녀교육은 어떠합니까? 부모들의 욕심이 자녀들을 점수 전쟁터로 내몰고 있습니다. '성공'이라는 승리를 얻기 위해서 라면 신앙도, 비전도, 인간성의 파괴까지도 묵인되는 야만성이 점수 전쟁터에서도 예외 없이 드러나고 있습니다. 즉 점수 전쟁에서 이길 수만 있다면 부모나 다른 모든 인간관계에서 무례하거나, 비인간적으로 보여도, 교묘한 조종이 있어도 모든 것이 용인됩니다. 심지어 독실한 그리스도인 부모들도 신앙을 포기하고서라도 점수 전쟁에서 이기도록 독려함으로 기독교적 인간관에 대한 왜곡을 조장하고 황폐한 인간을 만들고 있습니다.

점수 전쟁터인 사회에서는 인간의 모든 것을 오직 점수의 순위에 따라 평가하기 때문에 사람됨까지도 점수로 평가하는 어처구니없는 현실을 보게 됩니다. 이로 인해 불신이 지배하며, 경쟁사회에서 남을 누르고 이기기 위한 지식의 파편들을 배울 뿐입니다. 수능 점수 순서 대로 줄을 세워 놓고 대학을 결정하게 되면 우리 아이들을 수능 점수의 약육강식이 지배할 것은 불 보듯 뻔합니다. 이런 교육이 지난 반세기 동안 계속되어 왔기 때문에 동방예의지국이었던 우리나라가 예의는커녕 남을 위한 최소한의 배려도 할 수 없는 도덕 부재의 나라로 전락된 것입니다(문용린, 1994, 163-178 참조). 엄마들은 '공부해서 남주느냐?'고 마치 아이의 미래를 걱정하는 듯 꾸짖지만 아이들은 '공부해서 엄마 준다.'고 믿고 있습니다. 그래서 성적이 뜻대로 안 나왔다고 자살하는 아이들의 유서에는 공부 못해서 엄마에게 미안하다는 말이 빠지지 않습니다.

한국의 연간 사교육비는 2003년엔 13조 6천 4백 85억 원 정도였지만 2008년엔 21조까지 올랐습니다. 연간 사교육비는 매년 7-9% 정도 오르는 추세를 보이고 있으니 한국의 교육열풍은 가히 세계적이라 할 수 있습니다.

전 세계 학생들이 참가한 국제교육발전평가(IAEP)와 국제 수학·과학 성취도평가연구(TIMSS)에서 한국팀은 지난 10여 년 동안 계속 1위를 차지했습니다. 이러한 화려한 성적에도 불구하고 우리 교육이 시험성적에 치중돼 있는 것은 국내외적으로 비판받고 있습니다. 특히 유엔아동기금(UNICEF)은 99년 세계아동현황보고서를 통해 한국의 교육제도가 지나치게 경쟁적임을 지적했습니다. 이 보고서에 따르면 한국 중학생의 수학과 과학 점수가 OECD 가입국 중에서 1위와 3위를 차지했지만, 그러한 성적은 경쟁위주의 교육, 곧 시험 중심 제도의 결과일 뿐 창의력과 잠재력을 개발하는 데 가장 큰 장애 요인이 되어 장기적으로는 오히려 실패라고 지적합니다. 또한 세계적 권위의 과학 잡지인 네이처 편집장 필립 캠벨 박사는 한국을 다녀간 후 "한국과학 2세들의 창의성은 막혔다."는 논평을 냈습니다.

국제학생능력평가시험인 PISA의 보고서를 자세히 살펴보면, 한국 학생의 수학 관련 호기심이나 흥미는 40개국 중 31위, 동기는 38위로 최하위권입니다. 또한 수학 성취도에서 지역 간 학력 차가 다른 나라에 비해 두드러지는데, 이는 곧 시험공부 위주의 학원 교육이 성행하고 있음을 여실히 보여 주고 있는 것입니다.[9]

기초가 없는 교육

서울에서 있었던 이야기입니다. 5개 국어에 능통하고 학위를 몇 개씩 받고 정부의 유명 기관에 배치되어 앞길이 창창하던 어느 젊은이가 횡단보도를 무단으로 건너다 차에 치어 죽었습니다. 그 사건을 두고 어떤 사람이 이렇게 평가했습니다. 똑똑하고 공부를 많이 한 젊은이의 인생이 이렇듯 허망하게 끝난 것은 수학과 영어를 몰라서가 아니라 유치원에 가면 배울 수 있는 단순한 원리를 몰랐기 때문이라는 것입니다. '인간의 기초는 유치원 때 다져진다. 인생에서 필요한 모든 인성은 유치원에서 배운다.'는 로버트 풀검 목사님의 말에 저는 진심으로 동의합니다. 사실 우리에게 필요한 것은 심오한 지식이나 미사여구가 아닌 기본적인 원칙과 단순한 교훈입니다. 이러한 것은 대부분 어릴 때 다 배우는 것들입니다.

---

9) 미국의 대표적 싱크탱크 가운데 하나인 랜드(LAND) 연구소에서 한국 과학기술부의 의뢰로 '떠오르는 중국시대에 한국의 과학기술 전략'이라는 연구보고서를 발표했다. 이 보고서에 따르면 현재의 우리 시스템으로서는 장기적으로 중국과의 경쟁에서 이길 수 없다고 지적하며, 두 가지를 제안하고 있다. 첫째, 과학기술계가 해외에 있는 한국의 유명 과학자들과 네트워크를 구축하고 이들을 한국으로 끌어들여야 한다고 충고했다. 둘째, 기존 지식의 흡수만을 강조하는 한국의 입시 시스템은 한국 기업이 필요로 하는 혁신적이며 창조적인 인재를 길러낼 수 없다고 지적하면서 초등학교부터 대학교까지 총체적인 교육혁신도 주문하고 있다.

친구의 물건은 네 물건이 아니다. 건드리지 마라.
정직하게 말하고 거짓말하지 마라.
부모님께 감사해라.
같이 나누어 쓰고, 같이 놀아라.
놀고 난 후에는 모든 것을 제자리에 갖다 놓아라.
친구들과 사이좋게 놀고 싸우지 마라.
떠들지 마라.
선생님 말씀 잘 들어라.
빨간 불일 때는 길을 건너지 마라.
줄 서라, 새치기 하지 마라.

너나 할 것 없이 이 정도는 알고, 지킨다고 믿고 있습니다. 그러나 정말로 그럴까요? 자신을 돌아보거나 또 다른 사람들을 살펴볼 때 가장 기본적인 질서를 지키고 싶어 하는 마음이 없음을 확인하게 됩니다. 여기에 부모의 책임이 있다고 봅니다. 아이들이 가장 기초적인 질서를 그대로 실천하도록 함께 지켜줘야 합니다.

미국의 어머니들은 아이들에게 유치원이나 학교에서 배운 대로 하도록 가르칩니다. 빨간 불엔 무조건 서야 합니다. 거기엔 예외가 없습니다. 그러나 우리에겐 예외가 너무 많아 법이 힘을 잃고 죽어 버린 느낌입니다. 많은 미국인들은 부시 대통령의 아버지가 대통령이었을 때 그가 재선에서 패배한 가장 치명적인 이유를, 세금을 늘리지 않겠다고 공언해 놓고 세금을 올렸기 때문이라고 생각합니다. 즉, 그가 한 거짓말이 낙선의 주원인이 되었던 것입니다. 클린턴 전 대통령과 르윈스키의 염문설로 전 미국이 떠들썩할 때 미국 상하원에서는 거짓 증언을 않겠다고 선서해 놓고도 거짓말을 한 대통령을 탄핵해야 하느냐 마느냐 하는 것이 논란이 되었습니다. 그들이 대통령의 불륜보다 더 받아들이기 힘들었던 것은 대통령이 거짓 증언을 했다는 사실이었습니다. 아이들이 거짓말하지 않기를 원한다면 어머니, 아버지가 먼저 본을 보여야 합니다. 편의상의 거짓말도 아이들에게는 부정적인 모델로 오래오래 기억됩니다. 부모가 본을 보여야 아이들이 성장해서도 거짓말하지 않는 삶을 살려고 노력할 것입니다.

저는 가끔 친구들과 볼링을 치는데 그 중 평균 200점이 넘는 실력으로 두각을 나타내는 목사님이 계십니다. 저는 볼링 실력이 별로 없어서 제 순서가 아니면 뒤에서 공 던지는 연습을 하곤 합니다. 그런데 이 분이 제 옆으로 오더니 스텝연습을 하는 것입니다. 제가 놀라서 "아니 목사님, 볼링을 제일 잘 하시는 분이 무얼 하십니까?" 그러자 그 목사님이 웃으시면서 "스텝이 엉켜서 제 실력이 안 나오네요. 이런 경우 기초부터 다시 점검해야 합니다."라고 말하는 것이었습니다. 그 말이 얼마나 인상적인지요. 삶이 흔들리면 기초부터 다시 점검해야 하는 것은 너무나 귀한 원리입니다. 교육에 있어서도 가장 중요한 것은 기초입니다. 우리의 자녀들이 올바른 사람, 영적으로 훌륭한 사람이 되기 위해서는 거창한 교육이 필요한 것이 아니라 기초를 지키며 살아가도록 도와야 합니다.

기초가 얼마나 중요한지에 대한 예화를 하나 더 소개하고자 합니다. 지난 10년간 미국에서 가장 우수한 고등학교 미식축구 팀은 조지아 주에 있는 밸도스타의 닉 하이더(Nick Hyder)가 이끄는 팀이었습니다. 전국대회에서 4번이나 우승했고 주 대회에서는 20번도 넘게 우승했습니다. 그래서 많은 코치 지망생들이 닉 하이더의 지도 장면을 견학하기를 원하였습니다. 그러나 훈련 장면을 견학한 사람들은 실망했습니다. 왜냐하면 훈련에 특별한 것이 없었고 다만 기본에 충실하도록 연습시키는 것이었기 때문입니다. 미식축구의 기본인 던지기, 받기, 태클 등의 동작을 몇 시간이고 계속 연습하는 것이었습니다. 어떤 코치가 연습이 다 끝난 후 닉 하이더에게 질문했습니다.

"기본기만 연습하던데, 이 선수들은 이번에 새롭게 선발된 선수들인가요?"

"아닙니다. 모두 베테랑입니다. 나의 우승의 비결은 재능 있는 선수에게 늘 기본기를 익히게 하는 것입니다. 기본 기술이 승패의 관건입니다."

상대 팀이 누구이든 승리의 원인은 훌륭한 태클과 블로킹, 완벽한 패스와 평소에 잘 연습된 킥에 의한 것이었습니다.

전인 교육을 향하여

우리나라는 올림픽과 월드컵을 치러냈고, OECD에도 가입하여 세계의 선진국 대열에 끼게 되었으며, 특히 경제 발전을 최우선으로 하는 정책으로 전 세계의 주목을 받고 있습니다. 이러한 결과는 한국인의 근면성과 교육열 때문일 것입니다. 우리는 얼마나 교육에 혼신의 힘을 기울이는지 모릅니다. 한국의 교육적 열의는 참으로 자랑스럽고 놀랍기까지 합니다.

하지만 도덕적인 삶에 있어서는 참으로 부끄러운 모습이 많습니다. 흡연율은 OECD 국가 중 1위, 여성의 흡연율은 세계 1위, 부부 이혼율은 미국에 이어 세계 2위(2012년 4월)이며, 남자 25%는 알코올 중독 전 단계인 알코올 의존수준이며, 매춘 직업에 종사하는 여성은 150만, 한해 낙태건수는 300만, 증권으로 집이나 재산을 날리고 빚진 사람은 한 집 건너 한 사람 정도로 심각하고, 포르노사이트는 너무 많아 헤아릴 수 없는 것이 오늘의 현실입니다. 이는 우리 사회의 도덕성이 매우 심각한 수준으로 타락했음을 보여줍니다.

왜 이런 일이 발생하고 있습니까? 물론 인간이 가진 모든 문제의 근본에는 타락한 인간의 죄성이 있습니다. 그러나 실제적인 이유는 우리의 가치관이 천박한 물질주의에 치우쳐 있다는 데 있습니다. 과거 우리가 경제적으로 낙후했을 때 이를 극복해 보고자 경제 회복에 가장 중점을 두면서, 온 국민의 최대 관심사가 잘 먹고 잘 사는 것이 되었습니다. 이때 우리는 물질주의에 대한 바른 가치관을 세우지 못하고 돈을 우상화함으로써 신앙의 가치, 인간의 가치가 함께 무너지기 시작하였습니다. 좋은 뜻을 품었으나 인간의 악을 간과한 어리석음이, 황금우상을 좇아가며 그것을 얻기 위해 수단방법을 가리지 않는 우를 범할 수 있는 문제에 대해 미처 대안을 만들지 못한 것입니다.

뿐만 아니라 개인의 개성과 창의력이 존중되기 보다는 성적과 대입 성공을 궁극적 성공으로 오해하는 교육적 풍토 때문에 진정한 인간을 키우는 전인교육에 신경을 쓰지 못하였습니다. 그 결과 원칙이 존중되지 않는 사회적 분위기가 만들어졌고 개인의 책임윤리가 실종되면서 도덕적으로 심각하게 타락하는 현상에까지 이른 것입니다.

사실 교육은 성경적 세계관을 바탕으로 한 '전인 교육'이어야 합니다. 기독교적 전인이란 영성을 중심으로 지·정·의가 조화된 인격입니다. 그러므로 기독교적 전인교육은 성령 충만한 가운데 인격의 조화를 목적으로 하는 교육으로서, 출세위주의 교육에 반대하며 성령님의 인도를 받는 교육이어야 합니다. 이러한 교육은 학교뿐만 아니라 가정과 교회와의 유기적 조화를 통해서만 가능합니다.

그러나 실제적으로 인간다운 사람, 인격적인 사람을 키우는 전인교육을 하기에는 어려움이 많습니다. 이것에 대해 루소는 다음과 같이 말하였습니다.

"교육은 인간을 만드느냐, 시민을 만드느냐, 이 둘 중의 하나를 택해야 합니다. 동시에 이 둘을 해낼 수는 없습니다. 그러면 어떻게 할 것인가? 둘 가운데 하나를 포기할 수밖에 없습니다. 그렇다면 시민교육을 포기하고 인간 교육만을 해야 할 것입니다. (중략) 이렇게 다져진 인간 교육은 결과적으로는 한 차원 높은 훌륭한 시민 교육이 되기도 합니다."(김정환, 1997, 32)

여기에서 한 걸음 더 나아가 우리 기독교인들의 생의 목표는 무엇을 하든지 자신의 삶을 통해 하나님의 영광을 드러내는 것입니다. 그러므로 기독교인의 자녀교육은 이러한 맥락에서 하나님의 영광을 위한 삶이 되도록 이끌어 주는 교육이어야 합니다. 바로 그것이 성경적 가치관에 입각한 자녀교육입니다.

따라서 자녀교육의 첫 번째 책임은 부모이어야 하며 교사나 또 다른 중요한 타인의 도움을 받는 것은 이차적이어야 합니다. 이것은 부모가 자녀의 가능성에 가장 결정적인 영향을 끼치는 주요한 개발자로서 사랑의 양육자이며, 자녀에게 믿음의 삶이 무엇이며 성령님께 복종하는 것이 무엇인지 보여주는 산교육자이며, 자녀를 가장 잘 이해하며 가장 많은 시간을 함께 하면서 삶의 모델을 제시하는 인생의 선배이기 때문입니다.

이것은 교육의 중심이 학교가 아니라 가정이 되어야 함을 의미합니다. 학교와 교사만이 교육을 담당할 수 있다는 개념으로부터 가정과 부모가 교육의 중심이라는 인식의 전환이 있을 때 성경적 원리에 의한 교육이 시작될 수 있습니다.

3장
잘못된 사랑

　부모에게 상처를 받은 자녀가 커서 부모가 되면 자기 자신도 모르게 다시 상처를 주곤 합니다. 사랑의 능력을 갖지 못한 사람은 부모가 되어도 자녀에게 사랑을 주지 못하고 고통을 주는 경우를 종종 볼 수 있습니다. 이처럼 상처받은 어린이가 다시 상처를 주는 부모가 되는 악순환의 고리를 끊고 하나님의 사랑으로 도전해 보아야 하지 않겠습니까? 그 변화의 사람이 내가 될 수 있다면, 그리하여 내 자녀가 나로 인해 행복하고 훌륭한 삶을 살 수만 있다면, 그 길이 아무리 힘들고 어려워도 도전할 가치가 있지 않겠습니까?

부모에게 받은 대로 사랑함

어떤 여성의 고백입니다. "어린 시절 저는 아들은 사랑하고 딸은 미워하는 가정에서 자랐습니다. 저희 어머니는 제가 딸이라는 이유 하나만으로 늘 저에게 욕을 하고 구박했습니다. 저는 어머니가 너무 싫고 미웠습니다. 저는 그때 어머니를 보면서 '나는 결혼해서 아이를 낳으면 절대로 어머니처럼 키우지 않으리라'는 결심을 했습니다. 그런데 어느 날 나를 돌아보니 너무나 놀랍게도 제가 아들은 예뻐하고 딸은 미워하고 있었습니다. 이 얼마나 기막힌 일인지요. 내 아픔을 생각하면 아들을 미워하고 딸은 예뻐해야 할 텐데 거꾸로 된 것입니다. 도대체 왜 이런가 곰곰이 생각해보니 친정어머니를 미워하는 분노 때문임을 깨닫게 되었습니다.

그 이후 나의 분노를 치료하면서 어머니는 왜 그렇게 되었을까를 곰곰이 생각해보았습니다. 그때 깨달아진 것인데, 어머니는 자신의 시어머니로부터 딸만 낳는다고 구박을 당했기 때문에 그 한풀이로 자신도 모르게 나를 구박 했더군요……. 내가 이 사실을 알게 되었을 때 순간 눈물이 흐르면서 어머니를 용서하게 되었습니다. 그리고 내 마음의 상처도 사랑으로 더 깊이 치료되며 남을 돌아볼 수 있는 힘이 생겼습니다."

이처럼 부모에게 받은 대로 자동적으로 행동하는 경우가 얼마나 많은지 모릅니다. 따라서 이러한 자동적인 반응과 관계 양식을 점검하여 진실하고 순수한 사랑을 할 수 있도록 연습하고 훈련해야 할 것입니다.

부패한 사랑

　참된 사랑은 상처를 치유하는 힘이 있습니다. 그러나 아쉽게도 참 사랑은 너무나 귀한 만큼 얻기도 힘들며 유사품도 많습니다. 그래서 사람들이 사랑과 함께 상처를 받게 됩니다. 그래서 저는 사랑을 깊이 연구하여 하나님의 아가페 사랑으로 보이나 참 사랑이 아닌 유사 사랑에 대해 이전의 저의 저서 '인간관계훈련'에서 자세히 설명하였습니다.[10] 이 유사 사랑은 실제로 우리들이 살아가면서 접하게 되는 것들입니다. 우리는 이런 사랑을 통해 어느 정도 도움을 받는 것처럼 보이지만 결국 인격적인 삶이나 관계를 형성해 나가는데 매우 해롭게 작용할 수 있습니다. 따라서 이런 사랑은 경험하지 않는 것이 오히려 낫습니다. 이혼한 사람들의 정신적, 신체적 건강상태가 행복한 결혼생활을 하거나 결혼을 한 번도 해보지 않은 사람의 경우보다 더 나쁘다는 여러 연구 결과가 이것을 뒷받침해 주고 있습니다.

　유사 사랑 외에 더 심각한 피해를 주는 것으로는 부패한 사랑(변질된 사랑)이 있는데 부모 자녀관계를 중심으로 보면 부모가 자녀를 소유하며 지배하는 사랑으로 다음과 같이 나타납니다.

　첫째, 사랑하면 소유해도 된다는 식의 사랑입니다. 일반적으로 '나는 너를 사랑해'란 말은 '나는 너를 소유하고 싶어.' '너는 내거

---

10) 유사 사랑에는 로맨틱한 사랑, 집착적(의존적)인 사랑, 정신집중의 사랑, 목적 없이 주는 사랑, 과잉 보호적인 사랑, 감정적인 사랑, 표현하지 않는 사랑, 조건적인 사랑, 유희적 사랑 등이 있습니다. 더 자세히 살펴보려면 저자의 저서 '사랑이 흐르는 공동체만들기 2- 인간관계훈련'(도서출판 다세움)을 참조하기 바랍니다.

야' 라는 의미를 가지고 있습니다. 그래서 '너는 내가 주는 사랑만 받아' 야 하는 것입니다. 이것은 강한 지배 욕구이며 이러한 관계가 부모-자녀 사이에는 마마보이, 파파 걸로 나타납니다. 사람은 한 사람의 사랑이 아니라 다양한 사람들의 사랑을 필요로 하며 다차원적인 사랑의 관계를 할 때 건강한 성격으로 자라게 됩니다. 그래서 건강한 사람이라면 어느 한 사람이 사랑이라는 미명으로 자신을 소유하려고 할 때 "차라리 나를 사랑하지 말아줘"라는 강한 저항과 거부 반응을 보이게 됩니다.

둘째, 지배적인 사랑도 부패한 사랑의 하나입니다. 사랑하기 때문에 상대방을 내 맘대로 움직이고 싶어 하며 '너의 삶의 방향을 내가 정해 줄게. 내가 너를 사랑하니까, 내가 원하는 대로 살아' 라고 말하는 것은 지배하는 것이지 사랑하는 것이 아닙니다. 지배적인 사랑은 사랑을 가장한 조종입니다. 하나님은 인간을 지배하려고 하지 않으셨습니다. 그 분은 우리를 인격적으로 존중하시며 사랑하셨습니다.

부모가 참 사랑이 아닌 부패한 사랑으로 자녀를 대하는 것은 그들을 소유하고 지배하려는 것입니다. 이런 사랑은 자녀의 은사나 특성은 무시한 채 부모의 기대를 자녀에게 주입하는 것으로 다음과 같은 위험한 말이 진실인 것처럼 유혹합니다.

"내가 인생을 살아보니 이렇게 사는 것이 너에게도 행복한 길이야!"

조건 없는 사랑

　우리 시대 인기 작가인 최인호 씨가 40대에 가톨릭 신앙에 귀의하면서 하나님의 사랑을 접하게 되고 그 사랑을 주제로 해서 쓴 책이 「사랑의 기쁨」입니다. 이 소설은 죽은 엄마의 집에 딸이 찾아 가는 장면으로 시작됩니다. 엄마는 남편의 외도 때문에 결혼 3년 만에 이혼하고서 혼자 딸을 길렀습니다. 그런데 이 딸이 초등학생이 되면서 아빠와 살고 싶은 마음이 너무나 간절한 것을 알고 양육권을 아빠에게 넘겨주게 됩니다. 딸이 고등학생이 되었을 때 아빠가 교통사고를 당하여 사경을 헤매게 되었습니다. 딸은 혼비백산하여 엄마를 찾아갔지만 엄마는 끝내 아빠에게 등을 돌리고 말았습니다.
　결국 아빠가 숨을 거두자 딸은 그때부터 심한 우울증과 극심한 자폐증, 그리고 아무것도 먹지 않고 먹은 것도 다 토해내는 증세까지 갖게 되었습니다. 그것은 자신이 그토록 좋아했던 아빠를 용서하지 않은 엄마에 대한 분노 때문이었습니다. 딸의 고통과 분노를 바라보는 엄마의 마음은 너무나 힘들었지만 눈물겨운 노력으로 딸을 간호하며 돌보았습니다. 딸의 몸은 시간이 가면서 점점 회복되었지만 엄마를 향한 반항은 계속되었습니다. 그래서 아빠를 닮은 유부남을 만나 사귀기도 하고 엄마가 반대하는 결혼을 하여 이혼까지 하게 되었습니다. 이런 와중에 그 어머니는 마음의 고통으로 인하여 암에 걸리게 되었고, 수술까지 받았지만 결국은 죽고 말았습니다. 이것이 소설의 전반부입니다.

작가가 정말 이야기 하고 싶었던 주제는 그 다음부터 전개 됩니다. 딸이 엄마의 유품을 정리하기 위해서 엄마의 집에 도착했을 때 수동 타자기에 걸려있는 엄마의 편지 한 장을 발견하게 됩니다. 그것은 뜻밖에도 엄마의 연애편지였습니다. 딸은 깜짝 놀랐습니다. 살아생전 거의 집밖에 나가지 않던 엄마가 어떻게 사랑을 하게 되었을까? 이 사람은 누구일까?

놀라움을 금할 수 없는 딸은 엄마의 연애편지 대상을 찾기 위해서 동분서주 합니다. 엄마는 영문학을 전공한 사람이었습니다. 그래서 집에서 번역 일을 하고 있었는데, 그 당시 30대 중반이었던 엄마가 번역 과정에서 40대 노총각 영문학자 한명을 알게 된 것입니다. 둘은 사랑에 빠지게 되었습니다. 두 사람 사이에는 사랑의 또 다른 시작인 결혼을 하기에 아무런 장애가 없었습니다. 그런데 두 사람은 사랑의 결실을 맺지 못했습니다. 엄마의 편지와 그 교수가 엄마에게 보내준 책 속에서 표현된 사랑은 너무나 진실하고 간절했는데 왜 둘은 맺어지지 못했을까? 딸은 너무나 궁금했습니다.

그래서 수소문 끝에 그 교수가 미국에 있는 것을 알게 되어 딸은 미국까지 건너가 물어 보았습니다.

"그토록 사랑했는데 왜 헤어지셨어요?"

교수는 당시에 교환 교수로 미국에 가게 되었으며 가기 전에 엄마에게 청혼을 하였고 금방 수락할 수 없다면 미국에 가 있을 테니까, 마음이 허락되는 데로 미국에 와 달라고 부탁했다고 합니다. 그런데 엄마에게서 편지 한통이 날아 왔다며 그 편지를 보여주었습니다. 그 내용은 '당신(교수)보다 더 사랑하는 한 사람이 있으며 그를 위해서 자신을 바치겠다'는 내용이었습니다. 편지를 받은 그 교수는 '도대체 나보다 더 사랑하는 사람이 누굴까?' 하는 마음에 말로 다 할 수 없는 고통을 겪었다고 합니다. 그러나 어쩔 수 없는 상황 때문에 엄마를 포기할 수밖에 없었습니다.

딸은 그 편지를 읽으면서 직감적으로 엄마가 그 교수보다 더 사랑한 사람은 바로 자신임을 알았습니다. 그 당시 엄마는 전남편이 죽었고 딸이 자폐증과 우울증, 거식증세 등을 보이면서 서서히 죽어가고 있었기 때문에 그런 딸을 두고 미국으로 갈 수가 없었던 것입니다. 엄마는 딸이 음식을 먹지 않으면 자기도 먹지 않고, 딸이 음식을 토하면 함께 토하면서, 그 딸을 정성껏 돌보았습니다. 물론 교수를 선택한다면 기쁨과 행복이 따르겠지만 그러나 병들어 죽어가는 자녀를 두고 갈 수가 없었습니다. 외로움과 불행이 올 것을 분명히 알았지만 소중한 딸을 위해서 자신의 삶을 희생하기로 결심했습니다.

딸은 아빠가 죽을 때 엄마가 죽도록 미웠습니다. 그래서 자기를 자학하면서 엄마를 괴롭히고 학대했습니다. 그래서 그런 자기를 위해서 엄마가 이런 희생을 했으리라고는 상상조차 하지 못했습니다. 딸은 후회와 죄책감 때문에 견딜 수가 없었습니다. 한없이 몸부림치며 오열하다가 문득 마음 한가운데서 울려오는 평안과 기쁨을 느끼게 되었습니다. 그것은 '이 세상에 나를 그토록 사랑해주는 사람이 있었구나, 나를 위해서 자기 목숨까지 버리는 진실한 엄마의 사랑이 있었구나!' 라는 깨달음이었습니다. 그리고 자기 존재의 소중함과 존엄성을 느끼면서 삶이 다시 세워지기 시작했고 중심에 있는 상처와 분노와 아픔이 치료되기 시작했습니다. 눈물은 흐르지만 마음 깊은 곳에 밀려들어오는 따뜻함과 안정감이 딸의 마음을 가득 채웠습니다.

'나는 이 땅에 혼자 버려진 사람이 아니었구나!'

딸의 가슴 속에 오랫동안 상처로 남아있던 외로움과 고독감이 한 순간에 치료된 것은 바로 엄마의 사랑, 그 사랑의 힘 때문이었습니다.

이처럼 진실한 사랑을 느끼면 그 순간에 마음 가운데 있던 아픔과 분노와 상처가 치료되는 것입니다. 진실한 사랑이 삶을 치료합니다.

아가페 사랑

빅토르 위고의 소설에 나오는 이야기입니다. 프랑스 혁명 이후에 프랑스는 큰 혼란에 빠졌고 모든 백성이 빈곤에 허덕이던 때였습니다. 어느 부대 군인들이 이동 중에 기아에 지친 아주머니가 세 아이를 데리고 길가에 쓰러져 있는 것을 보았습니다. 불쌍히 여긴 상사 한 사람이 빵 한 덩이를 던져 주었습니다. 어머니는 급하게 그 빵을 받아서 지체 없이 세 조각으로 나누어 자신은 먹지 않고 세 아이에게 나눠주었습니다. 아이들은 정신없이 받아먹으며 너무나 기뻐하고 있었습니다.

이 광경을 보던 젊은 병사가 물었습니다.

'저 여자는 배고프지 않은 모양이죠?'

상사는 조용히 대답했습니다.

'그게 아니야. 어머니이기 때문이지······.'

이것이 모성입니다. 자기는 굶으면서도 자녀에게는 줍니다. 자기

입에 들어간 것은 없지만 아이들이 빵 한 조각을 먹으며 기뻐하는 모습을 보고 더 크게 기뻐하며 만족합니다. 어머니의 마음은 이런 것입니다.

　이러한 사랑을 우리는 아가페 사랑이라 부릅니다. 아가페 사랑이란 무엇입니까? 그것은 사람을 볼 때 조건 없이 순수한 마음으로 바라보는 무조건적 사랑, 사랑한다는 미명으로 그를 소유하려는 것이 아닌, 오히려 사랑하기 때문에 그가 그 자신으로 살아가도록 놓아주는 비소유적 사랑, 그 사람 중심으로 그를 사랑하는 이타적 사랑입니다. 아가페 사랑은 신적인 사랑으로서 아무 조건 없이 좋아하고 돌보아 주며, 용서하고 베푸는 사랑입니다. 또한 자신이 감당할만한 수준에서 깨끗하게 베푸는 자기희생적 사랑입니다. 이것은 하나님이 자기 아들 예수 그리스도를 죽여 아무 조건 없이 인류를 구원한 사건에서 나타나고 있습니다. 진정한 사랑이란 이미 받았기에 순수하게 주는 것이며, 줌으로써 다시 받을 수 있는 것입니다(심수명, 2008, 92-93).

　인간을 향한 하나님의 사랑은 참으로 간절하고 애절합니다. 호세아서를 보십시오.

"너와 나는 약혼한 사이. 우리 사이는 영원히 변할 수 없다. 나의 약혼 선물은 정의와 공평, 한결같은 사랑과 뜨거운 애정이다. 진실도 나의 약혼 선물이다. 이것을 받고서 나 야훼의 마음을 알아다오."(호 2:19-20, 공동번역)

"나 야훼의 마음을 알아다오"란 구절에서 우리를 향한 하나님의 사랑과 애절함을 알 수 있습니다.

"나 야훼는 자비와 은총의 신이다. 좀처럼 화를 내지 아니하고 사랑과 진실이 넘치는 신이다. 수천 대에 이르기까지 사랑을 베푸는 신, 거슬러 반항하고 실수하는 죄를 용서하는 신이다."(출 34:6-7, 공동번역)

우리가 하나님을 먼저 사랑한 것이 아니요 하나님이 우리를 사랑하사 그 아들을 화목제물로 보내신 것입니다. 사랑은 생명을 창조하고, 활력 그 자체이며, 구원입니다. 이러한 사랑을 나눌 때 하나님의 창조 사역에 동참하게 됩니다. 그렇다면 참된 사랑은 어떤 특성을 가지고 있는지 살펴봅시다.

첫째, 사랑은 성장하게 하는 것입니다. 참사랑이란 대상이 성장하고 발전하도록 돕는, '능력 부여' 사랑입니다. 즉 상대방이 능력을 가질 수 있도록 힘과 권능을 심어 주는 것입니다. 그래서 자신과의 관계나 하나님과의 관계, 타인과의 관계, 더 나아가 우주와의 관계에서의 성장을 목표로 합니다. 이러한 사랑은 모든 존재와의 관계에서 평화를 도모하며 이를 위해 전적으로 헌신하고 희생하려는 사랑입니다.

아가페의 창시자인 하나님은 사랑이 풍성한 분이시며 그분은 자신과 사랑을 나눌 영원한 사랑의 대상을 지금도 찾고 계십니다. 그 사랑의 대상이 바로 나 자신입니다. 내가 바로 하나님의 사랑의 목적이며 하나님의 비전인 것입니다. 그래서 하나님은 나를 위해 자신의 목숨을 내어주셨습니다. 하나님께서는 자신보다, 하나밖에 없는 독생자보다, 나를 더 소중하게 여기셨습니다. 그러므로 나도 나를 그렇게 깊이 사랑하고 존중하기를 원하십니다. 우리가 자신을 진정으로 사랑한다는 것은 하나님이 나를 사랑하는 만큼 사랑한다는 것을 의미합니다. 부모가 자녀를 사랑한다면 자녀에게 능력을 부여하여 스스로 자기 일을 처리해 나갈 수 있도록 도와야 합니다. 자녀에게 자신감과 능력을 심어 주는 부모가 바로 자녀를 성장시켜주는 부모입니다.

둘째, 사랑은 자신을 사랑할 뿐 아니라 다른 사람도 사랑하는 것입니다. 자신을 사랑하지 않는다면 남도 사랑할 수 없습니다. '네 이웃을 네 몸과 같이 사랑하라'는 말에는 자기 자신의 고결함과 독특성을 존중하라는 뜻이 내포되어 있습니다. 자신에 대한 사랑은 타인에 대한 사랑과 불가분의 관계에 있습니다. 진실로 사랑할 줄 아는 사람은 자기 자신과 타인을 모두 사랑합니다.

셋째, 사랑은 행동입니다. 가끔 단순한 감정의 상태도 사랑이라고 보지만 이것은 순전히 비자발적인 것으로서 감각적이고 수동적인데 반해 참사랑은 의지의 실천이 뒤따르는 것입니다. 행동이 동반되지 않는 말만의 사랑은 거짓입니다. 하나님께서는 사랑을 말씀으로만 하지 않으셨고 그 이상을 보여주셨습니다. 자신의 영광을 벗어버리시고 육신으로 오셔서 우리 가운데 사시고 마침내 자신을 우리를 위한 대속 제물로 내어주셨습니다.

넷째, 사랑은 자아의 확장입니다. '사랑은 나눌수록 커지고 슬픔은 나눌수록 작아진다.'는 말처럼 사랑을 하게 되면 사랑을 받는 자는 사랑하는 자를 가슴 속에 품게 됩니다. 사랑을 통해 나의 자아가 사랑받는 자의 내면에 심겨집니다. 상대를 사랑하는 행동을 통해 나의 자아가 확장되는 것입니다. 이런 점에서 사랑은 자기의 지경을 넓히는 것이며, 자기의 자아를 확장하는 것입니다. 이런 순환관계를 통해서 너를 사랑하는 것은 나의 사랑을 전하는 것이기에 사랑은 하면

할수록 자아가 확장됩니다.

다섯째, 사랑은 공익성을 갖고 있습니다. 사랑은 나와 너, 우리라는 차원의 인격적 성장과 성숙 뿐 아니라 인류라는 차원으로 발전을 지향합니다. 그러므로 한 영혼에 대한 깊은 관심과 순수한 사랑은 결국 온 인류에 대한 관심과 사랑으로 확장됩니다. 사랑의 원자탄이라 불리는 손양원 목사님은 자신의 두 아들 동인이와 동신이가 공산당원으로부터 잔인하게 죽임을 당했다는 소식을 들었습니다. 그러나 후에 그는 자기의 두 아들을 죽인 원수를 양아들로 삼고 잘 도와주어 목사로 키웠습니다. 진실한 사랑은 그것이 한 사람을 향한 것이라 할지라도 모든 사람에게 흐르는 것입니다.

여섯째, 사랑은 다른 사람을 믿어주고 소망을 갖는 것입니다. 사실 사람은 신뢰의 대상이 될 수 없는 연약한 존재입니다. 그래서 성경은 사람을 신뢰하라고 말하지 않고 사랑하라고 하였습니다. 그런데 사람을 사랑하게 되면 믿어주고 싶어집니다.

> "사랑은 모든 것을 참으며 모든 것을 믿으며 모든 것을 바라며 모든 것을 견디는 것입니다(고전 13: 7)."

그러므로 상대방을 믿을 수 없을 때에라도 사랑하기에 무조건적으로 믿어줌으로써 희망이 되어 주는 자가 참 사랑을 하는 자입니다(심수명, 2008, 94-95). 우리 부모들은 이러한 사랑의 능력과 기술을 새롭게 익혀야만 진정으로 자녀를 자유롭게 하는 사랑을 할 수 있는 것입니다.

사랑의 시작은 자신에 대한 사랑으로부터

일반적으로 신앙이 좋은 그리스도인들은 예수님을 가장 먼저 사랑하고, 그 다음으로 타인을 사랑하고, 나를 맨 마지막에 놓는 이른바 JOY식 사랑(Jesus First, Others Second, You Last)을 강조합니다. 그러나 마태복음 22장 39절의 "네 이웃을 네 자신같이 사랑하라"는 말씀은 사랑의 순서에 있어서 하나님 다음으로 자신을 사랑할 것을 말씀하신 것입니다. 여기서 말하는 자신 같이 사랑하라는 자기애(自己愛)는 이기적인 자기 사랑이 아닌 하나님의 형상으로 지음 받은 자기를 하나님이 그 아들을 희생할 만큼 소중한 존재이니 그렇게 사랑하라는 의미입니다. 즉 하나님께서 사랑하셔서 자신의 목숨까지 희생한 나를, 나도 사랑하는 것이 하나님의 뜻에 대한 순종입니다.

대부분의 인간관계는 자아상에서부터 시작됩니다. 자아가 어두운 사람은 모든 것을 어둡게 보는 경향이 있어서 다른 사람을 사랑하기가 어렵습니다. 내가 밝아야 남을 밝게 해줄 수 있습니다. 하나님을 극진히 사랑하고 밝은 자아상을 가진 사람은 다른 사람을 쉽게 사랑할 수가 있습니다. 그래서 하나님은 사랑의 순서로 먼저 하나님을, 그 다음 나 자신, 그리고 그 다음은 이웃으로 정하신 것입니다.

사랑의 힘

우리가 타인을 사랑하는 그 자체가 육체적인 생명에도 치유와 회복을 불러일으킨다는 사실이 의학적으로도 입증되고 있습니다. 스탠포드 대학의 정신과 의사인 슈피겔 박사는 유방암이 재발되어 죽음을 기다리는 환자들을 중심으로 모임을 만들었습니다. 환자들은 한 주에 한 번씩 만나서 서로 간에 용기와 희망을 주려고 노력하였습니다. 모임 처음에는 신세 한탄이 주를 이루었지만 시간이 지나면서 대화가 깊어지고 환자들 간에 사랑의 관계가 형성되었습니다. 그런데 놀라운 것은 이 모임에 참석한 이들이 평균 4년을 더 살다가 죽었다는 점입니다. 유방암에 걸렸던 이들이 치유되었다가 재발했을 때 살 수 있는 기간은 보통 2년입니다. 그런데 이 모임에 참석했던 사람들은 그 두 배를 산 것입니다. 그것도 절망 속에서 죽음만을 기다리면서 산 것이 아니라 생의 의미를 찾으며 보람 있게 살다가 죽었다고 합니다.

이러한 사랑의 힘을 빅터 프랭클에게서도 볼 수 있습니다. 프랭클은 자기가 죽음의 수용소에서 살아남을 수 있었던 것은 신체적으로 남보다 더 건강해서나 운이 좋아서가 아니라 수용소의 어려운 삶에서도 자기의 생명을 키워준 사랑 때문이었다고 고백하였습니다. 그는 비참한 수용소 생활에서도 자기를 향한 아내의 사랑을 항상 기억함으로써 인간성과 삶의 의미를 잃지 않았다고 고백했습니다. 그런데 프랭클이 수용소에서 풀려났을 때 그의 아내는 이미 가스실에서

처형되어 이 세상 사람이 아니었습니다. 그러므로 프랭클의 아내 사랑은 곧 인간 존재를 향한 사랑이었다고 볼 수 있습니다.

프랭클은 사랑의 힘을 다음과 같이 말했습니다.

"사랑이야말로 인간 실존 최후의 것이며 최고의 것입니다. 비록 이 지상에 아무것도 남아있지 않다 하더라도 인간은 사랑하는 사람에게 마음을 바침으로써 행복을 얻을 수 있습니다."

하나님께서 인간을 창조한 것은 하나님을 사랑하며 인간이 서로를 사랑하도록 하기 위해서입니다.

두 가지 사랑

인격적인 사랑에는 두 가지 측면이 있습니다. 하나는 강한 사랑이고 또 하나는 부드러운 사랑입니다. 그렇기 때문에 기술이 필요합니다. 부모 노릇을 제대로 하려면 이 두 가지를 갖추고 있어야 자녀들이 정신적 자양분을 얻어 활짝 피어날 수 있습니다.

부드러운 사랑은 상대방을 편안하게 해주고 따뜻하게 하며 애정을 담뿍 줄 수 있는 능력입니다. 강한 사랑은 자녀들에게 친절하면서도 엄격해질 수 있는 능력, 즉 화내지 않고 약해지지 않고 포기하지 않는 가운데 명확한 규칙을 만들고 지키게 하는 능력을 말합니다.

일반적으로 강한 사랑에 대해 부정적으로 보는 경향이 있는데 그것은 옳지 않습니다. 강한 사랑은 사랑을 바탕으로 한 '의지'이지, 차갑거나 딱딱한 태도를 말하는 것은 아닙니다. 좋은 부모는 자녀들을 사랑하기에 가끔 엄격함을 보일 때도 있어야 합니다. 특히 자녀의 안전과 관련된 경우가 그렇습니다.

"너를 사랑한단다. 그래서 네가 길거리에서 마음대로 뛰어다니지 못하게 하는 거야. 위험해서 다칠 수가 있거든."

자녀를 바르게 세우기 위해 자녀에게 엄격하게 대하는 것이 강한 사랑입니다.

자녀에게 부모의 진실한 마음과 사랑을 전달하고자 할 때는 반드시 사랑의 강함과 부드러움이 조화를 이루어야 합니다. 여기서 사랑의 강함은 정의와 진리의 모습을 뜻하며 다른 말로는 '직면' 또는 '맞섬'이라고도 합니다. 강한 사랑은 관계가 힘들어지고 아픔과 갈등이 있을 것을 예상하더라도 올바름을 추구하는 사랑의 모습입니다. 그러나 사랑의 다른 한 면인 부드러운 사랑은 따뜻하고 섬세하며 지지해주고 칭찬하며 축복하고 세워주는 특성을 가지고 있습니다. 이것을 가리켜 '돌봄'이나 '수용' 혹은 '은혜'라고 말합니다.

부드러운 사랑과 강한 사랑의 적절한 배분은 부모에게 달려 있습니다. 자애롭지만 엄격한 부모라면 이렇게 말을 할 것입니다.

"안 돼. 밖에 눈이 오고 춥기 때문에 나갈 수 없어. 집 안에서 재밌게 놀 수 있는 걸 찾아보자."

그런 부모들은 자녀들에게는 무엇이든 놀 것이 필요하다는 것을 이해합니다.

"네가 심심하다는 것을 알아. 놀 수 있을 만한 걸 함께 찾아보자" 하면서도 자신들이 내린 결정에는 "날씨가 궂으면 너는 집 안에 있어야 돼."라고 단호하게 말 할 수 있습니다.

1) 부드러운 사랑법

부드러운 사랑을 하는 방법으로 다음의 네 가지를 제시하고자 합니다.

첫째는 신체접촉을 통해 어루만져주는 것입니다.

1945년, 2차 대전이 끝난 후의 유럽은 초토화된 상태였습니다. 산적한 문제들 중 하나는 전쟁 중 부모의 사망이나 행방불명, 이산 등으로 생겨난 수많은 전쟁고아들의 구호문제였습니다. 다행히 전란에서 비켜나 있던 스위스는 이 문제를 해결하기 위해 의료진들을 동원해 조사를 실시했습니다. 그중 어느 의사가 고아가 된 아기들을 어떻게 하면 가장 잘 보살필 수 있을지 연구하는 과제를 맡았습니다.

그는 고아를 돌보는 가장 훌륭한 방법을 찾기 위해 유럽의 여러 나라에 있는 수많은 고아원을 방문했습니다. 미군 야전 병원에서 만든 고아원에서는 아기들을 위생병동의 스테인리스 요람에 눕히고 말끔한 제복을 입은 간호사가 특수 제조된 분유를 네 시간 간격으로 먹이는 것을 보았습니다. 다음으로 외딴 산골마을에 입양된 고아들을 살펴보았습니다. 아기들은 거기서 마을 아이들, 개, 염소, 마을 여인네들에 둘러싸여 염소젖이나 여럿이 함께 먹는 수프를 얻어먹으며 자라고 있었습니다.

그 스위스 의사는 서로 다른 양육시설을 아주 간단한 방법으로 비교했습니다. 아기들의 몸무게를 잴 필요도, 아기의 웃음이나 눈 맞춤을 확인해볼 필요도 없었습니다. 인플루엔자나 이질이 만연하던 당시에 그는 가장 간단한 통계수치인 사망률을 확인했습니다. 비교 결과는 놀라웠습니다. 전염병이 유럽을 휩쓸어 많은 사람들이 죽어가는 가운데, 그 외딴 산골마을에 남겨진 아기들이 야전병원에서 과학적이고 위생적으로 양육되고 있던 아기들보다 훨씬 건강하게 자라나서 더 많이 살아남았습니다. 그 의사는 건강하게 된 이유를 다음과 같이 결론 내렸습니다.

- 두서너 명의 특별한 사람들로부터 받는 잦은 피부접촉
- 안아주거나 얼러주는 것과 같은 부드럽고 활발한 동작
- 눈 맞춤, 웃음, 알록달록하고 활기 넘치는 환경
- 노랫소리, 얘기 소리, 옹알거리는 소리 등

아기들은 그냥 먹여주고 입혀주고 씻겨주는 것 이상으로 따뜻한 인간적인 접촉과 애정이 필요합니다. 애정에 굶주린 갓난아기들은 문자 그대로 외로움에 지쳐 죽을 수도 있습니다. 조산아의 경우 누군가가 쓰다듬어주면 성장 호르몬이 분비됩니다. 마치 아기가 이 세상이 살 만한 곳인지 아닌지 판단하는 것처럼 보입니다. 사랑이 담긴 손길을 받을 때, 우리 몸속의 면역체계는 평소보다 맹렬한 기세로 감염 균과 싸우게 됩니다. 몸의 각 부분에 산소를 실어 나르는 적혈구의 수치도 놀랄 만큼 증가합니다.

어루만짐, 또는 신체접촉은 모든 포유동물들의 '필수 비타민' 입니다. 조산아는 대부분 인큐베이터에서 수 주간 지내지만, 아기의 엄마가 정기적으로 쓰다듬고 부드럽게 어루만져주면 몸무게가 다른 아기들보다 75%나 빠른 속도로 증가한다는 연구 결과가 있습니다. 어루만짐은 '너는 사랑받고 있고 환영받고 있어. 너는 가치 있는 사람이란다.' 라는 메시지를 전달합니다.

둘째는 칭찬과 격려를 하는 것입니다.

부모의 사랑을 보여줄 수 있는 가장 흔한 방법은 말로 하는 것입니다.

"너는 예쁘고 사랑스러운 아이야. 너랑 함께 있는 게 즐겁단다."

우리는 말로써 아이들의 인격 형성에 지대한 영향을 줍니다. 자녀들은 부모가 말하는 그대로 크기 때문입니다.

자녀들에게 해주어야 하는 말에는 두 가지가 있습니다. 하나는 '아무런 조건 없이' 하는 칭찬인데, 이를 격려라고 말합니다. 이것은 '네가 너이기 때문에 사랑한다.'는 것을 알려주는 것입니다. 즉 존재 그 자체에 대한 지지입니다. 이 사랑은 일단 한번 얻으면 결코 잊히지 않습니다.

두 번째는 '조건이 있는' 칭찬입니다. 이것은 자녀들에게 '네가 이러이러한 일을 해서 고맙다.'고 하는 것입니다. 예를 들면 "동생이 울었을 때 네가 어린 여동생을 웃긴 게 참 보기 좋더라." 혹은 "네 그림 정말 멋지다." 혹은 "노래를 정말 잘하네." 등의 말입니다.

셋째는 함께 하는 것입니다.

사랑한다는 말만 하고 자녀와 충분한 시간을 함께 해주지 않으면 거짓말이 되고 맙니다. 자녀들에게는 말보다 행동이 더 중요합니다. 자녀를 볼 때마다 안아 주십시오. 부모의 따스한 포옹을 통해 자녀는 많은 위로와 사랑을 체온과 피부로 느낍니다. 엄마의 따스한 품, 아빠의 넓은 가슴 속에 안길 때 자녀는 조건 없는 사랑과 용납을 경험합니다. 그것이 포옹의 마력이기도 합니다. 물론 안아주면서 "사랑해."하고 말해 주면 효과는 더욱 큽니다.

책상에 앉아 공부하고 있는 자녀에게 다가가 "힘들지?" 하고 말하면서 어깨를 감싸 안아준다면, "열심히 공부해라."하고 말하는 것보다 몇 배나 강력한 지지와 격려를 주는 셈입니다.

오늘날 많은 아버지들이 새벽에 집을 나서서 밤늦게 귀가합니다. 아버지들은 휴일이나 주말에 자녀들을 위해 죽도록 노력해야 그나마 아버지 역할을 하는 것처럼 보입니다. 아버지들뿐만 아니라 많은 어머니들 역시 자기 편리한 대로 자녀들과 관계를 맺습니다.

자녀들은 부모가 자기에게 어떻게 해주느냐에 따라, 또 자기와 함께 하는 시간을 즐거워하느냐에 따라 자기 자신의 가치를 평가합니다. 자녀들은 부모가 자기를 이 세상에서 가장 소중하게 여기고 있다는 것을 느끼며 자라야 합니다. 그들은 집안의 소중한 존재로 인정받기를 갈망합니다. 이 욕구는 자녀들이 자라면서 줄어들기는 하지만 십대 청소년이 되어서도 여전히 존재합니다. 함께하는 가장 쉬우면서도 효과가 큰 방법은 TV와 라디오를 끄고 함께 모여앉아 놀거나 대화하는 것입니다. 가족을 이어주는 좋은 방법 중 하나가 식사를 하면서 대화를 하는 것입니다.

사람은 누구나 사랑하는 사람과 함께 있고 싶어 합니다. 자녀는 '우리 엄마, 아빠는 나와의 시간을 중요하게 여기지 않아.' 하고 생각하곤 합니다. 자녀를 사랑하는 부모라면 아무리 바빠도 자녀와의 데이트 시간을 만들 수 있습니다.

"너 시간 좀 낼 수 있니? 아빠가 밖에서 만나고 싶은데, 어디서 만날까? 학원 앞에서 아빠가 기다릴게. 나하고 데이트 좀 하자." 하고 자녀에게 데이트를 신청해 보십시오. 이때 자녀가 좋아하는 장소를 택하십시오. 시끄러운 곳이어도 좋습니다. 그냥 만나서 웃으며 시간을 함께 보내는 것입니다. 이때 공부에 대한 질문은 금물입니다. 친구 이야기나, 고민거리를 들어주십시오. 잔소리나 교훈보다는 자녀의 이야기를 열심히 들어 주는 것이 진정한 데이트입니다.

넷째는 현재를 즐겁게 살도록 하는 것입니다.

가정에 좀 더 많은 사랑이 넘치게 하고, 긍정적인 태도를 확장시키는 가장 빠른 길은 무엇일까요? 바로 현재를 즐겁게 살아가도록 하는 것입니다. 현재는 우리 자녀들이 살고 있는 시간입니다. 아름다운 미래가 분명히 있다면 현재 역시 아름다워야 하는 것입니다.

인생은 때로 전혀 예기치 않은 순간에 행복의 진주알들을 뿌려줍니다. 자녀들과 함께 들판이나 공원에서 연날리기를 한다든지, 조용할 때 혹은 차를 타고 어디론가 멀리 갈 때 자녀들은 자기들끼리 "너 그거 생각나니?" 하고 그때의 행복했던 순간을 시시콜콜한 것까지 기억해 냅니다. 그런 기억들은 자녀들에게 가족에 대한 소속감과 긍정적인 태도를 심어줍니다. 매일 밤 따뜻한 차 한 잔을 준비하여 그 날 있었던 일과 제일 즐거웠던 일을 물어보고 열심히 귀 기울여 듣고는 잘 자라는 입맞춤을 함으로써 아름답게 하루를 마무리하는 생활은 긍정적인 활력을 불어넣는 훌륭한 방법 중의 하나입니다.

2) 강한 사랑법

강한 사랑을 하는 방법에 대해서는 다음의 두가지를 제시하고자 합니다.

첫째, 엄격한 태도로 대하는 것입니다.

부모가 어느 정도 엄격하지 않으면, 자녀는 스스로를 조절하지 못하고 열 살, 스무 살, 서른 살이 되어도 두 살배기 아이처럼 행동하게 됩니다. 스스로를 조절하지 못하면 아이의 인생은 엉망이 됩니다. 자녀들의 응석을 다 받아주는 부모는 자녀가 세상에서 살아가지 못하도록 심각한 장애를 입히는 것과 같습니다. 이런 자녀들은 불행한 삶을 살고, 실업자 신세에 인간관계에서 문제도 일으키고, 외롭고 늘 화를 내며 심지어는 감옥에 가게 될 수도 있습니다. 스스로를 통제하도록 잘 교육받은 자녀는 이와 반대로 세상에 대처하는 법을 배우고 독립심을 키워 마침내 진정한 자유를 누립니다.

'강한 사랑'은 자녀를 사랑하기 때문에 자녀의 일에 개입하는 것입니다. 강한 사랑을 하는 부모는 "이러한 행동은 ~하기 때문에 합당하지 않아."라고 말합니다. 사랑과 엄격함을 적절히 조화시키면서도 자녀에게 상처를 주거나 비난하지 않습니다. 그러나 엄격하고 단호합니다. 강한 사랑을 하는 부모를 여기서는 엄격한 부모라고 하겠습니다. 엄격한 부모는 분명하고 단호하면서 동시에 자신감 있고 여유도 있습니다. 이런 부모의 자녀들은 부모가 설령 "너, 혼 좀 나야겠다."라고 말할 때도 자신들이 억압받거나 굴욕적인 느낌을 갖게 하지는 않습니다(스티브 비덜프, 2001, 124-126).

자녀들이 말썽을 피울 때 부모가 엄격하게 대하지 못하는 경우, 자녀는 공격적이거나 수동적으로 반응하기도 합니다. 공격적인 부모는 자녀들 때문에 화가 나 있을 때가 많지만 대개의 경우 그 화는 자녀의 행동과는 전혀 관계없을 때가 많습니다. 이 유형의 부모들은 결혼생활이나 직업, 사람들, 혹은 자기가 부모라는 사실과 부모이고 싶지 않다는 것 때문에 화가 나 있을 가능성이 높습니다. 그들은 자신들의 긴장과 불만을 자녀에게 퍼붓는 것입니다. 이런 부모는 자녀들을 억누르고 뜻을 완전히 무시하기 때문에 자녀들이 의기소침해지고 좌절합니다.

자기자녀에게 문제가 있을 때 스스로 교정하지 못하고 다른 사람들에게 "우리 애 여기 있어요. 얘 좀 고쳐주세요."하는 식의 소극적인 태도로 대하는 부모는 자녀에게 끌려다니고 눈치를 보게 됩니다. 이런 부모의 자녀는 엄격하게 대해도 부모의 말을 듣지 않습니다. 마음이 약한 부모들은 자녀가 말을 안 듣는 것이 지속되면 인내심이 한 순간 바닥이 나면서 자녀에게 갑자기 고함을 지르며 자녀의 버릇을 바로잡아보려고 애쓰지만 부모나 자녀 모두 역부족이라는 것을 알고 있습니다.

둘째, 악한 행동에 대해서는 일깨워주는 것입니다.

성경에서는 인간의 마음에 대하여 긍정적이지 않습니다. 인간의 마음은 악과 이중성으로 가득 차 있다는 것이 성경의 관점입니다. 그 예로 "만물보다 거짓되고 심히 부패한 것은 마음이라. 누가 능히 이를 알리요(렘 17:9)"의 말씀을 볼 때 우리는 인간이 얼마나 악한 존재인지 분명히 알 수 있습니다.

예수님께서 당대 지도자들에게 '너희 바리새인은 지금 잔과 대접의 겉은 깨끗이 하나 너희 속인즉 탐욕과 악독이 가득하도다. 어리석은 자들아, 밖을 만드신 이가 속도 만들지 아니하셨느냐 (눅 11:39-40). '소경된 바리새인아, 너는 먼저 안을 깨끗이 하라, 그리하면 겉도 깨끗하리라'(마 23:26)고 하신 말씀은 바로 이런 악과 이중성에 대한 직면이셨습니다. 예수님께서 지적하신 바리새인의 실상은 우리 모든 인간의 실상입니다. 로마서에서 바울도 인간 자아에 대해서 악한 모습을 고발하고 있습니다(롬 3:10-18; 롬 1:28-32).

이러한 인간의 악과 이중성에 대해서 부모 된 우리는 아무렇지 않은 듯 내버려 둘 수가 없는 것입니다. 이중성과 악의가 우리 존재의 모든 차원(생각과 감정, 평소의 일상 행동은 물론 심지어 의식적 이해나 인식 밖의 세력들까지)에서 우리 선택에 영향력을 행사합니다. 그 영향력은 우리가 상상하는 것보다 훨씬 위력적이고 복잡합니다. 따라서 우리 자녀들에게 이런 악이 있음을 인정하고 악한 행동을 할 때 사랑의 마음으로 일깨워 주는 부모가 사랑의 참 능력을 가진 부모라 할 수 있을 것입니다.

악한 모습을 일깨워주는 것을 '직면'이라고 합니다. 직면이란 자녀를 성숙하게 이끌고자 하는 선한 동기를 가지고 자녀가 미처 보지 못하고 있는 자신의 문제를 볼 수 있도록 깨우침을 주는 것입니다. 즉, 정직한 일깨움을 통해 자기의 문제 상황에 묶여 성숙한 삶을 살지 못하게 하는 기존의 문제 사고와 행동 양식을 변화시킬 수 있도록 하는 것입니다. 이것은 자신에게 도전하게 하는 것으로 하나님의 자녀로서 온전하신 예수님의 모습을 닮도록 돕는 과정이라 할 수 있습니다.

부드러운 사랑과 강한 사랑의 조화

말을 안 듣거나 늑장부리는 자녀를 엄격하면서도 부드러운 사랑으로 대하는 방법은 다음과 같습니다.

① 자신의 마음부터 분명하게 표현합니다.

부모가 자녀한테 요구하는 것은 부탁이 아니며 자녀와 의논해서 결정할 성질의 것이 아닙니다. 자녀들은 부모의 가르침을 따를 의무가 있으며 부모의 말을 잘 듣고 따르면 이익을 볼 것입니다.

② 분명한 대면을 합니다.

자녀에게 이야기할 때는 자녀를 불러서 자녀가 하던 일을 멈추고 당신을 쳐다보게 하십시오. 자녀가 당신을 보기 전에는 지시를 해서는 안 됩니다.

③ 명확하게 말합니다.

"지금 ~를 하기 바란다. 알겠니?"라고 정확하게 말하십시오. "예" 혹은 "아니오"라는 대답 역시 확실히 받아놓아야 합니다.

④ 원하는 것을 분명하게 반복해서 말합니다.

자녀들이 시키는 대로 행동하지 않을 경우 여러분이 원하는 바를 반복해서 얘기하십시오. 화를 내거나 설명을 많이 하지 말고, 마음을 가다듬고 침착하게 말하십시오. 자녀에게 이것을 하기를 요구하는 것일 뿐, 너때문에 기분이 나쁜 건 아니라고 말하십시오. 이것은 무척 중요한 단계인데 이때 주의해야 할 사항을 지키면서 이야기해야 합니다. 토론을 하거나 말싸움은 하지 말 것, 감정적으로 분노를 내지 말 것 등입니다. 자녀가 해야 할 일을 다시 한 번 얘기하는 걸로 충분합니다.

⑤ 자리를 떠나지 말고 가까이 있어줍니다.

자녀가 해야 할 일을 완전히 못 끝낸 경우, 옆에 있어주십시오. 만약 자녀가 일을 다 끝냈다면 너무 요란스럽게 칭찬하지 말고 "잘했어" 하며 가볍게 웃어주면 됩니다.

처음 한두 번은 시간이 많이 소요되므로 '어휴, 차라리 내가 하고 말지'라고 생각하겠지만, 기다림과 반복에 투자한 시간은 나중에 몇 천 배로 돌아옵니다. 비결은 한마디로 '끝까지 밀고 나가라'는 것입니다. 아이가 집이 떠나갈 듯 난리를 쳐도 부모가 끄떡하지 않고 단호하게 나가면 아이는 순순히 저항을 포기하게 됩니다. "내 말 잘 들어야 돼. 이건 장난이 아니야"라고 말할 때 목소리부터 달라지면 아이는 이런 어조가 '지금 엄마 말을 들어야 해'라는 뜻임을 알아차리게 됩니다.

4장
부정적 자아상

　부모의 역할 가운데 가장 중요한 것은 아이로 하여금 '나는 누구인가?'를 알게 하는 것입니다. 자아 정체감은 제일 먼저 부모와의 관계를 통해서 형성됩니다. 자녀는 부모가 자신을 어떻게 대하는가에 따라 '나는 누구인가?'라는 자기인식을 하게 됩니다. 그러므로 긍정적인 자아상을 가진 부모는 긍정적인 자아상을 가진 자녀를 만드는 반면, 부정적인 자아상을 가진 부모는 부정적인 자아상을 가진 자녀를 만들기가 쉽습니다. 이러한 의미에서 볼 때 부모의 정신 건강은 자녀의 정신 건강과 밀접한 관계가 있으며 건강한 부모에게서 건강한 자녀가 나온다고 결론지을 수 있습니다. 그래서 사티어의 말처럼 가정은 사람을 만드는 공장(people making)이요 남편과 아내는 가정의 건축가라는 외침이 가슴에 더 깊이 느껴집니다.

자아상의 형성

　자아상(self-image)이란 사람이 자신에 대해서 가지고 있는 그림(image)이나 형상을 가리키는 말로서 자신에 대한 지각, 관념 및 태도의 독특한 체계, 혹은 정체성(identity)을 말합니다. 따라서 자아상은 사람이 자기 자신에 대하여 가지는 개념의 총화라고 할 수 있습니다.
　이러한 자아상은 그 자체가 일관성을 가지려 노력합니다. 따라서 자신의 생각과 행동 사이에 불일치가 생기면 긴장을 일으킵니다. 때문에 사람들은 자신의 생각과 일치된 행동에는 기쁨을, 불일치에 대해서는 고통을 느낍니다. 그래서 사람들은 자신이 머릿속으로 생각한 그림과 행동의 일치를 추구하며 불일치 요인을 제거하여 심리적 긴장을 해소하려는 경향을 가지고 있습니다. 그러나 사람은 모든 부분에서 일치하기 어렵습니다. 따라서 자신의 불일치를 수용할 때 타인의 불일치도 수용할 수 있는 힘이 생깁니다. 이렇게 사람은 자기가 소유한 자아상에 따라 행동하며 통합된 삶의 모습을 보이고자 합니다. 이런 이유에서 '나는 누구인가'에 대한 자기의 내적 이미지가 매우 중요합니다. 그러므로 자기 인생을 바꾸려는 사람은 먼저 자기가 소유한 자아상을 바꾸어야 합니다.
　어떤 사람도 자기 내면의 화랑에 걸린 그림 이상의 사람이 되지 못합니다. 성공하는 사람은 성공한 자기 그림이 내면에 걸려 있습니다. 반면에 실패하는 사람은 자기 영혼에 걸려 있는 그림에서 실패한 자기 모습을 봅니다. 사람은 자신의 내면에 걸린 그림을 먼저 보고 그 그림의 모습을 인생으로 완성합니다. 그래서 내면에 걸린 자기 이미지는 실제 삶의 밑그림이 되는 것입니다.

히말라야 8,000미터 이상의 고봉 14좌를 세계 최초로 정복한 등산가인 라인홀트 메스너(Reinhold Messner)는 이것을 다음과 같이 표현했습니다.

"자기를 먼저 정복자로 알지 않는 사람은 어떤 것도 정복할 수 없다."

IQ 140 이상의 천재들만 모이는 멘사(Mensa)협회 회장이었던 빅터 세리브리아코프의 이야기입니다. 그가 열다섯 살이었을 때 그의 학교 선생님은 이 아이가 결코 학교를 마칠 수 없다고 생각했습니다. 그래서 "공부는 집어치우고 장사를 배우는 것이 낫겠다."고 말했습니다. 빅터는 그 충고를 받아들였고, 그 후 17년 동안 별의별 직업을 다 가져 보았습니다. 그는 자신이 저능아인 줄 알았고, 17년 동안 저능아처럼 행동했습니다. 그러나 빅터가 32세가 되었을 때 깜짝 놀랄 만한 일이 일어났습니다. IQ 테스트에서 빅터가 IQ 161의 천재라는 사실이 드러난 것이었습니다. 그 후 빅터는 천재처럼 행동하며 살았습니다. 그래서 그는 책을 쓰고, 많은 특허를 냈으며, 성공적인 기업가가 되었습니다.

로젠탈 초등학교에서 실험을 하였습니다. 실험자는 지능 향상을 예측하기 위한 테스트라고 가장하고 어린이들에게 지능검사를 했습니다. 그리고 나서 아이들 중 20%를 무작위로 뽑아 "이 아이들은 앞으로 지능 발달이 빠르고 학업 성적이 높아질 것이다"라고 선생님에게 알려주었습니다. 물론 그 아이들은 지능검사 결과와는 상관없는 아이들이었습니다. 그리고 8개월이 지난 후에 기대감을 보인 아이와 그렇지 않은 아이 사이에 어떤 차이가 있는지 보았습니다. 실험 결과 앞으로 잘할 것이라고 선생님에게 기대를 심어 주었던 20%의 아이들의 학교 성적이 그렇지 않은 아이들보다 뚜렷하게 향상되었습니다. 이것이 '피그말리온 효과(Pygmalion Effect)'입니다. 이렇게 자아상에 따라 사람이 변하는 현상은 비단 개인뿐 아니라 집단의 경우에도 마찬가지로 나타납니다.

   자아상은 일단 습득되면 쉽게 변하지 않으나, 새로운 자극과 경험에 의해서 서서히 변화되기도 합니다. 특히 자아상의 핵심이 되는 가치관, 믿음, 태도는 변하는 데 오랜 시간이 걸리고, 긍정적인 변화는 의심이나 비판, 지적에 의해서가 아니라 인정과 존경, 칭찬에 의해서 일어납니다. 따라서 자아상을 바꾸는 것은 시간과 정력, 사랑과 이해, 용납과 지혜, 그리고 정성이 요구되는 어려운 과업입니다.

   결국, 사람의 문제는 환경이 아니라 어떻게 바라보느냐 하는 가치관과 해석의 문제입니다. 따라서 객관적인 사실보다 어떻게 평가하고 받아들이느냐 하는 주관적인 해석이 더 중요한 것입니다. 똑같은 환경에서 자라난 두 형제 중 한 사람은 자살하고 또 한 사람은 위대한 자아실현을 하는 경우라든지, 같은 경제적 조건 속에 살면서도 한 가정은 행복하고 또 다른 가정은 불행한 경우라든지 하는 예는 얼마든지 있습니다. 우리들은 흔히 모든 불행의 원인을 환경의 탓으로 돌리는 경우가 많으나 이는 한 면만 본 것입니다. 행복과 불행은 각 개인의 자아상에 따라 결정되는 것입니다.

자아상이 형성되는 중요한 요인은 다음과 같습니다. 첫째, 자아상은 환경과의 상호작용을 통해 형성됩니다. 그 중에서도 부모, 형제, 친척, 학교나 교회 선생님, 친구 등 주변의 '중요한 타인'에 의해 형성됩니다. 중요한 타인으로부터 인정과 칭찬을 받을 때 긍정적인 자아상이 개발되며, 거절이나 비판을 받고 자라면 부정적인 자아상이 형성됩니다. 둘째, 사회의 전반적인 가치관이 자아상에 영향을 줍니다. 자본주의 사회인 우리나라에서는 사람의 가치가 지능, 신체적 매력, 교육, 재력, 권력, 성격, 그리고 성취도 등에 의해 좌우되고 특히 그 사람이 지닌 부에 의해 평가되곤 합니다. 사람들은 이런 것들을 소유하면 자존감이 상승하고, 갖지 못하면 열등감이 증가한다고 생각하지만 반드시 그렇지만은 않습니다. 소유보다 더 중요한 영향을 주는 것이 인격적인 관계맺음입니다.

자아상의 3요소

자아상은 소속감과 가치감과 자신감의 3요소에 의해서 형성됩니다. 따라서 긍정적인 자아상을 갖기 위해서는 소속감과 가치감과 자신감이 조화를 이루어야 합니다.

1) 가치감 – 신적 존재로서의 자기발견

가치감은 자신을 가치 있는 사람으로 확신하면서 스스로 자신이 존중받는 존재임을 느끼는 것입니다. 우리는 다른 사람들의 말과 행동에 근거해서 자신을 평가하고 나의 존재가치를 발견합니다. 그러므로 자녀에 대한 부모의 가장 중요한 임무 중 하나는 자녀가 정말로 가치 있고 귀한 존재임을 알게 해 주는 것입니다. 아이들 자신이 유일하고, 귀하고, 중요하고, 사랑받을 만하며, 존중받을 만한 가치가 있다는 것을 경험할 수 있어야 합니다. 이때 건강한 자존감이 형성되며 건강한 삶의 기초가 형성됩니다.

특별히 사람의 가치감은 그가 하나님의 형상으로 창조된 존엄한 존재라는 사실에 근거합니다. 그렇다면 하나님의 형상이란 무엇입니까? '형상(Image)'이란 히브리어로 '그림자'라는 의미입니다. 그림자는 그림자를 만든 원래의 물체와 닮게 되어 있습니다. 같은 맥락에서 하나님의 형상인 인간은 원래의 창조주인 하나님을 닮았다는 의미입니다. 즉 우리가 하나님의 형상으로 창조되었다는 것은 창조하신 하나님과 우리가 서로 닮은꼴로 만들어졌다는 뜻입니다. 여기서 닮은꼴이란, 하나님의 속성을 인간이 부분적으로 가지고 있다는 것으로 인간이 하나님의 본질(nature)과 모양(form)을 반영한다는 것입니다.

그리고 더 나아가 이것은 먼저 하나님이 인간의 원형(archetype)이시고 인간은 하나님의 반영이라는 뜻입니다. 즉, 사람은 하나님을 반영하는 존재로서 창조되었다는 뜻입니다. 따라서 인간은 하나님 안에서만 존재할 수 있으며 모든 움직임 하나하나가 그에게 속해 있고, 하나님의 뜻이 아니면 우리는 손가락 하나도 움직일 수가 없는 존재임을 알고 겸손해야 하는 것입니다(심수명, 2004, 25). 이렇게 하나님의 형상 개념으로 자기를 본다는 것은 인간 그 자체가 하나님의 영원하신 능력과 신성을 담고 있는 존엄한 존재임을 의미하는 것입니다.

2) 소속감 - 신적 존재로서의 자기인식

소속감은 자기를 사랑하고 용납하고 지원하는 사람들과의 관계 속에서 사랑을 주고받음으로 인해 일체감, 혹은 하나됨을 경험하는 것입니다. 그 때 관계 속에서 안전감을 느끼며 자신이 소중한 존재라는 느낌과 함께 평안을 누리게 됩니다. 내가 소속한 곳이 모든 사람들이 객관적으로 인정할만한 좋은 곳일 때 그 관계 속에서 내가 귀한 존재라는 느낌을 갖게 되며 이때 건강한 소속감을 갖게 되는 것입니다. 기독교인들은 신적 소속감을 가지는 것이 무엇보다 중요합니다. 신적 소속감은 전능하신 하나님이 나를 사랑하셔서 나를 위해 목숨까지 버리신 그 특별한 사랑을 믿음으로 바라보며 그 사랑으로 자신을 사랑하는 것입니다. 이것이 하나님의 자녀라는 신적 소속감입니다.

미국 동부 테네시의 한 시골 마을에서 미혼모의 자녀로 태어난 벤 후퍼(Ben Hooper)는 끔찍한 수모를 당하며 살았습니다. 벤은 "저런 애와 놀면 안 된다"는 동네 사람들의 소리를 들으며 유년시절을 보냈습니다. 주말이면 한 주 동안의 생필품을 사기 위해 슈퍼마켓에 들르곤 했는데, 그 때마다 동네 사람들은 "저 애 아버지는 대체 누굴까?"하며 벤과 그의 어머니 등 뒤에서 들으라는 듯이 수군거렸습니다. 벤이 6살이 되어 초등학교에 들어가서는 놀아주는 아이가 없어 혼자 공부하고 혼자 도시락을 먹었습니다.

그런데 벤이 12살이 되었을 때, 그 작은 마을에 새로운 목사님이 부임하게 되었습니다. 그 목사님은 누구든지 있는 그대로의 모습으로 대해 준다는 소문이 퍼졌습니다. 사람들은 그분과 함께 있으면 자신이 이 세상에서 가장 중요한 사람이라는 생각이 든다고 했습니다. 벤은 교회에 나가 본 적이 없었지만 그곳에 가보고 싶다는 호기심이 생겼습니다. 그러나 다른 사람의 이목을 끌고 싶지 않아서 예배 시간에 늦게 들어가고 끝나기 전에 일찍 나오곤 했습니다. 시간이 흐르고 교회에 나가는 횟수가 늘어갈수록 하나님이 그에게 "불쌍한 벤 후퍼야, 내가 너를 사랑하지 않느냐? 희망을 가지렴……."라고 말씀하시는 흥분과 전율이 느껴지기 시작했습니다.

그러던 어느 주일, 문득 정신을 차리고 보니 예배가 벌써 끝나 있었습니다. 서둘러 일어나 나가려 하였으나 이미 통로에는 사람들이 꽉 차 있었고, 벤은 사람들 틈에 끼어서 밀려 나갈 수밖에 없었습니다. 그때 벤은 어떤 손이 자신의 어깨에 얹히는 것을 느꼈습니다. 고개를 돌리는 순간, 바로 목사님의 눈과 마주쳤습니다. 그 목사님은 큰소리로 "너는 누구의 아들이냐?"라고 물었습니다. 그것은 마을 사람들이 12년 동안 궁금해 하던 질문이었습니다. 갑자기 교회 안은 찬물을 끼얹은 듯이 조용해졌습니다. 몸 둘 바를 몰라 하는 벤에게 목사님은 이렇게 말했습니다.

"나는 네가 누구의 아들인지 알고 있단다. 가족끼리는 닮는다더니 그 말이 맞다. 너는 주님의 아들이다."

그리고 나서 그를 예수님의 성화 밑으로 데리고 가더니 "저 분께 부끄럽지 않게 살아라"하고 일러주었습니다.

그로부터 많은 세월이 흐른 후, 벤 후퍼는 그 날이 자기가 다시 태어난 날이었다고 고백했습니다. 벤은 바로 그날 자신에 대한 그림을 바꾸었습니다. 그는 이제 아버지 없는 자녀가 아니라 신의 아들이 된 것이었습니다. 자신이 누구인지에 대한 그림이 바뀌자 벤의 삶은 모든 면에서 달라졌습니다. 그 후 자기를 사랑하고 자신을 잘 세워 온 벤 후퍼는 테네시 주의 주지사가 되었습니다. 참된 자기 모습을 바라보고, 비전의 그림대로 생각하고 느끼고 행동했기 때문에 그는 성공한 사람이 된 것입니다.

그래서 어거스틴은 다음과 같이 탄성을 질렀습니다. "놀랍다. 이상하다. 이해할 수 없다. 하나님께서 그 아들을 보내사 나를 위해 십자가에 못 박히게 하시다니! 내가 하나님이라면 나는 벌써 인간들을 멸하고 말았을 텐데……. 그런데 그분은 나를 사랑하신다. 마치 지구상에 나 혼자 밖에 없는 것처럼 하나님은 나를 사랑하신다. 그리고 우리 모두를 그렇게 사랑하신다. 아! 이 놀라운 사랑!" 이 사랑이 하나님의 무조건적 사랑입니다. 이토록 나는 값진 존재입니다.

이런 맥락에서 우리가 자신감 있는 삶을 살기 위해서 반드시 가져야 할 두 가지가 있습니다. 하나는 하나님에 대한 이미지이고 다른 하나는 자기 이미지입니다. 예수 그리스도는 우리에게 하나님을 "하늘에 계신 아버지"라고 부르라고 하셨습니다. 이 가르침은 우리가 하나님의 실존과 전능성, 영원성, 불변성을 믿으며, 그분의 자녀로서의 확신을 전제로 하지 않으면 의미가 없습니다. 즉 하나님을 우리의 아버지로 알면 우리는 자연스럽게 자신이 누구인지 깨달을 수 있기 때문입니다.

3) 자신감 - 신적 존재로서의 행동

자신감은 성취감과 함께 자신을 유능한 사람으로 확신하는 것을 뜻합니다. 자존감이 가치와 관련이 있다면 자신감은 실제적인 능력과 관계가 있습니다. 따라서 자신감을 갖기 위해서는 자신이 노력하여 변화시킬 수 있는 것은 점진적으로 바꾸어 나감으로써 능력을 키워야 합니다.

하나님이 우리의 인격과 삶을 사랑하듯이 우리도 자녀들을 똑같이 존중하고 사랑해야 합니다. 그러므로 다른 아이와 비교해서는 안 됩니다. 아이는 비교를 당하는 순간부터 자신감과 능력을 잃어버립니다. 하나님은 우리가 서로 다른 개성과 재능, 역할을 갖도록 만드셨기 때문입니다. 우리 아이들은 모두 다 이 땅에 태어날 때 한 가지 이상의 능력을 부여받고 태어납니다. 그러므로 부모는 자녀가 자신의 길을 걸어가며 자신의 능력을 개발하여 하나님의 사람으로 세상에서 가치 있는 인생을 살아가도록 도와주어야 합니다.

우리 시대의 대학 졸업자 중 상당수가 자신의 전공과 관계없는 직종에서 일하고 있습니다. 왜 이런 일이 발생하고 있을까요? 그것은 부모와 교사가 그의 인생을 결정했기 때문입니다. 설혹 그들의 결정이 그 순간 좋은 결과를 가져온다 하더라도 그 과정 중에서 자녀의 선택을 억압하고 무력화시킨 것이라면 이는 결코 기뻐할 일이 아닙니다. 자녀는 부모의 소유가 아니기 때문에 자녀의 장래를 결정할 권한이 부모에게 있을 수 없습니다. 다만 부모는 청지기로서의 사명만 있을 뿐입니다.

또한 우리의 존재 가치를 소유나 외모 등에서 찾는 것이 아니라 하나님과의 관계 속에서 확인해야 합니다. 하나님이 나를 위해 독생자를 버리실 정도로, 나는 소중하고 놀랍고 아름다운 존재입니다. 나는 하나님의 사랑과 긍휼을 입기에 넉넉한 사람입니다. 이제 우리는 내 존재가 수용되느냐 되지 않느냐의 삶을 사는 것이 아니라 내가 타인에게 어떤 영향을 주고 살 것인가의 사명과 비전에 사로잡힌 인생이 되어야 합니다. 이런 맥락에서 자기관리가 필요한 것입니다.

저의 경우도 어릴 때 마음껏 공부하지 못했기 때문에 지성 및 학력 콤플렉스가 많아서 스스로를 열등하게 여겼습니다. 그러나 하나님께서 '내가 너를 사랑한 것처럼 모든 영혼을 사랑하라' 하셨기에 영혼을 사랑하기 위해 공부했고 그러면서 열등감을 극복하게 되었습니다. 그리고 전공인 심리치료나 상담목회, 가정사역 등의 영역에서는 자신감과 성취감을 맛보았습니다. 계속 노력하다보니 어느 순간에 학력 및 지식 콤플렉스가 마음속에서 씻길 뿐 아니라 이 분야에서 내 길을 개척하고 영향력을 미칠 수 있는 영역을 자연스럽게 얻게 되었습니다.

그렇습니다. 내가 변화시킬 수 없는 것은 있는 그대로 수용해야 되겠지만 바꿀 수 있는 것은 변화를 위해 시도해 보아야 하지 않겠습니까? 그래서 우리는 다음과 같은 기도가 날마다 필요한 것입니다.

"하나님, 제가 변화시킬 수 있는 것과 변화시킬 수 없는 것들을 분별할 수 있는 지혜를 주시옵소서. 그리고 제가 변화시킬 수 있는 것은 변화시킬 수 있는 용기를 주시고, 제가 변화시킬 수 없는 것은 받아들일 수 있는 평안을 주시옵소서."

자아상과 발달단계

자아상은 어머니 모태에서부터 그려지기 시작하여, 출생 후 60개월을 전후하여 그 기초가 형성되며, 초·중·고등학교를 거쳐 18세경에 그 윤곽이 드러납니다. 미국의 외과 의사 버니 시걸(Bernie S. Siegel)의 임상 통계 보고에 의하면 암환자의 85% 이상이 어머니의 모태에서 이미 암이 시작된 것이라고 합니다. 이렇게 인간은 이미 모태에서 시작되는 면이 있기에 태교는 중요합니다. 사람의 정신 구조 형성기를 보면 무의식(Id)은 선천적인 요소이며, 36개월을 전후하여 의식(Ego)이 형성되고, 60개월을 전후하여 초자아(Superego)가 형성됩니다. 그래서 이때까지를 자아상이 형성되는 중요한 시기라고 봅니다. 그러므로 대개의 경우 생후 60개월까지는 어머니의 양육이 강조되는 것입니다. 그 후 아빠의 역할이 강조되는 유년시절, 초등학교 시절에는 선생님과의 관계를 통해, 그리고 중·고등학교 시절 친구 관계를 통하여 자아상은 완성됩니다. 그러나 그 이후에도 끊임없이 자아상은 성숙과 퇴보를 계속할 것입니다.

자아상이란 부모, 특별히 어머니가 어렸을 때(모태~생후60개월) 던져준 메시지에 따라서 건설적일 수 있고, 파괴적일 수도 있습니다. 부모들이 보내는 메시지 속에는 건설적인 것에서부터 파괴적인 것, 생산적인 것에서부터 비생산적인 것까지 여러 형태가 있지만, 특히 병적인 성격을 가진 부모들은 자녀들의 자아상에 치명적인 상처를 주게 됩니다.

게리 스몰리라는 교육학자는 이런 주장을 합니다.

"한 어린이가 장래 직업에서 이루게 될 성취의 수준이나, 좋은 습관, 어울리는 친구들의 수준, 심지어 결혼 상대자까지도 그 아이가 자신에 대해서 가지는 이미지와 깊은 관계를 갖는다."

빈약한 자아상을 가진 아이는 빈약한 선택을 하는 경향이 있으며 좋은 자아상을 가진 아이는 좋은 선택을 하는 경향이 있습니다. 이것은 비전과 꿈을 꾸는 일에도 적용됩니다. 자존감이 부족하고 자신의 가치에 관해 낮은 평가를 하는 어린이는 꿈이 없고, 만약 꿈을 꾼다고 해도 상당히 낮은 소망을 품게 됩니다. 그러나 자신의 존재에 대해, 가치에 관해 건강한 생각을 갖고 있는 어린이는 대개 크고 대담한 꿈을 꿉니다. 왜냐하면 자신이 성취할 수 있다고 믿기 때문입니다.

한 어린이의 자존감을 키워주기 위해서는 자존감이 자랄 수 있는 좋은 환경을 만들어 주어야 하는데, 이 때 가장 중요한 사람이 바로 부모입니다. 아이의 자존감은 부모가 아이를 대하는 태도에서 나오기 때문입니다. 어린이들은 그들의 인격과 존재가 수용되는 무조건적 사랑을 계속 경험해야 합니다. 이는 부정적이고 악한 행동에 대해서도 지지하라는 말이 아니라 존재와 행동은 구분해서 대해주어야 한다는 뜻입니다. 그리고 조건적으로 대하지 마십시오. 만일 우리가 조건적으로 아이들을 대하면 아이들은 부모가 원하는 안전하고 성취 가능한 일들만을 선택하려고 할 것입니다. 그러면 아이들은 좁은 가슴을 가지고 모험을 피하고 실패를 두려워하게 됩니다.

인간은 하나님이 창조한 세상을 경험하고 그것을 자기만의 언어로 표현하고 더 발전시킬 수 있는 무한한 잠재력을 가지고 있는 유일한 존재입니다. 이처럼 엄청난 잠재력을 지닌 인간이 자신을 개발하려면 어릴 때부터 애정과 사랑의 기운을 충분히 받아야 합니다. 아이들은 마치 수신기를 가지고 있는 것처럼 자신에 대하여 다른 사람이 해주는 일들, 즉, 안아 준다든지(긍정적), 내동댕이쳐 버려둔다든지(부정적)하는 경험을 통해서 모든 메시지를 받아들입니다. 그리고 조금 자라면 다른 사람의 얼굴 표정을 읽고 소리를 들으며 이에 적합한 반응을 보이게 됩니다. 그래서 부모로부터 차별 대우를 받거나 사랑을 받지 못하면 실망하게 됩니다. 그리고 자기 자신이 환영받지 못한다는 것을 인식할 때에는 마치 자기는 아무 것도 아닌 것처럼 하찮은 존재라고 생각하게 됩니다.

 이러한 부정적인 타격과 메시지의 경험은 그들의 일생을 통해서 강한 인상으로 남아 인생이라는 극(劇)에 반영되고, 자기들이 맡아야 하는 배역을 연기하는 데 있어서 심각한 심리적 위축을 만드는 주요 원인이 됩니다. 그래서 자신의 잠재력을 발휘하지 못하고 능력보다 훨씬 낮은 수준의 삶을 살아가게 되는 것입니다.

부정적 자아상의 특징

 길가에 살면서 핫도그를 파는 사람이 있었습니다. 그는 귀가 거의 들리지 않는 상태여서 가게에는 라디오가 없었습니다. 그는 눈도 좋지 않아서 신문도 읽지 않았습니다. 그러나 좋은 핫도그를 만들어 팔았습니다. 고속도로변에 광고판도 세우고, 길가에서 "아저씨, 핫도 그 사세요!"라고 크게 외치기도 했습니다. 그러면 사람들이 핫도그를 잘 사주었습니다. 그래서 그는 핫도그에 들어가는 고기 양도 늘리고, 빵도 크게 하고, 스토브도 사서 사업을 확장했습니다.

그러던 어느 날, 대학에 다니던 아들이 집에 와서 그를 돕게 되었습니다. 이때 문제가 생기고 말았습니다. 아들이 물었습니다.

"아버지, 라디오도 못 들으셨어요? 신문도 안 읽으세요? 경기가 나빠지고 있어요! 유럽의 상황은 처참하고요, 미국은 그보다 더 나빠요!"

아들의 이야기를 들으며 아버지는 생각했습니다.

'그래, 우리 아들은 대학생이고, 신문도 읽고, 라디오도 들으니까 아는 게 많을 거야.'

그래서 아버지는 아들의 말대로 고기 양도 줄이고, 핫도그 크기도 줄였습니다. 그리고 고속도로변의 간판도 치우고, 길가에 서서 외치지도 않았습니다. 그러자 그의 사업은 며칠을 버티지 못했습니다. 그때 아버지가 말했습니다.

"아들아, 네가 옳았다. 경기가 안 좋은 게 분명하구나."

부정적인 자아상을 가지고 있는 사람은 자신이 운명을 개척할 수 있는 창조적인 존재임을 알지 못하기에 모든 것을 환경이나 상황 탓으로 돌려버립니다. 그래서 부정적 자아상을 가진 어린이는 자신을 아무것도 아닌 것처럼 느낍니다. 자기 자신을 좋아하지 않거나 심지어 미워할 수도 있습니다. 가족, 학교, 이웃, 친구들에게도 소속감을 갖지 못합니다. 할 수 있다는 긍지도 부족합니다. 새로운 상황 속에서 불안해합니다. 자신의 가치를 잘 느끼지 못하여 자신이 중요한 사람이라거나 사랑받을 만한 가치가 있다고 믿지도 못합니다.

부정적인 자아상을 가지고 있는 어린이의 특징은 다음과 같습니다.

- 대부분 자신을 못마땅하게 본다고 생각한다.
- 울거나 움츠러든다.
- 친구들이 자기를 좋아하지 않는다고 느낀다.
- 가정 내에서 주목을 받기위해 경쟁을 해야만 한다고 생각한다.
- 대부분의 경우 자신이 곤경에 처해있다고 느낀다.
- 자신의 고유한 능력이나 재능을 모른다.
- 친구들이나 웃어른들 등 대부분의 인간관계에서 심한 갈등을 겪는다.
- 자신이 가족의 중요한 구성원이라는 감정을 느끼지 못한다.
- 무엇이든 잘해야만 타인이 자신을 가치 있게 여긴다는 생각을 한다.
- 다른 이들에게 사랑과 친절을 보이지 않는다.
- 놀이에 참여하는 것이 아니라 노는 어린이들을 바라보고만 있다.
- 자기는 다른 사람들에게 실망을 준다고 느낀다.
- 집단 속에서 자발적으로 행동하기를 두려워한다.
- 대단히 수줍어한다.

부정적 자아상의 결과

자신에 대해 부정적 자아상을 가지고 있으면 다음과 같은 결과를 낳습니다.

첫째, 인간관계를 파괴합니다. 항상 반항하거나 도피하려 하고 무시감과 거절감 때문에 타인에 대해 적개심을 가지며 공격하고 비판의식을 갖고 대합니다. 이로 인하여 가족 안에서도 어려움을 경험하고 직장의 상사와 충돌하고 동료와 싸우고 교회 공동체 안에서 서로의 관계를 파괴합니다.

둘째, 삶의 순수성을 의심합니다. 하나님의 사랑과 긍휼 안에서 사랑, 기쁨, 행복을 추구하며 당당하고 자신감 있게 살아가지 못합니다. 뿐만 아니라 삶의 주도성이 약하기에 늘 마음이 힘들고 남의 눈치를 보면서 어떻게 하면 다른 사람을 기쁘게 할까에 관심이 있다 보니 인생이 괴롭기만 하고 행복하지 못합니다. 자신의 마음이 이러하기 때문에 다른 사람 역시 자신을 대할 때 겉과 속이 다를 것이라고 의심함으로써 삶의 순수함과 진실성을 잃어버리게 됩니다.

셋째, 육체적, 정신적으로 질병을 가져오게 됩니다. 병적 열등감은 끝없는 비교의식을 낳고, 비교의식은 질투와 시기와 증오심을 낳아 정신적인 충격을 주는데 이 문제를 깊이 연구한 맥리안 박사는 이렇게 정의합니다. "병적 열등감은 고혈압과 독성 갑상선증, 두통, 관절염, 졸도, 신장질환, 위궤양, 신경통, 생리통 등의 육체적 질병과 정신분열, 신경정신증, 편집증, 과대망상 등 정신적 질병을 동반하게 됩니다."라고 주장하였습니다.

네 번째, 하나님과의 관계를 점점 멀리합니다. 부정적인 자아상을 가지게 되면 늘 마음속에 의심과 불안이 일어나지만 사실은 자신이 그것을 원하고 즐기면서 덫에 빠지는 악순환이 있습니다. '만약 하나님이 살아계신다면 왜 나를 이렇게 만들었을까? 하나님이 살아계신다면 왜 하필 나에게 이런 삶을 살게 했을까?'라는 하나님에 대한 반항의식과 불신과 거부의 마음은 다시 자기연민과 좌절로 추락합니다. 그 결과 세상과 타인을 저주하며 괴롭히다가 하나님께 원망과 격정을 토합니다.

부정적 자아상을 가지고 있으면 삶도 부정적으로 됩니다. 그러나 이런 자아상은 고정되어 있는 것이 아닙니다. 특히 그리스도인들은 성령님을 의지하고, 변화시키려는 마음을 가지면 언제든지 변화가 가능합니다.[11] 그러므로 믿음을 가지고 현실적이면서도 긍정적이며 성경적인 자아상으로 변화되어야 할 것입니다.

---

11) 그리스도인의 경우, 그는 새로운 피조물(고후 5:17)이기 때문에 운명이나 세상의 그 어떤 사상, 신념들이 더 이상 그를 지배하지 못합니다.

긍정적 자아상의 특징

자녀는 부모의 거울이라고 합니다. 이것은 부모의 모습을 자녀의 모습에서 보게 된다는 뜻입니다. 긍정적인 자아상의 소유자는 일반적으로 자신에 대하여 안정감을 가지고 있으며 자신이 가치 있고 중요한 사람이며 유능한 사람이라는 생각을 가집니다. 자녀를 긍정적인 자아상을 가진 아이로 키우기 위해서는 부모 자신이 먼저 긍정적인 자아상을 가지고 있어야 합니다.

다음은 긍정적인 자아상을 가진 사람의 특성입니다.

첫째, 스스로를 가치 있게 느끼며, 자신을 사랑하고 약점도 모두 수용합니다.

둘째, 자신만만하지만 현실적이며 겸손합니다.

셋째, 자기를 수용하는 것처럼 남들을 수용하기 때문에 다른 사람이 부정적인 태도를 보일지라도 긍정적 자세로 수용합니다.

넷째, 항상 자신감이 있으며 삶의 고난이나 도전을 두려워하지 않습니다.

다섯째, 자신의 생각과 감정을 믿고 자신의 판단을 신뢰하기에 당당하게 행동할 수 있으며, 자신의 주장이나 견해에서 틀린 것이 드러나면 두려움 없이 수정합니다.

여섯째, 매사에 진취적이고 적극적이며 인간관계가 원만하고 자신에 대해 긍지와 자부심을 갖고 있어서 남의 칭찬도 가식 없이 받아들입니다.

일곱째, 자신을 좋아하고 자족하기 때문에 자기의 힘을 과시할 필요를 느끼지 않습니다.

긍정적 자아상을 가지려면

그렇다면 자녀가 긍정적인 자아상을 갖도록 하기 위해서 부모가 어떻게 해야 할까요?

첫째, 자녀가 부모를 좋아하도록 만들어야 합니다. 자녀에게 부모와의 관계는 인생에서 근본이 되는 가장 중요한 관계입니다. 그러므로 자녀가 부모에 대해 친밀감과 신뢰감을 갖도록 각별한 관심과 세심한 배려로 도와주어야 합니다. 신뢰로운 인격, 일관성이 있는 태도, 가벼운 포옹이나 약간의 신체적 접촉이 자녀로 하여금 부모의 따뜻한 사랑을 느끼게 합니다.

둘째, 부모는 자녀에게 위협적인 태도를 보이지 말아야 합니다. 자녀들은 아직 자아가 확립되지 않은 상태이므로 아주 작고 사소한 위협에도 크게 영향을 받습니다. 그러므로 자녀의 실수에 대해 책망할 때 인격적으로 접근하고 위협감을 주어서는 안 됩니다. 부모의 언행이 위협적일 때 자녀는 부모에 대한 거리감을 크게 느끼며, 심지어는 배척감과 소외감마저 느끼기 쉽습니다.

셋째, 자녀의 실패에 관대해야 합니다. 자녀는 자신의 행동을 자신의 존재와 일치시킵니다. 그러므로 자녀의 실수나 실패를 너무 심하게 책망하면 교육적으로 역효과가 일어날 뿐 아니라 자녀에게 심리적 타격을 주게 되어 자기를 싫어하고 실망하여 스스로 실패의 길을 걷게 됩니다. 그러므로 부모는 자신의 과오와 실패로 인해 자책감에 빠진 자녀에게 최대한의 관용과 격려를 보여 자신을 용서하고 스스로를 사랑으로 품도록 도와야 합니다.

넷째, 자녀에게 선택의 자유를 주고 잘 활용하도록 함으로써 삶을 보는 능력이 커지도록 해야 합니다. 건강한 선택을 하도록 양육 받은 자녀는 건강하게 성장합니다. 그러므로 자녀의 자율성 향상을 위해서 일찍부터 스스로 선택하는 연습을 경험하도록 해야 합니다. 이러한 경험이 부족한 자녀는 성인이 되어서도 자신의 결정에 두려움을 갖는 경우가 많습니다. 선택을 연습하는 것은 자녀의 자율성을 성숙케 할 수 있습니다. 올바른 선택은 많은 선택의 실수와 반성을 통해 얻은 교훈이 자기 것으로 소화될 때 가능해집니다.

다섯째, 자녀의 감정을 존중하고 수용해 주어야 합니다. 자녀는 부모와는 달리 느끼는 감정이 섬세합니다. 자녀의 감정을 세심하게 수용하고 다루는 것이 자녀의 자긍심 향상에 중요한 영향을 끼쳐 그의 인생을 전인적으로 건강하게 성장하도록 돕게 됩니다. 특히 예측할 수 없는 부모의 분노는 자녀의 자긍심에 손상을 끼칠 뿐 아니라, 심할 경우엔 정서적 장애와 심인성 질환을 동반하게 되고 삶의 능력을 상실하게 만듭니다.

여섯째, 자녀에게 겸손한 도전 정신을 심어 주어야 합니다. 겸손한 도전정신이란 적자생존의 원리가 아니라 함께 사랑 안에서 성장하며 성숙해지려는 행복의 관계(win-win)를 말합니다. 자신에 대해서 뿐 아니라 타인에 대해서도 겸손하면서도 도전적인 정신과 태도를 갖도록 하는 것이 중요합니다. 그러기 위해서 먼저 부모 자신이 스스로에 대해 나약한 태도와 비굴한 정신에서 벗어나 긍정적이며 도전적인 삶의 모습을 보여주어야 합니다.

일곱째, 건강하게 경쟁할 수 있도록 도와주어야 합니다. 우리가 이 세상에 살아가는 한 이 세상의 법칙을 무시할 수 없습니다. 어린 아이들을 아무런 기술이나 특별한 지식도 준비시키지 않은 채 냉혹한 세상에 내보내게 되면 아이들은 자신을 보호할 수 없게 되며 세상의 비인간적인 분위기에서 생존하기 어렵게 됩니다. 그러므로 자신의 강점을 발견하고 개발해서 스스로에 대해 자신감을 갖고 세상을 이겨나갈 수 있도록 도와주어야 합니다. 특히 자신의 수고로 경제적인 문제를 해결할 수 있는 기본적인 능력과 기술을 길러주어야 먹고 사는 문제에서 자신감을 가지게 되며 이러한 기본이 있어야 건강하게 경쟁할 수 있습니다.

자아상 찾기

자신의 이미지는 한 사람의 정신적인 초상화입니다. 사람이 자신을 어떻게 보느냐 하는 것은 삶에서 그 사람과 가장 '가까운 관계에 있는 사람들'이 그에게 무슨 말을 했고 그를 어떻게 대하였는지에 따라 달라집니다. 어릴 때 나와 가장 많은 시간을 함께 공유하면서 영향을 준 대상은 대개의 경우 부모입니다. 그러므로 부모는 자녀의 거울로서 부모의 행동 하나하나가 자녀의 가슴에 새겨집니다. 내가 보는 것은 부모가 나에게 말하는 것 −그들이 나를 어떻게 보며, 어떻게 느끼며 그리고 어떻게 행동하는지−을 그대로 반영하는 경우가 많습니다. 부모가 나를 어떻게 보았느냐에 따라 내가 나를 인식하기 때문에 부모의 긍정적 또는 부정적 시각이 나에게 그대로 전해지는 것입니다. 따라서 부모가 나에 대해 말하고 보여준 이미지가 무엇인지 살펴보는 것은 나의 자아상을 발견하는데 있어 가장 중요한 일 중 하나입니다.

이제 나의 자아상은 어떠한지 찾아봅시다. 이 작업을 위해서 나의 가장 가까운 가족들은 나를 어떻게 보았는지, 또한 그때의 나의 생각과 느낌은 어떠했는지 살펴봅시다. 그리고 나는 자신에 대해서 어떻게 생각하는지 살펴봄으로 나의 자아상을 정리해봅시다. 나의 자아상에 따라 나의 자녀에게 그렇게 대할 것이며, 자녀는 내가 보는 대로 자신을 본다는 것에 대해 새롭게 발견하는 시간을 가져봅시다.

〈자아상 찾기의 예〉

대상	나를 대하는 태도 (말, 분위기, 행동 등)	그 때의 느낌	그 때 나 자신에 대한 나의 생각
부모	아버지 : 나를 없는 사람으로 대함. 학교에 보내지 않음	무시, 거절. 스스로에 대한 무가치감	내가 그렇지 뭐. 나는 투자할 가치가 없다.
	어머니 : 아버지의 눈치를 보면서 나를 사랑하고 돌봄. 불안해하심	혼란, 거절, 외로움, 포기하는 마음	또 버려지는구나, 지독히 운도 없는 놈

형제	형 : 관심 없는 태도, 자기 밖에 모름	혼자로구나(함께하고 싶은 마음)	모두 다 나를 버리는 구나
	동생 : 무시하며 나를 지배하려 함	분노, 죽이고 싶은 마음	저놈이 아니면 내가 막내로 사랑받았을 텐데….
중요한 타인(1)	큰 아버지 : 사랑을 주는 척, 돕는 척, 실제로는 아무것도 베풀지 않음	기대가 무너지는 느낌, 분노, 처절함	내가 이 땅에서 무슨 소망을 가질 수 있겠나?
중요한 타인(2)	초등2 선생님: 나를 특별히 사랑해서 쉬는 시간에 나를 격려하고 선생님의 점심을 같이 먹음	감사, 고마움, 미안함, 믿어지지 않고 황송함.	내가 이렇게 사랑받아도 되나? 이것이 현실인가?
타인과의 관계를 통해 본 나의 자아상 정리	나는 부모와의 관계에서 주로 거절감과 무관심, 그리고 배척을 받으며 살아왔기에 스스로 무가치하며 버려진 존재, 그리고 사랑받을 수 없는 존재라는 이미지(상)을 가지게 되었다. 그래서 사람과의 관계에서 사랑에 대한 기대를 가지기가 힘들며, 내 인생에 대해서도 소망을 가지기 어려운 삶을 살게 되었다. 그러나 예수 그리스도와의 인격적인 만남과 사랑, 그리고 살아가면서 만난 좋은 사람들과의 관계를 통해 소망스러우면서도 긍정적인 자아상을 가지게 되었다. 현재도 그렇지만 미래에는 지금보다 더 하나님이 기뻐하시는 목사와 교수와 상담자, 그리고 남편과 아버지가 될 것을 확신한다.		

〈나의 경우〉

대상	나를 대하는 태도 (말, 분위기, 행동 등)	그 때의 느낌	그 때 나 자신에 대한 나의 생각
부모			
형제			
그 외 중요한 타인(1)			
그 외 중요한 타인(2)			
타인과의 관계를 통해 본 나의 자아상 정리			

내가 보는 나의 모습(능력, 외모, 성격, 관계, 도덕성 등)은 어떠합니까? 나의 자아상을 정리한 후에 그 동안 나에게 베풀어주신 하나님의 사랑과 은혜, 좋은 사람들과의 만남을 통해 새로운 자아상을 찾아보고, 미래에 아름다운 존재로 빛날 모습도 상상을 해가면서 자신의 자아상을 정리해 보세요.

5장
열등감

　모든 사람은 각자 특유의 자아상을 마음속에 그려놓고 주어진 환경에 적응하며 살아간다는 사실을 살펴보았습니다. 이 심리적 각본으로서의 자아상은 평생을 통해서 사람들을 지배하고 있습니다. 특히 부모들이 자녀를 다른 아이와 비교하는 경우 자녀들은 자신의 자아상에 치명적인 상처를 받아 깊은 열등의식을 갖게 됩니다. 열등감이 마음 속게 자리하고 있을 때 행복하고 풍성한 삶을 살지 못하고 스스로 불행하다고 느끼며 좌절하게 됩니다. 따라서 자녀들을 예수님의 장성한 분량까지 성장하도록 도우려면 열등감에서 벗어날 수 있도록 해야 하는데 이를 위해서는 부모부터 열등감 회복을 위해 노력해야 합니다.

열등감의 증상

　인간은 사회적 존재이기에 다른 사람과 더불어 살면서 늘 타인과 자신을 비교하게 됩니다. 열등감이란 끊임없이 나타나는 비교의식 때문에 일어나며 결국 열등의식의 소용돌이에 빠지게 만들어 실제로 자신이 약하다고 생각하는 그 문제에 지나칠 정도로 집착하게 합니다. 그 집착을 결코 놓을 수 없는 것은, 문제에 부정적으로 접근하면서도 그 문제를 극복하겠다는 환상적 기대를 가지고 있기 때문입니다.
　열등감은 작게는 불편을 느끼는 정도이지만 심하면 정신분열을 일으키기까지 하는 큰 문제입니다. 어떤 경우 열등감은 우울증의 증상으로 오기도 하지만, 대개는 열등감 때문에 우울증이 일어납니다. 뿐만 아니라 열등감은 반드시 우월의식으로 발전되기 때문에 자신도 속고 남도 속기가 쉽습니다. 그리고 열등감으로 인해 일어나는 각종 방어기제가 반복되다보면 그 사람의 모든 생각과 행동에 자연적으로 영향을 줄 뿐 아니라 이런 습관이 고착되어서 아예 어떤 문제의 원인이 열등감이었음을 찾아내는 일 자체도 어렵고 치료도 힘들어집니다.
　열등감에 빠지면 자신을 있는 그대로 보지 못하기 때문에 자신의 능력을 인정하지 못하고 끊임없이 자신을 비난하며, 원망과 불평 속에서 자신을 미워합니다. 아무리 다른 사람들이 칭찬하고, 인정해도 그것을 받아들이지 못하고 그들이 혹시 자신을 기만하는 것은 아닐까 하여 더욱 안절부절 못하게 됩니다. 그러면서 '나는 좋은 사람이 못 돼. 나는 능력이 없어. 나는 잘 할 수가 없어. 이번에 일이 잘 된 것은 순전히 우연이었어.'라는 자동적 사고로 더욱 고통 받습니다. 이런 사람은 하나님과의 관계에서도 유사한 결과를 보여 하나님이 내 죄를 위하여 대신 십자가에 못 박히시기까지 나를 사랑하셨다는 말씀을 그대로 받아들이지 못합니다. 왜냐하면 나 자신이 너무나 가치 없는 인생이기 때문에 이런 나를 위해 주님이 희생하셨다는 것이 마음에 와 닿지 않습니다. 그래서 믿었다가도 안 믿어지는 감정적인 혼란이 자꾸만 삶을 흔듭니다.

열등감이 있는 사람은 자신의 존재에 대해 무능감과 부적절감을 주로 가지며 다음과 같은 증상을 나타냅니다.

첫째, 비판에 대해 민감합니다. 둘째, 지지나 칭찬에 목말라 하면서도 실제로 칭찬을 받으면 재빨리 거부하거나 무시하는 등 칭찬에 과잉 반응합니다. 셋째, 자신의 약점과 실패를 다른 사람에게 투사하면서 실패의 원인을 다른 사람에게 전가합니다. 넷째, 경쟁에서 승리하기를 열망하나 승리하지 못할 것이라는 부정적 생각을 합니다. 다섯째, 열등감을 느끼는 사람은 익명의 망토 속으로 숨어들기를 좋아합니다. 즉, 사회적인 활동에 참여하지 않고 홀로 있는 것을 좋아합니다. 여섯째, 비교가 익숙하여 늘 판단하고 분석할 뿐 아니라 평가하며, 남이 높아지는 것이 확인되면 견딜 수 없는 고통을 느끼고 자신에 대해 스스로를 비난하며 불만족과 불평 속에 스스로를 끝없이 채찍질합니다. 일곱째, 타인이 자신을 어떻게 보는지에 대해 굉장히 예민합니다. 여덟째, 돈에 지나치게 집착을 하거나 혹은 지나치게 거부적인 생각, 행동을 보입니다. 이는 개인의 가치관 형성, 대인 관계 유지에 장애를 주고, 성격 변화로 인해 생활에 지장을 줍니다.

열등감의 순환

열등감의 증폭에 대한 데이비드 칼슨의 주장을 살펴보면 열등감을 가진 사람은 부정적인 사고의 악순환을 계속한다고 합니다. 한가지의 사건은 생각이나 신념을 만들고 그것에 의해 결과를 낳게 되고, 다시 그 시각으로 주관적 해석을 합니다. 그릇된 렌즈를 통해서 상황을 해석하기 때문에 열등감은 증가될 수밖에 없습니다.

이것을 도표화하여 보면 아래와 같습니다.

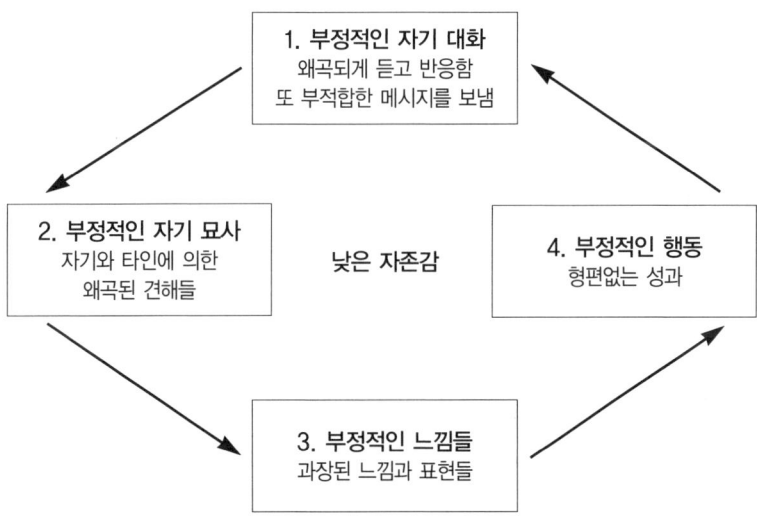

〈부정적인 자존감의 순환 유형〉

낮은 자존감을 가진 사람들은 영적인 무능력과 심리적인 무능력을 혼동하는 경향이 있습니다. 이 같은 혼동은 심각한 문제를 가져옵니다. 자신들이 하나님의 자녀가 될 만큼 사랑스럽지도, 소중하지도, 능력이 있지도 않다고 믿거나 또는 하나님께 봉사할 수 있는 특권에 대하여 의심하기도 합니다. 성경 어느 곳에서도 인간이 심리적으로 무능하다거나 그 어느 누구도 하나님의 사랑을 받기에 부족하다는 언급이 전혀 없다는 사실을 분명하게 밝히는 것은 중요한 일입니다.

성장의 동기 - 열등감

아들러는 인간이 스스로 인간이고자 할 때 열등감이 시작된다고 하였습니다. 즉 그가 생각하는 열등감은 인간으로 하여금 피해 의식을 느끼고 모멸감에 사로잡혀 스스로를 억압하는 기제라기보다는 인간이면 누구나 가지고 있으며, 그가 사회와의 관계성을 가지고 있는 한 계속된다는 것입니다. 그래서 아들러에게 있어서 열등감은 자신의 굴레에서 벗어나 새로운 성숙함을 창출해내는 원동력과 같은 것입니다. 인간은 연약한 육신을 가지고 있고, 정신력에 있어서도 완벽하지 않으며, 환경적 제약을 그 어떤 피조물보다 많이 받는 존재이기에 더 많은 열등감을 느낄 수밖에 없습니다.

그러기에 이에 대한 보상 작용으로 '우월에로의 추구'를 통해 자신의 발전을 도모하며, 사회와 조화를 이루어 간다고 보았습니다. 완전과 안전을 향한 인간의 노력은 불충분과 불안을 자각하는 가운데 일어나며, 그렇기 때문에 열등감은 부정적인 것이 아닌 긍정적인 요소라고 볼 수 있습니다. 아들러는 우월성 혹은 완전을 향한 추구를 천성적인 것으로, 삶 자체로 이해했습니다. 모든 인간은 태어나면서부터 죽을 때까지 보다 나은 단계로 발전하려는 노력을 계속하며, 이러한 우월성을 향한 추구는 사람에 따라서 서로 다른 수천 가지의 방법이 있다고 하였습니다(심수명, 2004, 168-169). 그 한 예로 현대 웅변의 창시자인 데모스테네스의 경우, 타고난 말더듬이였으나 열등감을 극복하기 위해 끝까지 노력해서 웅변학의 기초를 놓았고 탁월한 웅변가로서 감동적인 생애를 살았습니다. 그러므로 열등감은 성장의 기회를 제공하며 더 나아가 자기 향상에 대한 동기를 제공하고 강력한 추진력이 될 수 있음을 기억해야 합니다.

열등감 극복을 위하여

1) 삶을 새롭게 해석하기

열등감을 극복하려면 무엇보다 열등감이 주는 삶의 고통에 대해 영적이며 실존적인 의미로 해석하는 눈이 있어야 합니다.

돈 슈나이더라는 유능한 교수가 있었습니다. 그는 학교 다닐 때도 수재라는 말을 들었고, 졸업하고 난 뒤에도 뛰어난 실력과 자질을 인정받아 대학교수가 되었습니다. 그는 학생들에게도 인기 있는 교수였습니다. 그렇게 승승장구하던 사람이 그만 한 순간에 교수 재임용에서 탈락하고 말았다. 그 이후 수많은 대학에 이력서를 냈지만 그를 부르는 학교는 하나도 없었습니다. 그 동안 저금해 놓았던 돈도 바닥이 났고 아내의 뱃속에 있는 아이는 고아원에 보내야 할 정도로 절박한 가운데 놓이게 되었습니다. 밤잠이 오지 않아서 수면제에 의존하면서 '차라리 죽어버릴까' 하는 생각도 들었습니다.

그렇지만 절망의 끝에서 그는 하나님께 기도했습니다. 기도 중에 하나님의 은혜가 임하여 자신의 상황에 대해 긍정적인 생각이 일어나기 시작했습니다. '이대로 주저앉을 수는 없다. 뭐든지 해야지' 라는 용기가 샘솟았습니다. 그래서 페인트 공으로 취직을 했습니다. 그것도 큰 빌딩에 올라가서 밧줄을 타고 페인트를 칠하는 일이었습니다. 다른 사람들은 위험하고 힘들어서 잘 하지 않는 일이었기 때문에 마침 일자리가 있었던 것입니다. 그는 1층부터 수십 층 꼭대기까지 목숨 걸고 페인트칠을 했습니다. 1년, 2년, 3년······. 세월이 흘러갔습니다. 그러던 어느 날 그에게 번뜩이는 아이디어가 생겼습니다.

'그렇다. 내가 당한 이 고난과 고통을 책으로 써서 다른 사람이 읽게 하리라.'

그는 페인트칠을 하면서 느낀 좌절과 절망, 그리고 도전과 용기에 대한 경험과 지식을 가지고 '절벽산책'이라는 책을 썼습니다. 이 책은 나오자마자 베스트셀러가 되었습니다. 미국 전역의 수많은 사람들이 이 책을 읽고 감동을 받았습니다.

그는 책 한권으로 평생 먹고 살만한 돈을 벌었습니다. 그 후 작가로서 명성을 누리게 되었고 강의 요청도 받았습니다. 페인트공으로 고생했던 몇 년이, 그에게는 한평생 교수로 지낸 것보다 더 값진 삶을 살게 해 주었습니다. 결국 자신의 삶에 대한 비관과 좌절을 딛고 그 속에서 삶의 의미를 찾을 때, 열등감과 좌절의 고통이 그에게 소망이 된 것입니다.

폴 투르니어는 "고통에 대한 경험은 생을 살아가는 데 놀라운 창조력을 계발해준다."고 하였습니다. 실제로 유년시절에 정서적 상실감을 겪은 사람들 중에는 알렉산더 대왕, 줄리어스 시저, 루이 14세 등과 같이 위대한 사람들이 많습니다. 종교지도자들 중에도 어렸을 때, 고아와 같은 삶을 살았던 사람이 많이 있는데 예를 들면, 모세, 석가, 마호메트 등이 있습니다. 철학자로는 사르트르가 고아였고, 공자는 한 살 때 부친을 여의었고, 루소는 태어나자마자, 데카르트는 한 살에, 파스칼은 세 살에 모친을 여의었습니다.

창조적인 예술가 중에도 어릴 때 고아가 된 사람들의 비율이 높다고 합니다. 레오나르도 다빈치는 사생아였고, 바흐는 고아였습니다. 작가들 중에는 몰리에르, 까뮈, 포우, 단테, 뒤마, 톨스토이, 바이런, 도스토예프스키 같은 사람들이 어렸을 때 정서적으로 고아의 어려움을 겪었다고 지적합니다.

이들이 겪었을 고통과 상실감, 그리고 존재에 대한 열등감은 오히려 인생을 헤쳐 나갈 수 있는 강력한 생명력과 창조력을 제공했습니다. 고통이 삶의 소망이라고 부를 수 있으며, 고난이라고 하는 과정 속에서 피어나는 꽃이 인생의 영광과 신비로움이라고 부를 수 있을 것입니다. 사람들은 종종 고난 없는 세상을 살고 싶어 합니다. 그러나 고통과 고난이 없는 삶은 아무런 가치도 의미도 없는 무미건조한 인생일 뿐입니다. 따라서 자신의 삶을 존귀하게 보는 사람은 결코 고난을 피하지 않고 맞서 싸우려 할 것입니다.

"지금 나는 어떤 고통을 겪고 있는가? 어떤 열등감을 가지고 있는가? 때때로 아니 자주, 이 현장을 떠나 훨훨 날아가 버리고 싶을 정도로 힘든 것이 있다면 그것이 무엇인가? 하지만 가만히 돌아보면 오히려 가장 힘들 그 때가 자신의 열등감을 사랑으로 품으며, 열등감이 있는 자기를 아껴주고 위로함으로 진정한 성장과 성숙이 있었던 때가 아니었는가?"

이렇게 힘들고 어려운 문제를 진정으로 극복하려면 자신을 있는 그대로 수용하며 하나님의 위로와 사랑으로 자신을 감싸는 쉼과 돌아봄이 필요할 것입니다. 하나님은 상한 갈대를 꺾지 아니하시며 꺼져가는 등불을 끄지 아니하시는 그 깊은 심정으로 나를 대하시기 때문입니다. 그리고 하나님의 아들, 우리의 희생자이신 예수님께서는 가난한 자와 병든 자를 섬기며 돌보시던 마음으로 당신을 만나주십니다. 아무도 나를 돌아보지 않는 것 같고 외롭고 버려진 존재 같은 나에게 그분은 친구로 다가오셔서 다시금 하나님의 자녀로 회복시켜 주시고 이 세상에서 힘 있게 살도록 초청하십니다.

2) 하나님의 시각으로 자신을 보고 행동하기

하나님이 보시는 눈으로 자기를 보는 사람은 아래 그림과 같이 자신을 소중한 존재로 바라보며 격려할 수 있게 됩니다. 하나님은 우리 자신이 태어나기도 전에 목적을 갖고 계셨습니다. 우리의 역할과 영역을 예비하시고 우리가 이 세상에서 그분의 사람으로 살 수 있도록 미리 계획해 놓으셨습니다. 그러므로 하나님께서 우리를 얼마나 사랑하시며, 함께 있고 싶어 하시며, 좋은 것을 예비해 두고 계시는지 깨달아야 합니다. 이 사실을 깨달을 때 더할 수 없는 자신감과 확신에 차게 될 것이며 다음 그림처럼 자신을 소중하게 대할 것입니다.

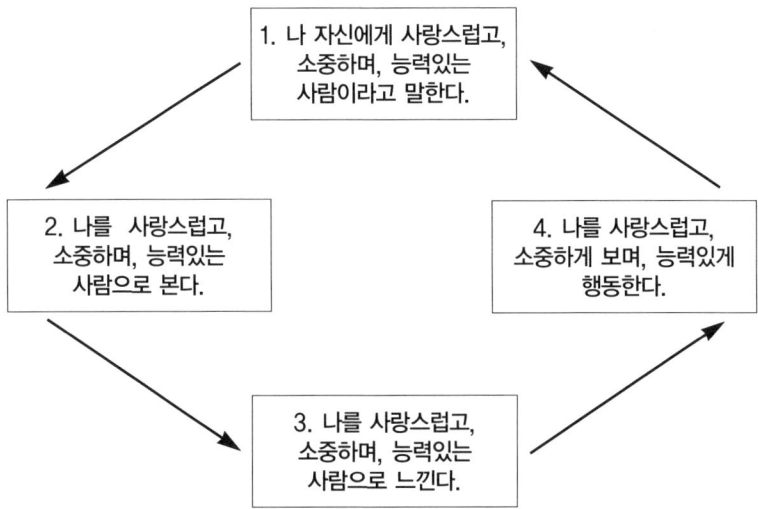

나는 하나님께서 지으신 존재입니다(엡 2:10). 헬라어 성경에서 이 말은 '눈에 띌 만큼 뛰어난 사람'을 의미합니다. 하나님께서는 나를 가리켜 뛰어난 인물이라고 부르십니다. 하나님이 나를 보는 눈으로 자신을 보아야 합니다. 그리고 나를 그렇게 보고 느끼기 시작할 때 사랑스럽고 소중하게 행동하는 자신을 볼 수 있을 것이며 모든 열등감에서 자유로울 수 있을 것입니다. 이 과정은 끊임없는 노력과 연습이 필요합니다. 하지만 기억하십시오. 귀한 것일수록 쉽게 얻어지지 않음을…….

3) 열등감 찾아 해결하기

아동기 때의 경험은 마음속에 살아 있어 인격의 핵심이 되어 영향을 줄 수 있습니다. 그러므로 어린 시절 부모와의 관계를 점검하는 것은 나의 열등감의 뿌리를 찾는데 있어 의미 있는 일이 됩니다. 관계 점검을 통하여 부정적인 모습이나 상처가 생각날지라도 회복이 가능하며, 부정을 긍정과 함께 통합적 관점으로 보면 열등감은 축복이 될 수 있습니다.

열등감을 해결하기 위해서는 자기에게 열등감이 있다는 사실을 인정하고 열등하다고 느끼는 부분을 수용하는 태도가 필요합니다. 열등한 부분을 인정하지 않고 받아들이지 않으면 열등감은 심화되어 병리적인 양상을 가지게 되며 각종 부작용을 낳습니다. 그러므로 먼저 자신의 열등감을 있는 그대로 받아들이는 자기 수용이 필요합니다. 이는 자신의 결점을 받아들이는 것이며 이때 자기 화해와 통합이 이루어집니다. 더 나아가 타인의 결점까지 수용할 수 있고 그들을 도울 수 있는 힘을 가지게 됩니다.

자신의 열등감을 개방하는 것은 신뢰할 수 있는 관계와 치료적 분위기가 이루어졌을 때 하는 것이 바람직합니다. 수용적인 분위기가 되지 않았을 때 개방하면 오히려 상대방에게 상처를 주게 되며 자신도 상처를 받을 뿐 아니라 여러 가지 오해와 편견 때문에 마음이 더 불편해 질 수 있습니다. 그러므로 신뢰가 이루어진 관계에서 자신의 약점이나 열등감을 개방할 때 자신 뿐 아니라 관계 속에서 자유로움을 경험할 수 있을 것입니다.

부모인 내가 열등감을 갖고 있으면 나의 자녀도 열등감을 갖고 살게 됩니다. 그러므로 나에게는 어떤 열등감이 있는지 살펴보고 그것을 개방함으로 열등감에서 자유로울 수 있는 실습의 시간을 가져봅시다.

나의 열등감 기록지

아래의 예를 보고 자기의 열등감을 표시하고 가볍게 자신의 열등감을 이야기해보세요. 그 외의 것은 기타에 기록해 보세요.

열등감의 예 : 외모, 성격, 능력, 재산, 지식, 학벌, 몸매, 인간관계, 돈 씀씀이, 가문(집안), 체력, 남성 콤플렉스(사내대장부, 온달, 성, 장남, 오이디푸스, 만능인), 여성 콤플렉스(착한 여자, 신데렐라, 성, 맏딸, 슈퍼 우먼, 일렉트라, 좋은 엄마, 좋은 아내), 증명, 운명, 구원자, 관망자, 배타성, 지도자, 거부, 기타

나의 열등감 :

열등감 자가 설문지

다음 설문을 읽고 자신의 상태는 어떤지 체크하고 3명이 한조가 되어 나누어 봅시다.

내 용	Y (1)	N (0)
1 나는 숨기고 싶은 과거가 있다.		
2 나는 부모님이 부자였으면 한다.		
3 때로 지금의 내가 아닌 다른 사람이길 바란다.		
4 나는 다른 사람들보다 잘난 게 별로 없다.		
5 세상에서 가장 중요한 것은 돈이다.		

내 용	Y (1)	N (0)
6 얼굴이 마음에 들지 않아 성형수술을 했으면 하는 마음이 있다.		
7 다른 사람들이 나를 어떻게 평가할지 무척 신경을 쓰는 편이다.		
8 내 주머니 사정보다 더 많이 쓸 때가 많다.		
9 가족을 다른 사람에게 소개하는 것을 꺼린다.		
10 다른 사람의 비판에 민감하게 반응하는 편이다.		
11 키가 커 보이려고 굽 높은 신발을 신어 본 적이 있다. 또는 키를 적게 보이려고 어깨를 움츠리고 다닌 적이 있다.		
12 다이어트를 하려고 시도한 적이 몇 번 있다.		
13 어린 시절로 돌아간다면 하고 싶은 일이 많다.		
14 스스로 나 자신을 내세우며 자랑하는 편이다.		
15 이따금 과거에 한 행동 때문에 부끄러울 때가 있다.		
16 평소에 다른 사람을 칭찬하기보다 비판하길 좋아한다.		
17 싫어하는 사람과는 절대 말을 하지 않는 편이다.		
18 나는 문제점이 많아 고쳐야 할 것이 많다.		
19 나는 튀는 옷차림이나 머리 모양을 좋아한다.		
20 차나 오토바이에 요란한 치장을 하고 질주하는 것을 좋아한다.		

- 7점 이하 : 열등감과 관계가 적습니다. 자신이나 가족, 주위 환경에 대해서 긍정적입니다.

- 8–15점 : 보통 수준의 열등감을 갖고 있습니다. 자신의 열등감에 대처할 수 있는 능력이 있으므로 자신감을 가지고 노력하여 극복하십시오.

- 16–20점 : 열등감이 심한 편입니다. 당신 자신을 있는 그대로 받아들이십시오. 당신은 귀한 사람입니다. 좀 더 긍정적으로 세상을 보도록 노력하고 자신감을 갖는 것이 필요합니다.

어느 날 동물들이 숲 속에 모여 자녀들을 훌륭하게 키우기 위해 '동물 학교'를 세워서 세상에서 가장 위대한 교육을 하자고 제안하였습니다. 동물들은 격론 끝에 토끼, 비둘기, 다람쥐, 붕어, 뱀장어를 동물 대표로서 교육위원회 위원으로 뽑았습니다. 이들은 먼저 머리를 맞대고 학교의 교육 과정을 작성하기 시작했습니다. 자기 자녀들이 훌륭한 동물이 되게 하기 위하여 교과목들을 결정해야 했습니다.

토끼가 제일 먼저 주장합니다. "달리기를 교육과정에 꼭 넣어야 합니다. 달리기를 하지 못하는 아이들이 어떻게 훌륭한 동물이 될 수 있겠습니까?" 모두 고개를 끄덕였습니다. 그러자 비둘기도 제안합니다. "공중 날기를 넣어야 합니다. 훌륭한 동물이 되려면 공중 날기를 할 줄 알아야 합니다." 또 모두 끄덕이며 인정하였습니다. 붕어도 그냥 있을 수가 없었습니다. "예. 그 다음에는 수영을 넣어야 합니다. 땅에서 달리고, 공중에서 날기만 잘 하면 뭐합니까? 물속에서 수영을 할 수 있어야지요." 모든 교육위원들은 다함께 고개를 끄덕였습니다. 그러자 다람쥐도 질세라 주장합니다. "나무타기도 넣어야 합니다. 우리는 숲 속에서 살고 있습니다. 달리기, 날기 그리고 수영이 모두 필요하지요. 그러나 이 숲에서 살아남기 위해서는 나무타기를 잘 하지 못하면 안 됩니다." 역시 모든 위원들이 고개를 끄덕였습니다. 그런데 이상한 일이었습니다. 뱀장어만은 아무 말이 없었습니다. 그런데 알고 보니 뱀장어는 발달 지체 동물이어서 자기주장을 할 능력이 없었던 것입니다. 결국 뱀장어 외의 모든 동물들이 생각한 과목들이 커리큘럼으로 채택되었습니다. 모든 위원들은 함께 감동하였습니다. 이제 동물들이 이 과목만 이수한다면 가장 훌륭한 동물이 될 것이라고 뿌듯해 했습니다.

드디어 '동물 학교'가 문을 열고 많은 동물들이 입학하여 공부를 열심히 하였습니다. 토끼는 달리기에서 언제나 A학점을 받았습니다. 그러나 수영과 나무 타기는 쉽지가 않았습니다. 더구나 날기는 거의 불가능한 일이 아닐 수 없었습니다. 그러던 어느 날 나무타기 과목 시간에 토끼는 땅에 떨어지면서 뇌를 다쳐 더 이상 달리기도 잘 할 수 없어 이 과목마저도 A학점에서 C학점으로 뚝 떨어졌습니다. 물론 수영과 나무타기 그리고 날기는 항상 F학점이었습니다. 그 멋진 달리기 스타였던 토끼는 '동물 학교'에 입학하여 부끄러운 열등생이 되고 말았습니다.

비둘기는 공중 날기에서 언제나 남들이 엄두를 낼 수 없는 탁월한 실력을 발휘하면서 A학점을 받았습니다. 수영도 곧 잘 했습니다. 그러나 달리기와 나무 타기가 쉽지 않았습니다. 그러던 어느 날 땅에서 달리기 연습을 하다가 날개와 부리를 다쳤습니다. 이제는 비둘기도 날개를 다쳐 공중 날기에서 C학점을 받을 도리 밖에 없었습니다. 물론 달리기와 나무 타기는 항상 F학점이었습니다.

금붕어는 수영에서 언제나 멋진 실력을 발휘하면서 항상 A학점을 받았습니다. 그러나 달리기, 공중 날기 그리고 나무 타기는 아무리 노력을 하여도 거의 불가능하였습니다. 금붕어는 하루하루가 매우 불행했습니다. 그 멋진 수영의 천재 금붕어가 달리기, 공중 날기 그리고 나무타기 시간에는 열등생으로 친구들의 놀림을 심하게 받았기 때문이었습니다. 그런데 어느 날 우울증에 걸린 금붕어는 그의 주 종목이었던 수영마저도 잘 할 수 없게 되어 C학점을 받게 되었습니다. '동물 학교'는 멋진 수영의 천재를 우울증 환자로 만들고 만 것입니다.

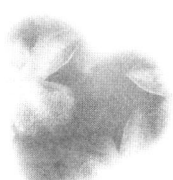

사실 자녀 양육의 가장 큰 문제 중에 하나는 부모가 자녀에게 본보기가 되지 못하는 것입니다. 부모가 신앙인다운 삶을, 정직한 삶을, 인격적인 삶을 살지 못하면서 자녀에게 올바로 살라고 하는 것은 모순입니다. 그렇다면 부모 된 우리가 어떤 삶을 살아야 할까요? 저는 여기에서 몇 가지를 제안하고자 합니다. 이 모든 것이 사실 어려운 것들이지만 자녀를 사랑하기에 희생도 마다하지 않는 부모의 내적인 힘이 이 모든 것을 가능하게 만들 수 있다고 생각합니다. 그리고 시작은 자녀를 위해 한 것이지만 결과적으로 부모인 내가 위대한 사람이 되는 영광을 맛볼 것입니다. 이런 면에서 자녀는 부모의 스승인 것입니다.

3부
위대한 지도자 탄생을 위하여

1장 신앙을 물려주는 부모

2장 고난을 극복하고 도전하는 부모

3장 대화하는 부모

4장 좋은 습관을 물려주는 부모

5장 올바른 권위로 훈계하는 부모

6장 함께 웃는 부모

7장 비전을 보여주는 부모

1장
신앙을 물려주는 부모

하나님과의 전인적인 관계를 맺어나가는 데 가장 큰 영향을 주는 것은 바로 부모의 신앙입니다. 부모가 하나님에 대해서, 교회에 대해서 어떤 태도를 가지는가에 따라 자녀는 신앙의 영향을 받습니다. 아이들은 부모에게서 하나님에 대해 배웁니다. 아이는 부모를 의지합니다. 그리고는 하나님이 부모와 같다고 생각합니다. 따라서 부모는 반드시 이 역할을 맡아야 합니다.

하나님 중심의 삶을 사는 모습

부모가 하나님 중심의 삶을 살아가고 절대적인 권위자인 하나님께 머리 숙이며 끊임없는 자기반성의 태도를 가진다면 자녀는 하나님의 존재에 대해 확신하게 될 것입니다. 성경에 뿌리를 둔 교육은 부모와 자녀가 함께 절대적 권위 앞에 머리 숙이는 분명한 가치관으로 일관된 교육을 가능하게 합니다. 이렇게 될 때 자녀는 부모보다 하나님의 인격에 더 크고 직접적인 영향을 받게 됩니다.

우리는 믿음으로 주님을 감동시키고 기쁘게 해드릴 수 있습니다. 신약성경을 읽다 보면 주님께서 감동하시면서 크게 칭찬하시는 경우가 있는데 모두 주님에 대한 분명한 믿음을 가지고 나갈 때였습니다. 중풍병자의 친구들이 병든 친구를 주님께 보여드려 낫게 하고 싶었지만 군중 때문에 할 수 없자 지붕을 뜯고 구멍을 내어 병든 친구를 주님이 앉아 계신 곳으로 내려 보낸 사건이 그 예입니다. 주님께서는 "그들의 믿음을 보시고"(막 2:5) 크게 감탄하셨습니다. 또 수로보니게 여인이 병든 딸을 살리겠다는 일념에서 주님으로부터 개라는 모욕적인 언사를 들으면서도 "주님, 그러나 상 밑에 있는 개도 아이들이 먹다 떨어뜨린 부스러기는 얻어먹지 않습니까?"라고 응답합니다. 이러한 여인의 태도를 보고 주님은 크게 놀라며 감탄하셨습니다 (막 7:24-30).

그러면 어떻게 해야 이런 믿음의 수준에 이를 수 있을까요? 종교 심리학자들은 종교 심성을 성숙시킴으로 인격적인 신앙을 가질 수 있다고 강조합니다. 그러면 종교 심성이란 무엇일까요? 종교심리학자 로날드 골드만은 이렇게 말합니다. 종교 심성이란 사람들이 초자연적이거나 신비한 하나님의 존재에 대한 인식을 하고, 하나님과 자신에 대하여 도덕적이고 합리적이며 건설적인 관계를 형성하는 것이라고 말합니다. 즉 영성을 중심으로 전인적이며 통전적으로 하나님과 관계를 맺는 것입니다.

여기에 두 가지가 강조됩니다. 첫째, 자녀들이 만물을 주관하시는 인격적인 존재로서의 하나님을 인식하도록 도와야 합니다. 둘째, 하나님과 자녀와의 관계가 도덕적이고 합리적이며 건설적인 관계를 형성해 나가도록 도와야 합니다.[12]

아이에게 하나님을 가르치는 데 가장 중요한 시기는 5-6세입니다. 그 이전에는 부모가 믿기 때문에 하나님을 믿습니다. 그러다가 5, 6세 때부터 스스로 하나님을 믿게 되거나 하나님이 계시다는 것을 의심하게 됩니다. 그러므로 자녀의 신앙 교육은 아주 어린 시절부터 시작하는 것이 중요합니다. 자녀가 다 컸다면 지금이라도 시작하십시오.[13]

부모가 자신의 신앙적 삶을 자녀에게 전수시키려면 기독교적 가치관에 대한 분명한 인식을 가지고 있어야 할 것입니다. 말씀에 근거한 부모의 신앙이 자녀의 마음에 내재화 되도록 하려면 먼저 다음 두 가지 관점을 확실히 가지고 있어야 합니다.

---

12) 도덕적 관계란 하나님과 자기 사이에 책임과 의무가 있음을 알고 자기 몫을 다하려는 의지와 신념이며, 합리적 관계란 맹목적 주종관계가 아닌, 하나님과의 관계를 이성과 감성의 조화속에서 인격적으로 관계하는 것이며, 건설적 관계란 하나님을 통해서 진취적이고 긍정적이며 사랑의 삶을 만들어 가려는 의욕을 뜻합니다.

13) 청소년기는 신앙 성장에 결정적인 시기입니다. 민감한 감수성과 깊어진 자의식은 이들의 종교적 경험을 더 깊고 풍부하게 해 줍니다. 그리고 절대자를 만나려는 갈망과 그를 향한 열정적인 헌신이 강해집니다. 부모들은 자녀를 교회의 수련회나 캠프 등을 통한 신앙 성장의 기회에 적극적으로 참여하도록 유도해야 합니다. 가정에서도 신앙에 대해 깊이 있게 나눌 수 있는 시간을 마련하는 것이 좋습니다.

첫째, 하나님 나라에 대한 개념을 분명히 인식하고 있어야 합니다. 하나님 나라란 하나님께 속한 나라로서 하나님의 통치와 영향력이 지배하는 곳입니다. 사탄을 중심으로 한 세상 나라는 미움과 분노와 투쟁의 원리, 곧 약육강식의 원리로 움직여져 가고 있지만 하나님의 나라는 사랑과 용서의 원리 아래 서로 섬김과 봉사, 협력과 헌신으로 만들어져 가는 나라입니다.

로마서 14:17에 보면 "하나님의 나라는 먹는 것과 마시는 것이 아니요 오직 성령 안에서 의와 평강과 희락이라"고 했습니다. 예수님과 동행하며 기쁨과 사랑이 풍성한 나라가 하나님 나라입니다. 그리스도인은 비록 이 세상에서 살아가고 있지만 이 세상에 속한 자가 아니기 때문에 하나님의 나라를 바라보고 살아가는 것입니다. 이것이 그리스도인의 궁극적인 지향점입니다. 그럼에도 불구하고 이 땅에서 하나님의 나라의 통치가 실현되어 그 나라가 이 땅에 이루어지도록 노력하는 것입니다.

둘째, 기독교 정신입니다. 기독교 정신이란 영원의 조망을 가지고 현세의 삶을 살아가는 것입니다. 즉 이 정신은 이 세상만을 보는 것이 아니라 내세까지도 계산에 넣는 것입니다. 즉 초자연적인 관점에서 천국을 지향하는 가치관을 갖고 지상적인 일들을 고려합니다. 따라서 인간의 생명과 인류역사가 하나님의 손 안에 있다고 믿습니다. 그러므로 우주 전체가 하나님의 능력과 그의 사랑에 의하여 유지되며 자연적 질서는 초자연적 질서에 의존될 뿐 아니라 시간은 영원 속에 포함되어 있다고 보는 것입니다.

이 정신은 현세에서의 생명을 그 자체로서 결정적인 것으로 보지 않고 또 다른 생명을 위한 준비로 보며, 이 세상을 우리의 참된 영원한 고향으로 보는 것이 아니라 일시적인 피난처로 보는 것입니다. 그러므로 기독교 신앙과 세속주의는 충돌할 수밖에 없습니다. 그렇지만 우리는 세속인과 손을 잡고 일할 수밖에 없고 일해야 합니다. 이때문에 세상의 문화에 오염되고 의도하지 않아도 그것을 추구하게 됩니다. 왜냐하면 우리 안에 사탄이 주는 세속주의의 잔재가 남아있기 때문입니다. 이것이 오늘의 기독교인이 처한 현실입니다. 그러므로 교회는 세상의 사람들을 예수님의 제자로 만들어 교회가 세상의 문화에 영향을 주며 세속주의를 지배하기 위한 거룩한 도전을 하는 믿음의 싸움을 계속 해 나가야 하는 것입니다.

유명한 요한 웨슬리는 그의 어머니 수잔나의 '신앙교육'을 통해 위대한 인물이 될 수 있었습니다. 그 어머니는 18명의 자녀를 두었는데 혼자서 다 돌볼 수가 없어서 큰아이가 작은 아이를 돌보게 하였습니다. 그러나 밤마다 그 아이들을 다 불러 모아놓고 그들의 신앙을 확인했습니다.

"너희는 너희 자신을 어떻게 생각하느냐?"

그러면 아이들은 "우리는 위대하다고 생각합니다."라고 대답합니다.

"왜 위대하다고 생각하느냐?"라고 물어보면 아이들이 다함께 "예, 하나님께서 위대하게 만드셨습니다."라고 합창을 합니다.

"하나님은 지금 무슨 일을 하고 계시느냐?"

"예, 하나님이 지금도 역사를 창조하고 계십니다."

"하나님이 너희를 어떻게 생각하실까?"

"영광스럽게 생각합니다."

그녀는 자녀들의 가슴속에 신앙의 꿈과 비전을 심어주었습니다. 자녀들이 하나님 안에서 자신에 대하여 위대한 마음을 품고 스스로를 존중하도록 교육을 시켰습니다.

예배 중심의 삶을 사는 부모

2004년 교계에 빅 이슈가 있었다면 그것은 학내 종교자유와 종교 교육의 자유에 대한 것이었습니다. 당시 대광고등학교에 재학 중이었던 강의석군이 미션스쿨인 학교의 예배 활동을 거부하고 1인 시위를 벌임으로써 교회와 사회에 중요한 이슈로 떠올랐습니다. 이 문제를 통해 저는 기독교 교육과 예배에 대해 부정적으로 매도하는 언론의 태도보다 자녀들에게 예배의 중요성을 가르치지 못하는 크리스천 부모들의 모습을 돌아보게 되었습니다. 믿음을 가진 부모들이 직장 문제가 아닌 게으름과 레저 활동 때문에, 자녀의 시험 준비나 학원, 놀이와 여가 활동을 위해 예배에 빠지도록 요구하고 있기 때문입니다.

하이델베르그 요리 문답에서의 첫 번째 질문은 "삶과 죽음에서 당신의 유일한 안식은 무엇인가?"입니다. 이 질문에 대한 대답은 '나는 나의 것이 아니라 삶과 죽음 사이에서 몸과 영혼이 신실한 구주 예수 그리스도께 속해 있다.'입니다.

우리는 하나님께 속해 있습니다. 이사야 43장 1절은 "너는 두려워 말라 내가 너를 구속하였고 내가 너를 지명하여 불렀나니 너는 내 것이라"고 말씀하십니다. 인간의 가족 안에서 안전한 장소를 찾지 못한 사람들이라 할지라도 그리스도에게 속해 있다는 것은 너무나 큰 축복입니다. 시편 100편 3절은 "그는 우리를 지으신 자요 우리는 그의 것이니 그의 백성이요 그의 기르시는 양이로다"라고 말씀합니다. 하나님께서 갓 태어난 아기를 잊지 못하는 어머니와 자신을 동일시하셨습니다. 우리의 어머니들은 우리를 잊을지라도, 하나님께서는 결코 그렇게 하지 않겠다고 약속하셨습니다(사 49:15-17). 하나님께서는 우리를 사랑하시고, 영원히 우리와 함께 하실 것입니다.

"그러므로 사나 죽으나 우리가 주의 것이로라"(롬 14:8).

우리가 하나님께 속하고 그 사랑의 응답을 받는 사람으로서 자녀도 하나님께 속해 있다는 것을 어떻게 가르칠 수 있겠습니까?

첫째, 예배의 소중함을 일깨워 주어야 합니다. 자녀에게 예배가 무엇인지, 어떻게 드려야 하는지를 가르쳐야 합니다. 어릴 때부터 교회에 다닌 아이들 중에 예배 태도가 좋은 아이들보다는 그렇지 않은 아이들이 훨씬 많다는 사실은 무엇을 의미하는 것일까요? 예배를 드리라고 강조한 만큼 예배에 대해 가르쳐 주지 않았기 때문입니다. 그냥 예배드리고 오라고 말합니다. 예배가 중요하다고 말만 합니다. 아이들은 예배 안 드리면 혼나거나 부모에게서 싫은 말을 듣기 때문에 예배당에 앉아 있다가 오는 것입니다. 그리고 이런 행동들이 반복되다 보면 결국 아이들은 예배에 대한 안 좋은 습관을 갖게 되고 성령께서 인도하시는 살아있는 예배를 경험하지 못하게 됩니다. 그러기에 예배의 소중함을 가르치려면 무엇보다 예배에 대해 가르쳐야 합니다.

두 번째로 예배를 소중히 여기는 부모의 모습을 보여 주어야 합니다. 예배에 대한 가장 좋은 가르침은 부모의 모범입니다. 하나님 앞에 신령과 진정으로 엎드리는 부모의 모습을 본 자녀들은 자연스럽게 예배에 대해 배우게 됩니다. 하지만 많은 부모들이 예배에 대한 잘못된 모습을 보여 주고 있다는 데 문제가 있습니다. 예배에 빠지는 것을 너무 쉽게 생각할 뿐 아니라 우선순위를 예배에 두지 않습니다. 시간 날 때 드리거나 자신의 일이나 여가활동 때문에 빠질 수 있다고 생각합니다. 그래서 자녀들도 예배는 꼭 드려야 한다고 생각하지 않을뿐더러 마음과 뜻과 정성을 다해 예배드리지도 않습니다. 부모의 뒷모습을 따라 잘못된 길로 들어서고 있는 것입니다.

세 번째로 아이들과 함께 감동과 도전을 주는 가정예배를 드려야 합니다. 아이들이 자라면서 가장 힘들어하는 것 중의 하나가 예배입니다. 가정예배를 강조하는 집안에서 자란 아이들도 마찬가지입니다. 왜 그럴까요? 성령께서 역사하시는 예배가 될 수 있도록 잘 준비하지 못했기 때문입니다. 아이들의 눈높이를 고려해 준비하지 않고 딱딱하게 예배를 준비했기 때문입니다. 아이들이 가정 예배를 드리면서 하나님을 경험하고 감동과 도전을 받는다면 왜 예배를 싫어하겠습니까? 준비되지 않은 채 예배만 강조했기 때문입니다(김인환, 2006, 18-22).

크리스천 부모로서, 아이들의 영혼을 지도하는 교사로서 가장 중요한 것은 자녀에게 효과적으로 복음을 알게 하는 일입니다.

라이언 화이트(Ryan White)라고 하는 소년이 있었습니다. 그는 열세 살 때에 혈우병을 앓아서 수술을 받게 되었는데 수혈을 받다가 그만 후천성 면역 결핍증(AIDS)에 걸렸습니다. 그러나 이 아이는 자신이 죽는다는 것을 알면서도 아무도 원망하지 않았습니다. 부모, 형제, 가정은 물론 의사선생님조차 원망하지 않았습니다. 항상 밝은 웃음을 보였고, 모두에게 친절하게 대했습니다. 오히려 염려하는 부모를 위로하며 날마다 기쁘고 행복하게 지냈습니다.

이러한 사실이 방송매체를 통하여 전 미국에 전해지면서 많은 사람의 마음을 감동시켰고 많은 사람들이 이 어린이를 위해서 기도하게 되었습니다. 유명 인사들이 앞을 다투어서 이 어린아이를 찾아 방문했습니다. 당시에 대통령이었던 레이건도 친히 이 어린 소년을 찾아 방문했고 또 당시의 유명한 팝 가수인 마이클 잭슨까지도 이 어린 소년을 방문해서 위로했습니다. 결국 5년을 더 살다가 18세의 나이로 소년은 죽었습니다.

그가 마지막으로 아버지와 나눈 대화가 기독교 잡지에 실려서 더욱더 많은 사람의 마음을 감동시켰습니다. 아버지는 죽어 가는 아들에게 말했습니다.

"아들아, 미안하다. 나는 아무 것도 너에게 해줄 것이 없구나. 이 아빠가 더 이상 어떤 선물도 줄 수 없음을 용서해 다오."

아들은 대답했습니다.

"아니예요. 전 지금 많은 선물을 받았습니다. 그동안 많은 선물을 받아보았지만 아빠가 제게 준 것 같은 선물을 준 사람은 아무도 없었어요. 아빠는 내게 천국 열쇠를 주셨거든요. 예수님을 소개해 주셨고, 교회에 나가게 해주셨고, 말씀을 통하여 영생을 얻도록 해주셨어요. 이보다 위대한 선물은 없어요."

헌금 훈련을 하는 부모

헌금하는 습관은 물질에 대한 자유를 누리게 하고, 효과적으로 물질을 사용할 수 있도록 가르쳐 주며, 선한 일을 위해 물질을 바칠 수 있는 담대함을 길러 줍니다. 어려서부터 하나님께 십일조를 드릴 수 있도록 훈련을 시키는 것이 필요합니다.

사업하는 한 교인이 있었습니다. 그 교인은 십일조를 참 잘 드렸습니다. 그런데 사업이 잘 되어 회사가 확장되니까 바쁘고 힘들어져서 교회 생활을 조금씩 소홀히 하기 시작했습니다. 슬슬 교회도 안 나오고 헌금도 하지 않게 되었습니다. 수입이 늘어나서 십일조가 고액이 되니까 시험에 빠지게 된 것입니다. 천만 원 벌 때 백만 원 헌금하는 것은 괜찮았는데 수입이 월 삼천만원으로 늘어나니까 도저히 3백만 원을 내놓을 수 없었나 봅니다. 그런데 이 교인이 또 다른 회사를 인수하게 되었습니다. 그 동안 이 교인의 신앙 문제로 걱정하던 그 교회 목사님이 그 개업 예배 때 크게 용기를 내어 이렇게 기도했습니다. "하나님, 이 성도의 신앙을 위해서 필요하다면 회사를 하나 닫게 해주십시오." 깜짝 놀란 그 교인이 목사님의 기도를 막으며 소리를 질렀습니다. "아니, 목사님! 그런 기도가 어디 있어요?" 결국 그 교인은 회개하고 돌아왔습니다.

하나님께 헌금을 드리는 것은 아주 당연한 일인데도 실제로 그것이 참 어려울 때가 많습니다. 때문에 어려서부터 모든 것을 하나님께로부터 받은 것임을 인정하고 하나님께 드리는 훈련을 받아야 합니다. 가장 좋은 훈련이 십일조를 드리는 훈련입니다.

세계적인 석유재벌 록펠러는 어머니의 지도에 힘입어 세계적인 재벌이 되었습니다. 록펠러는 어려서 무척 가난하게 살았습니다. 그래서 어려서부터 신문팔이와 공장 직공으로 생활하였습니다. 그러나 가난하였지만 무엇보다 중요한 유산을 가지고 있었습니다. 그것은 어머니의 영적 유산이었습니다. 록펠러는 어머니의 10가지 유언을 소중히 여기며 살았습니다.

첫째, 하나님을 친아버지로 믿고 섬겨라.

둘째, 목사님을 하나님 다음으로 섬겨라.

셋째, 오른쪽 주머니에는 십일조를 보관해 두어라.

넷째, 원수를 만들지 마라.

다섯째, 예배를 드릴 때 항상 앞자리에 앉아서 드려라.

여섯째, 매일 아침마다 그 날의 목표를 세우고 하나님께 기도드려라.

일곱째, 잠자리에 들기 전에는 반드시 하루를 반성하고 기도드려라.

여덟째, 남을 도울 수 있을 때는 힘껏 도와라.

아홉째, 주일 예배는 꼭 자기 교회에서 드려라.

열째, 아침에는 제일 먼저 성경을 읽어라.

간결하지만 너무나도 감동적인 교훈입니다. 록펠러[14]가 어머니의 10가지 유언을 그대로 따랐을 때 그는 신앙의 위인이 되었고 세계적인 부자가 되었습니다. 부모인 우리도 신앙에 근거한 영적인 유산을 물려줄 때 그 자녀는 그 유산을 기반삼아 훌륭한 삶을 살아 갈 것입니다.

---

14) 록펠러에 대해서 여러 가지 부정적인 비평도 있지만 필자는 여기에서 긍정적인 관점만 참고하고자 합니다.

2장
고난을 극복하고 도전하는 부모

고난을 외면하기보다는, 용기와 인내의 덕을 쌓는 모습이 아름다운 것입니다. 고난은 기독교인이 되었다고 해서 끝나거나 피해갈 수 있는 것이 아닙니다. 기독교인들은 고난을 통해서 자신의 힘이 아닌 하나님께서 주시는 능력과 지혜로 살아가는 법을 배우게 됩니다. 따라서 자녀들을 양육함에 있어서 고난을 극복하는 자세를 가르쳐야 합니다.

도전하는 삶

1882년에 19개월 된 사랑스런 여자아이가 불운한 질병 때문에 시력과 청력을 잃었습니다. 자랄수록 그녀는 거칠어지고 다루기 어려워져서 외견상으로는 그녀 스스로 무언가를 해낼 수 없을 것같이 보였습니다. 대부분의 사람들은 그녀의 상황을 보고 그녀에 대해 포기해 버렸습니다. 하지만 한 선생님은 담대하게도 그녀의 무능력 너머를 바라보고 그녀 안에 있는 잠재력을 알아차렸습니다. 그 선생님 자신도 역시 눈이 거의 보이지 않았지만, 어린 헬렌 켈러에게 읽는 법과 쓰는 법, 그리고 헬렌에게는 마치 외국어처럼 느껴지는 것을 이용하여 의사소통하는 방법을 가르치기 시작했습니다.

결국 헬렌은 레드클리프 대학에 입학하여 불어와 그리스어를 공부하고 점자 타자기로 보고서와 숙제를 작성하는 법을 배웠습니다. 그리고 21세 때에는 자신의 이야기를 출간하여 세계적으로 유명해지게 되었습니다. 그녀는 장애인이었지만 다른 사람의 필요에 대해 불쌍히 여기면서, 보고 들을 수 있는 사람들은 절대 소유할 수 없는 놀라운 삶을 살았습니다. 이것은 모든 것의 한계 너머에 있는 하나님을 바라보고, 하나님께서 자신을 통해 무언가 이루실 것이라는 믿음의 눈을 가졌던 앤 설리반 덕분이었습니다. 설리반 선생 때문에 헬렌은 암흑과 침묵의 세계 속에서도 하나님께서 주신 잠재력을 맘껏 펼쳐 나갈 수 있었습니다.

헬렌 켈러는 벙어리였고 장님이었고 귀머거리였습니다. 사실 그 중에 하나만 가지고 있어도 비참한 인생입니다. 그런데 그분은 이런 수필을 남겼습니다.

"산다는 것은 신나는 경험이야. 더군다나 남을 위해서 산다는 것은 더 신나는 경험이야."

그녀는 자기에게 주어진 고통만 생각한다면 비참하지만 하나님 안에 있는 삶은 가장 행복하다는 것을 실제로 보여준 사람입니다. 그녀는 진정으로 자기와 화평한 사람이었습니다.

헬렌 켈러가 말했던 것을 기억합시다.

"나는 나의 불리한 조건들 때문에 하나님께 감사드립니다. 그것들을 통해서 나는 나 자신, 나의 일, 그리고 나의 하나님을 발견했습니다."

폴란드 출신의 음악가 루빈스타인은 피아노로 세계를 석권했습니다. 그는 12살 때 피아노를 시작, 투철한 예술정신과 뛰어난 연주로 세계인을 감동시켰습니다. 특히 그는 연습벌레로 소문나 있었습니다. 그는 어느 날 기자로부터 "세계 정상에 오르게 된 비결이 무엇입니까?"라는 질문을 받고 이렇게 대답했습니다.

"자기 세계를 다른 사람에게 인정받기 위해서는 피나는 연습이 있어야 합니다. 저는 매일같이 이런 노력을 계속해왔습니다. 만일 제가 하루 연습을 안 하면 제 자신이 그것을 알고 이틀을 안 하면 친구가 알며 사흘을 안 하면 청중이 안다는 신념으로 훈련해왔습니다."

당신은 자녀가 소유하고 있는 풍성한 잠재력을 보고 계신지요? 대개의 경우 자녀가 할 수 없는 것에 너무 초점을 맞추고 있어서 그들이 할 수 있는 것을 보지 못합니다. 하지만 우리 자녀들은 각자 세상에 기여할 수 있는 어떤 능력과 재능을 갖고 태어납니다. 우리는 그것들을 식별해내고 그것들을 믿어야 합니다. 재능이 개발되지 않아서 기회를 놓치면 얼마나 안타깝습니까? 인간은 안주하고 싶은 게으름과 대강대강 하면서 그럭저럭 편하게 살고 싶은 마음과 도전하기 싫어하는 본성이 있기에 도전하며 산다는 것은 참으로 어려운 일입니다. 그러므로 자녀들에게 평소에 도전하는 삶이 훨씬 아름답고 가치 있음을 보여주고 알려줌으로써 게으르고 나태해지고 싶은 유혹을 극복하고 살아갈 수 있도록 도와줍시다.

고난을 극복하는 삶

일본 사람 미즈노 겐죠는 초등학교 4학년 때 심한 이질에 걸려 뇌성마비로 몸을 제대로 움직일 수 없었습니다. 절망의 나날을 살아가던 그가 한 목사님을 통해 예수님을 만나고 성경을 읽기 시작했습니다. 미즈노의 어머니는 미즈노에게 성경을 읽어 주었습니다. 어머니가 책장을 넘겨주지 않을 때는 한 장을 수십 번씩 읽기도 했습니다. 성경을 통해 삶의 소망을 찾기 시작한 미즈노는 소망을 담은 시집을 출판하게 되었습니다. 그 시집에 이런 시가 있습니다.

'내가 괴롭지 않았다면 하나님의 사랑을 받아들이지 않았으리라.

모든 형제자매들도 괴롭지 않았다면 하나님의 사랑은 전해지지 않았으리라.

만일 우리 주님이 괴롭지 않았다면 하나님의 사랑을 나타낼 수 없었으리라.'

성경을 읽으며 발견한 희망, 그것은 주님의 사랑이었고 그 사랑은 절망으로 가득 찬 미즈노의 세상을 희망으로 바꾸었습니다(김인환, 2006, 53-54).

매우 독특한 인생을 살았던 한 사람의 이야기를 하고자 합니다.

그는 22세에 인생의 첫 번째 사업의 실패를 합니다. 다음 23세에 지방 의회 선거에 입후보했지만 낙선을 합니다. 24세에 그는 다시 사업에 도전했지만 실패를 합니다. 34세에 그는 지방 의회 선거에 다시 도전합니다. 그러나 또 실패합니다. 38세에 그는 하원의원 선거에 도전했습니다마는 낙선합니다. 43세에 재차 하원 의원 선거에 도전했으나 또 낙선합니다. 그러나 51세 되던 해인 1860년 그는 미국의 대통령에 당선됩니다.

그의 이름은 에이브라함 링컨입니다. 그의 친구가 그에게 당선 축하 인사를 하면서 이렇게 말했습니다.

"그렇게도 많이 실패하시더니 드디어 성공하셨군요."

그러자 링컨이 그의 특유의 미소를 지으면서 이렇게 대답했다고 합니다.

"실패라고요? 저는 전혀 실패한 일이 없습니다. 성공은 나를 위한 하나님의 계획입니다. 그동안 마신 고배는 성공을 위한 소중한 경험의 축적이었을 따름입니다."

그는 자기 인생의 성공을 하나님이 계획하셨다는 믿음을 가지고 살아왔던 것입니다.

폴 스톨츠 박사는 지성도 중요하고 체력, 감성도 다 중요하지만 예기치 못한 수많은 어려움들을 어떻게 극복하느냐가 더 중요하므로 고난을 이겨 내는 의지력이 가장 중요하다고 주장했습니다. 스톨츠 박사의 연구에 의하면 사람들이 역경에 부딪히면 보통 세 가지 유형의 반응을 보인다고 합니다. 첫째는 힘든 문제만 닥치면 포기하고 도망가 버리는 '회피(Quitter)형'이고, 둘째는 포기하고 도망가 버리지는 않지만 그렇다고 역동적으로 문제를 넘어갈 생각은 못하고 그냥 그 자리에 주저앉아 현상 유지나 하고 있는 '유지(Camper)형'입니다. 셋째는 역경을 만나도 포기하지 않고 모든 힘을 동원해 반드시 그 장애물을 기어 올라가 정복하고 마는 '극복(Climber)형'이 있는데 이러한 유형에 따라 "역경 지수"가 달라집니다(한홍, 2003, 247-248).

1997년 7월 동아 마스터즈 수영대회에서 15살의 나이로 비장애인들과 겨뤄 배영과 개인혼영에서 각각 3등을 차지해 화제를 모았던 공승규 군은 양쪽 다리를 완전히 못쓰는 장애인이었습니다. 그 후 1999년 1월 방콕 장애인 아시안 게임에서도 금메달을 딴 뒤 새로운 도전을 위해 미국에 홀로 건너간 그는 2001년 12월 15일, 하버드 대학 입학 허가서를 받아 쥠으로써 또 한 번 인간 승리를 일궈 냈습니다.

태어날 때부터 척추지방종[15]이라고 하는 희귀병을 안고 태어난 승규 군은 휠체어 두 바퀴와 두 팔을 가진 것이 전부였지만 항상 밝은 성격으로 살았으며, 물리치료차 시작한 수영을 자신의 삶을 지탱하는 재산으로 삼았습니다. 고등학교 2학년 때 부모 곁을 떠나 미국 워싱턴 조지타운 대학의 부속고등학교에 편입한 그는 적극적이고 열성적인 천성으로 낯선 환경과 금방 친해졌습니다. 바이올린도 하고 장

---

15) 지방이 척추의 신경을 마비시켜 하반신을 움직이지 못하게 하는 병

애인 수영장의 안전 요원으로 봉사하기도 한 그는 급우들의 인기를 얻어 외국인으로는 처음으로 기숙사 관리장으로 뽑히기도 했습니다. 전체 수석을 차지하며 SAT에서도 1,460점이라는 높은 점수를 받아 하버드 대학 지원 자격을 거뜬히 따냈습니다(한홍, 2003, 145-146).

믿음으로 고난을 극복하기

지금으로부터 2600년 전 바벨론의 느부갓네살 왕이 예루살렘을 침략해 왔습니다. 많은 보물을 약탈해 갔고 1만 명의 젊은이들을 포로로 끌고 갔습니다. 그 포로 가운데 25세의 젊은이 에스겔이 있었습니다. 그의 나이 30이 되던 해, 그는 선지자로 부름을 받아 노예생활에 시달리는 백성들을 위로하고 격려하고 용기와 희망을 선포했습니다. 그런데 바벨론 군대가 또 다시 예루살렘을 침공해 성을 초토화시켰으며 시드기야임금을 잡아 두 눈을 뽑고 손발을 묶고 말에 매달아 끌고 다녀 처참히 죽도록 내버려 둡니다. 이제 조국도 없어졌습니다. 돌아갈 땅도 없습니다. 그리하여 백성들은 울고 또 울었습니다.

이 무렵 에스겔의 아내가 세상을 떠납니다. 그러니 소망을 선포하던 에스겔의 꼴이 어떻게 되었겠습니까? 그러나 에스겔은 이런 아픔 가운데서도 좌절하지 않고 백성들을 위로했습니다.

"이럴 때 일수록 우리는 소망을 가져야 합니다. 서로가 서로를 붙들어 주어야 합니다. 용기를 가지고 희망을 버리지 말고 우리는 살아야 합니다. 이럴 때 일수록 전능하신 여호와 하나님을 의지하고 살아야 됩니다."

　상처받은 치유자 에스겔이 백성들의 상처를 어루만질 때에 하나님의 강력한 능력이 나타났습니다. 고통을 겪어 본 사람만이 다른 사람의 고통을 더 깊이 이해할 수 있고, 더 효과적으로 아픔을 어루만질 수 있습니다. 고난을 통해 우리를 거룩하게 하시는 하나님의 목적을 깨달을 때 고난을 긍정적인 자세로 받아들이게 됩니다. 뿐만 아니라 고난은 겸손을 가져옵니다. 그리고 하나님께 의존하게 만듭니다.

　불의의 사고로 한쪽 다리를 자른 사람에게 찾아가서 손을 붙들고 "그만하면 다행이라고." 위로했더니 "너도 다리 한번 잘라 볼래." 그러더랍니다. 그러나 두 다리 없는 사람이 찾아와서 위로했더니 함께 손 붙들고 울며 위로를 받았다고 합니다. 고귀한 인격은 한 순간에 아무런 대가 없이 만들어 지지 않습니다. 고통을 통해 다듬어지는 것입니다.

　예수님은 '비록 그가 (하나님의) 아들이었지만…… 고통으로부터 순종을 배웠다(히 5:8)'고 성경에 기록되어 있습니다. 그러므로 그리스도인들도 고난을 감사함으로 바라보아야 합니다. 전혀 고통 받지 않은 사람은 지적인 면에서 피상적이며 감정적인 면에서는 미성숙합니다. 인격은 용광로에서 형성되기 때문입니다. 성경은 "생각건대 현재의 고난은 장차 우리에게 나타날 영광과 족히 비교할 수 없도다" (롬 8:18)라고 가르칩니다. 더 나아가 우리 안에서 역사하는 현재의 고통이 오히려 장래 영광의 시작(고후 14;17)임을 가르칩니다.

어떤 목사님과 그 아내가 임신이 불가능하다는 진단을 받은 후에 '기적적'으로 아이를 갖게 되었습니다. 그러나 아이는 결함이 있어서 집중적인 치료와 수술에도 불구하고 한 주일 밖에 살지 못했습니다. 많은 사람들이 이번에는 치료의 기적이 일어나기를 소망했고 기도했습니다. 그러나 목사님은 그 다음 주일에 '우리 딸의 죽음과 하나님의 주권'이라는 제목의 설교를 하였는데, 그 주된 내용은 "하나님은 딸아이를 하늘로 데려가심으로써 치료하셨다"라는 메시지였습니다. 그렇습니다. 치료를 위한 기도가 그런 식으로 응답된 것입니다. 하늘에서 누리는 진정한 기쁨은 지상의 삶에서 고통이라는 연단의 과정을 통해서 이 땅의 모든 것에 집착하는 것이 헛된 것이며 본향을 사모하는 것이 진정한 것임을 보게 합니다. 이 견해를 받아들일 때 많은 고통의 문제가 해결될 것입니다(James Packer, 1990, 195-199).

고통은 어려움 속에서 하나님의 음성을 듣게 하는 도구입니다. 신앙이나 인격도 마찬가지입니다. 고통의 의미를 느낄 수 있을 때 인간의 인격은 생명력 있는 인격으로 성장해 갈 수가 있습니다. 신앙은 고통과 깊은 관련이 있습니다. 인격의 성장은 고통과 비례합니다. 고통이 없이는 인격의 성장이 불가능합니다. 하나님은 아픔과 고통을 통해서 교회를 키우고 역사를 키우고 한 인간을 키우시기 때문입니다.

모든 성장과 변화는 고민과 고통 속에서 이루어집니다. 지속적이고도 꾸준한 연습과 노력이 필요합니다. 대나무는 첫 4년 동안에는 죽순이 하나 올라올 뿐 아무것도 보이지 않습니다. 그러나 5년째가 되면 25미터 높이까지 자랍니다. 가정에서 일어나는 일도 이와 비슷

합니다. 수주일, 수년 동안의 노력이 아무 결실을 보지 못할 수 있습니다. 그러나 끈기 있게 노력하면서 작업해 가다 보면 열매를 거두는 '5년째'의 시기가 반드시 올 것입니다.

3장
대화하는 부모

대화를 인체에 비유하면 혈액순환과 같습니다. 혈액순환이 원활하지 못하면 건강을 지킬 수 없듯이, 원활한 대화 없이는 건강한 가정을 이루기 어렵습니다. 건강한 육체를 위해 운동이나 훈련이 필요하듯 건강한 대화를 위해서도 훈련이 필요합니다. 그런데 많은 부모들이 비효과적이고 상처를 주는 대화를 하면서도 문제의식을 느끼지 못하는 경우를 종종 볼 수 있습니다. 사랑을 느끼고 치유를 가져다주는 대화, 자녀에게 행복감을 주는 대화는 어떤 대화인지 배워야 건강한 가정을 이루어나갈 수 있습니다.

경청하는 부모

　자녀들이 뭔가 이야기를 할 때에는, 그 이야기를 주의 깊게 듣는 습관을 들여야 합니다. "습관을 들이라"고 한 것에 주목하십시오. 남의 말을 경청하기는 쉽지 않습니다. 사람이 상대방의 말을 듣는 속도는 그 사람이 말하는 속도보다 다섯 배나 빠릅니다. 자녀가 1분당 100단어 말을 한다면, 당신은 1분당 600단어 마디의 말을 들을 수 있습니다. 그렇다면 그 나머지 시간에 당신은 무엇을 하겠습니까? 지루하다고 느끼거나 공상을 하기 쉽고 다음 날 계획을 생각할지 모릅니다. 상대의 말에 주의 집중해서 계속 듣기 위해서는 굉장한 훈련이 필요합니다. 효과적인 경청에는 단순히 자녀들의 말을 듣는 것 이상이 요구됩니다. 비언어적인 메시지까지 읽어야 합니다. 자녀들은 부모의 비언어적인 메시지를 읽고 있습니다. 그러므로 자녀들과 대화할 때 그들의 표정, 자세, 몸짓 등을 살피십시오.

　기독교의 가장 위대한 사건은 예수님의 성육신 사건입니다. 하나님이 인간의 모습으로 오셨다는 것은 하나님의 눈을 인간의 수준으로 낮추어 주신 사랑이며 이것은 하나님께서 인간과 관계하시겠다는 의지의 표현이신 것입니다. 새로운 관계를 열어줌으로써 인간을 관계적 존재로 만드신 하나님, 그래서 관계적 존재가 된 우리 인간과 하나님과의 만남의 수단이 의사소통입니다. 따라서 우리는 대화를 통해 마음속에 있는 진실을 전달하게 됩니다. 이러한 사실을 바탕으로 경청을 하게 될 때 부모의 진실이 자녀에게 전달이 되며 자녀 또한 자신의 마음을 열어 부모에게 다가올 것입니다.

비효과적인 대화 방법

오늘 우리 가정에서 부모와 대화하는 아이는 얼마나 될까요? 또한 대화를 하더라도 그 내용이 자녀들에게 행복과 기쁨을 주는 경우는 얼마나 될까요? 자녀들이 부모와 대화하는 시간은 보통 10-30분이며, 가족끼리 모여서 주로 하는 일도 TV를 보거나, 음식을 먹거나, 각자 자기 일을 하는 경우가 대부분입니다. 그리고 이런 현상은 시간이 흐를수록 점차 더 심각해지고 있습니다. 우리 아이들은 가정보다 학교와 과외와 학원에 대부분의 시간을 빼앗기고 있으며 그 결과 과도한 학습으로 지쳐가고 있습니다.

무리한 조기교육으로 신체적, 정신적 질환에 시달리는 숫자도 상당하고, 심지어는 부모에게 적대감을 갖고 있는 자녀들도 있습니다. 부모와 자녀 사이가 이 정도라면 과연 가족이라 할 수 있을까요? 한 지붕 밑에 사는 동거인은 될지언정 말이 통하고 뜻이 통하고 서로를 아껴주는 가족은 아닌 것입니다. 삶의 질은 곧 대화의 질에 직접 연결되어 있습니다. 그런데 거의 모든 부모들이 자녀의 행동에 대해 지적할 때 효과적이지 못한 의사소통을 사용하고 있다고 해도 과언이 아닙니다. 대부분의 부모들이 그들의 말이 자녀들에게 끼칠 영향에 대해 별로 생각을 안 한 채 평소의 습관대로 이야기를 한다는 사실은 참으로 슬픈 일입니다.

이제 부모들이 자녀들에게 했던 비효과적인 대화 방법이 무엇이며 왜 그것이 비효과적인가에 대해서 살펴보기로 하겠습니다.

1) 해결책을 제시하는 대화

유형	예
명령형 (지시, 요구)	"야, 저리 가!" "신문 만지지 말랬지!" "그거 자꾸 건드릴래?" "청소 좀 하라 그랬지!."
경고형 (훈계, 위협)	"너 자꾸 말 안 듣지? 너 같은 자식 필요없어!" "너 계속 그러면 내 쫓을 꺼야!" "제자리에 갖다 놓으란 말이야, 이 멍충아!"
설교형 (훈계, 권고)	"신문 볼 때 방해하지 말라구 몇 번이나 말했니?" "제발 공부 좀 해라" "그렇게 하면 저주받아" "네 방 꼴이 뭐냐? 좀 치워라."
충고형 (해결책제시)	"방에선 얌전해야 돼. 안 그러면 나쁜 아이야." "밥 먹을 때는 조용해야지" "다 썼으면 제자리에 좀 갖다 놔라!"

2) 무시하는 대화

유형	예
판단형 (비판, 비난)	"너, 그러는 거 누가 알까 부끄럽다!" "너, 참 경솔하기 짝이 없구나." "너처럼 형편없는 놈은 처음이다. 정말!"
조소형 (별명붙이기, 모욕)	"넌 정말 구제불능이구나." "멋대로 해. 이 놈아." "너 같은 놈이 내 자식이라니…"
해석형 (진단, 분석)	"너 지금 엄마 성질나게 하려고 일부러 그러는 거지?" "지금 나 무시하는 거냐? 도대체 뭐냐??" "꾀병 부리지 마라, 다 보인다!"

이러한 메시지들은 자녀에게 다음과 같은 생각이 들게 만듭니다.
① 죄의식과 양심의 가책을 느끼게 됩니다.
② 부모가 공정치 못하다고 느끼게 됩니다.
③ 부모에게 사랑받지 못하며 거절당하고 있다고 느끼게 됩니다.
④ 저항감을 갖고 행동하게 됩니다.
⑤ 흔히 반격을 가해 옵니다.
⑥ 그들이 적절치 못하다는 느낌을 주기 때문에 자기 존중감에 상처를 주게 됩니다.

3) '너' 메시지

'너' 메시지는 자신에 대해 낮은 자존감을 갖게 하며 말하는 사람에 대해서는 반발심을 일으킵니다. 비효과적인 메시지를 자세히 조사해 보면 놀랍게도 대부분의 경우에 '너'라는 단어로부터 시작하거나 '너'가 생략되어 있다는 사실을 발견하게 됩니다. 이러한 모든 메시지들은 '너'를 염두에 두고 있습니다.

다음은 '너' 메시지의 예들입니다.
'너는 게으르다, 칠칠치 못하다, 멍청하다.'
'골칫덩어리, 계집애가 어디……'
'쪼끄만 게 뭘 안다고……'
'저만 아는 욕심쟁이, 바보, 미친놈'
'귀찮은 자식, 지저분한 놈'
'경솔하다, 무분별하다, 항상 게으르고 느린 놈'
'짜증 부린다, 머리가 나쁘다, 시끄럽다'

'배짱이 없다, 정신 사납다, 엄마를 골병들게 한다.'
'못났다, 평범하다, 유치하다'
'꼭 지 아비 꼬락서니를 닮아가지고……'

표현의 주체, 듣는 사람이 느끼는 정도, 말하는 사람의 태도와 기준에 따라 You 메시지와 I 메시지를 비교하면 다음과 같습니다.

	You 메시지	I 메시지
표현의 주체	'너'를 주어로 하여 행동을 지적하는 표현	'나'를 주어로 하여 내 마음을 표현
느낌	거부, 무시, 경멸의 느낌	부탁, 동의, 호소의 느낌
태도	듣는 이에 대한 불신으로 분풀이와 공격	듣는 이의 양심과 선한 마음을 신뢰함으로 호소
기준	율법	사랑

또한 일상적인 You 메시지 대화를 I 메시지 대화로 바꾸어 보면 다음과 같이 표현할 수 있습니다.

	You 메시지	I 메시지
1	공부 좀 해라, 공부 좀.	네가 공부하지 않고 노는 것 같아서 답답해.
2	어디서 말대꾸야.	네가 자꾸 말대답을 하니까 속상해.
3	너 도대체 커서 뭐가 될래.	네 행동 때문에 걱정이야.
4	공부도 못하면서 무슨 오락이야.	네가 공부하지 않고 오락만 하는 것 같으니 내 마음이 괴로워.
5	네가 웬일이니, 공부를 다 하게.	네가 공부하는 모습을 보니 너무 기뻐.
6	넌 왜 늘 그 모양이니.	네가 예전보다 좀 달라졌으면 좋겠어.
7	한번만 더 그래봐라, 가만두지 않겠어.	네가 다시는 그런 행동을 하지 않았으면 좋겠어.
8	네가 한두 살 먹은 어린애냐.	네가 좀 더 나이에 걸맞는 행동을 해주길 바래.
9	만날 그런 시시한 음악 좀 듣지 마라.	네가 좀 더 다양한 음악을 들으면 좋겠어.

'I 메시지'가 되기 위해서는 다음의 3가지 요소를 갖추어야 합니다.

첫째, 상대방의 행동에 대해서 비난하거나 판단하지 않고 단순한 진술로 시작합니다.

"네가 문을 잠그지 않고 나가서……."

"쓰고 난 뒤에 물건을 제자리에 갖다놓지 않아서……."

둘째, 앞에서 말한 '행동적 묘사' 뒤에 '분명한 결과'를 덧붙입니다.

"네가 문을 잠그지 않고 나가서(행동적 묘사), 내 물건을 잃어버렸어(분명한 결과)."

"쓰고 난 뒤에 물건을 제자리에 갖다놓지 않아서(행동적 묘사) 내가 다시 정리해 챙겨놓는데 많은 시간이 걸려(분명한 결과)."

셋째, '너의 행동' 때문에 가지게 되는 '나의 느낌'을 진술합니다.

"네가 마감 시간을 지키지 않아서(행동적 묘사), 나는 조급한 마음으로 몇 시간을 기다렸고(분명한 결과) 그래서 지치고 화가 났어(느낌)."

이러한 세 가지 구성요소를 잘 연계하는 것이 중요하긴 하지만 꼭 이대로 해야 하는 것은 아닙니다. 어느 순서로 말을 하든, 혹 'I 메시지'에서 한 요소를 빠뜨리더라도 'I 메시지'로 말할 때, 나의 입장과 감정이 진실하고 솔직하게 전달되어 상대방과 소통이 될 가능성은 높아질 것입니다.

효과적인 대화

1) 긍정적인 말

칭찬 혹은 기죽이기만이 자녀의 자신감 높낮이를 결정짓는 것은 아닙니다. 우리가 자녀들에게 요구나 지시를 할 때 말을 어떻게 하느냐에 따라 자녀들의 자신감에 차이가 생깁니다. 이제 우리가 자녀들의 마음속에 유용하고 긍정적인 말들을 심어 평생 용기를 가지도록 만들어야 합니다. 말의 부정적인 표현과 긍정적인 표현은 다음과 같은 차이가 있습니다.

	긍정적인 말	부정적인 말
말	"오늘 학교에서 친구들과 재미있고 즐겁게 지내렴."	"오늘 학교에서 싸웠다만 봐!"
느낌	따뜻함, 사랑, 축복	무서움, 나를 불신하는 느낌
연상되는 모습	학교에서 재미있게 지내는 모습	학교에서 싸우는 모습
연상되는 느낌	즐거움	싸울 대상에 대한 적개심
행동(결과)	즐겁게 지냄	싸움을 함
미래	성공을 예측함으로 당당함	실패감으로 무기력

가나안을 정탐한 12정탐꾼의 이야기를 가지고 긍정과 부정의 말로 나누어 비교해 보면 말의 힘이 그 사람의 행동과 미래까지 지배하는 것을 알 수 있습니다.

	긍정적인 말	부정적인 말
말	올라가서 취하자. 그들은 우리의 밥이다.	우리는 우리가 보기에 메뚜기라, 그들이 보기에도 그럴 것입니다.
느낌	자신감, 기쁨, 용기, 도전	두려움, 실패, 연민, 슬픔, 좌절
연상되는 모습	전쟁에서 승리하는 모습, 가나안이 함락되는 모습	거인 앞에 어찌할 바를 몰라 우왕좌왕하는 패잔병
연상되는 느낌	우월감, 가슴 벅참	작아지는 느낌, 놀라고 두근거리며 죽고 싶은 마음
행동(결과)	여호수아와 갈렙이 가나안 점령	모두 다 광야에서 죽음
미래	하나님과 함께 사는 영광의 동행	하나님의 심판과 저주 아래 사는 비참함

자녀들에게 긍정적인 말을 하는 것이 얼마나 중요한지 가슴 속에 새겨졌을 것입니다. 그렇다면 상황에 따라 자녀들에게 긍정적인 메시지를 사용하는 예를 보고 이런 말들을 자주 사용할 수 있도록 연습해야 할 것입니다. 긍정적인 말을 사용할 때 막무가내로 칭찬하거나 과장하지 말고 합당한 내용을 적당한 때를 골라 진심으로 말해주십시오. 거짓말은 나중에 역효과가 나기 마련입니다.

2) 치유적 대화

자녀가 부모에게 속이 상했거나 억울한 일 등이 있을 때는 다음의 원칙에 따라 이야기 하는 것이 치유에 큰 효과가 있습니다. 자녀가 부모에 속상해 하는 일이 있으면 대화를 해보자고 잘 설득한 후에 다음의 원칙에 따라 대화해봅시다.(한국적 이마고 부부치료 심수명 저. 다세움출판사)

	자녀	부모
1	**대화 요청하기** : "저 속상한 일이 있었어요. 대화해 줄 수 있어요?"	**경청** : "그래, 네 얘기를 듣고 싶구나."
2	"제가 속상했던 것은 아빠가 저를 의심해서 돈을 훔쳤다고 다그친 거예요."	**요약** : "네가 속상했던 이유는 아빠가 너를 의심해서 돈을 훔쳤다고 다그친 것 때문이로구나. 내가 잘 이해했니?"
3	"아빠가 그렇게 말했을 때 모든 가족이 그렇게 알고 제게 손가락질 할 것 같은 생각이 들었어요."	**요약** : "너는 모든 가족이 의심해서 네게 손가락질 할 것 같은 고통을 느꼈구나. 더 없니?"
4	"그리고 저는 수치스러웠고, 창피하고 억울했어요."	**요약** : "너는 수치와 창피함, 억울함을 느꼈구나. 네 말이 무엇인지 이해가 되는구나."
5	"저는 당황해서 제가 돈을 정말 훔쳤는지도 모르겠다는 생각까지 들 정도였어요."	**요약과 감정 공감** : "네가 너무 충격을 받았구나. 그래서 네가 훔치지 않았는데도 내가 훔쳤나 하는 혼란이 일어났구나."
6	"아빠가 제 말을 믿지 않고 끝까지 의심하니 제가 정말 도둑질을 했으면 어떡하나 하는 혼란마저 들었어요. 그러나 저는 안 훔쳤단 말이에요."	**요약과 공감** : "너는 내가 너를 믿지 않아서 돈을 훔쳤다고 다그칠 때 또 한편에서는 정말 내가 훔쳤나? 하는 혼란이 가득했구나. 그러나 너는 안 훔쳤어. 돈은 다른 곳에서 나왔잖니. 이번 일은 아빠가 정말 잘못했구나. 나를 용서해주겠니?"
7	"아빠가 제 말을 믿어줘서 정말 고마워요. 그리고 용서를 구하니 감사해요. 그럼요. 아빠를 용서해요. 이런 모든 것들이 다음과 같은 것들을 생각나게 해요."	"그래. 고맙구나. 그리고 어떤 것들이 생각나는데?"
8	**수용이나 거부** : "그때 제가 느낀 것은 아빠에게 좋은 아들이라고 사랑과 인정을 받고 싶었는데 아빠가 저를 거부했다는 거예요."	**요약, 공감, 내 마음 전달** : "너의 관심은 나의 인정과 사랑을 받는 것이었는데 오히려 오해받고 거절되어서 네가 상처를 받았구나."
9	"그때 제 자신을 방어하고 보호하기 위해 했던 것은 그 사건을 잊어버리는 거였어요."	**요약, 공감** : "너는 그 사건을 마음에 묻어두고 잊어버리려고 결심했었구나. 네가 무척이나 고통을 느꼈으리라고 상상이 되는구나."
10	"그래서 저는 진실해지고 싶었어요."	**요약, 공감** : "그 후 더욱 더 진실한 삶을 위해 노력하게 되었구나. 그 노력은 매우 귀하지만 아빠의 잘못이 너무 커서 가슴 깊이 참회하게 되는구나."

3) 심정대화

심정대화는 일반적인 대화개념에서 한걸음 더 나아가 상대방의 심정을 알아주는 대화입니다. 한국인들은 가장 가까운 사람과의 관계를 표현할 때 '심정이 통하는 친구'라고 말합니다. 한국인에게 정이 든다는 것은, 서로가 서로에게 좋아하는 마음, 친밀감, 아껴주는 마음을 갖는 것을 말하며, 말을 안 해도 이러한 마음을 서로 공유하고 있다는 것을 기정사실로 믿는 것을 말합니다. 한국인에게는 이것이 인간관계의 이상적 수준으로 생각되고 있습니다. 따라서 심정대화란 심정을 이해해주고 공감해주는 마음과 자세로, 심정을 토로하는 자체만으로도 문제의 반은 해결될 수 있다는 가능성을 생각하면서 마음으로 하는 대화라고 할 수 있습니다.

마음을 나눌 수 있는 심정대화의 능력이 진정한 인간관계의 능력이 될 수 있습니다. 그리고 이러한 만남 속에 치유가 일어나고 모든 오해와 갈등이 풀어지고 관계의 시너지가 발생하고 진정한 만남이 이루어져서 사랑의 풍성함이 있게 됩니다. 이러한 대화가 부모와 자녀 사이에 오고 간다면 마음과 마음이 만나서 갈등이 해결될 수 있는 통로가 될 것입니다.

모든 관계가 다 그렇지만 부모 자녀 사이에도 사랑의 표현이 없는 가르침과 충고와 대화는 아무런 효과가 없습니다. 따라서 가슴 깊이 숨어 있는 따뜻한 마음을 심정대화로 만나고 나 중심의 사랑이 아닌 자녀 중심의 마음을 가지고 대화할 때 자녀의 마음에 감동이 일어나서 자녀의 인격에 변화와 성장이 있게 됩니다. 부모에게서 하나님의 진실한 사랑을 경험한 자녀는 하나님이 원하시는 삶을 살게 됩니다.

이러한 가능성을 열어 주는 것이 바로 심정대화입니다.

특별히 청소년기의 자녀는 가정에서 대화할 상대가 없다고 느끼기 쉽습니다. 부모와의 세대 차이를 이유로 자신의 상황을 부모가 잘 알지 못한다고 생각하기 때문에 부모를 고민을 털어놓을 대상으로 생각하지 않습니다. 무언가 이야기해 주어야겠다는 마음을 버리고 먼저 들어 주십시오. 청소년 자녀가 속마음을 시원히 털어놓을 수 있도록 열린 마음을 보여 주십시오. 그리고 충고 대신 위로를 해 주는 것이 좋습니다. 청소년기는 논리적인 충고보다는 정서적인 위로가 더 필요한 때이기 때문입니다. 부모가 가정의 중대사를 결정할 때 어린 자녀들도 당당한 가족 구성원으로 인정하고 의사 결정에 참여시켜 주십시오. 자녀의 심정을 물어보며 그들의 의견을 존중해 줄 때 자녀는 더욱 책임감 있는 사람으로 성숙해 갈 것입니다(박상진, 55).

심정대화의 방법

다음은 일반적인 대화입니다. 친구 생일 파티에 다녀오느라고 시험 공부를 미처 하지 못한 자녀가 엄마와 대화를 나누는 장면입니다.

그런데 위의 일반적인 대화를 심정대화로 바꾸면 다음과 같이 3단계로 나눌 수 있습니다.

> **딸** : "엄마, 오늘 친구 생일 파티 갔다 왔는데, 맛있는 거 많더라! 나도 내 생일 때 맛있는 거 해 주세요."
> **엄마** : "뭐라구? 너 지금 제 정신이니? 시험이 얼마 남지 않았는데 생일 파티에 갔다 오다니……. 참 한심하다 한심해. 네가 시험공부 알아서 하겠다 그래서 가만 놔 뒀더니 이게 알아서 하는 거냐? 네가 공부를 잘해야 생일 파티도 하는 거지. 넌 어쩜 그렇게 생각이 없니?"
> **딸** : "내가 뭘 잘못했다구 그래? 친구 엄마는 생일 파티도 잘해주는데 엄마는 나한테 그것도 못해줘? 엄마가 나한테 해준게 뭔대?"
> **엄마** : "뭐라구? 쪼그만 게 어디서 말대꾸야. 네가 공부만 잘했으면 내가 이런 말 하겠니? 시끄러워. 공부나 해."
> **딸** : "알았어요! 하면 될 거 아니예요!"
> (분노에 찬 침묵)……(마음속으로는 다시는 엄마와 대화하지 않으리라 다짐함)

1) 요약하기(20%)

메시지의 내용을 정확하게 압축해서 반사하는 것으로서 화자의 말을 약간 사용해 가면서 자신이 이해한 말로 정리하여 재진술하는 것입니다.

> **적용을 위한 연습** : "친구 생일 파티에 갔는데 맛있는 음식이 많았다구?"

2) 상대방의 심정 알아주기(70%)

상대방의 말을 요약한 후에 상대방의 심정이 어떠했는지 그 사람의 입장에서 상상해보고 그것을 말로 표현해 주는 것입니다. 이러한 표현은 단순한 동의 정도가 아니라 상대방의 메시지가 그 자체로서 논리가 있음을 인정하는 것이며 그 사람과 내가 마음으로 하나가 될 수 있는 가능성을 열어주는 것입니다. 상대방의 심정을 알아주기 위한 말은 다음과 같습니다. "당신은 (슬픈, 굉장히 염려되는, 두려운, 놀라운, 화가 나는, 흥분된 등)감정을 느낀 것 같아요." 또는 "당신이 느끼는 것은 이러저러한 느낌이라고 추측됩니다."

> **적용을 위한 연습** : "그 모습이 부럽기도 하고 너무 좋아보였구나. 그래서 엄마한테 미리 부탁하는 거구나. 생일 잔치가 그렇게 좋았어? 목소리가 아주 업 됐는 걸, 우리 딸!"

3) 내 심정 전달하기(10%)

상대방의 이야기에 깊이 공감하면서도 나의 진솔한 심정을 직접적으로 전달하는 것입니다. "당신의 이야기를 듣고 당신의 ~한 느낌이 전해지면서 내 마음은 이러했습니다."라고 나의 심정을 전달합니다.

> **적용을 위한 연습** : "알았다. 이제 곧 시험인데 기분 좋게 공부 열심히 하렴. 생일 때 멋지게 차려주마."

자녀가 부모에게 속이 상했거나 억울한 일 등이 있을 때는 위의 심정 대화 원칙에 따라 이야기 해보십시오. 그러면 자녀의 마음이 치유가 되고 자신의 마음을 이해해주는 부모로 인해 자긍심이 높아지게 될 것입니다. 또한 인간관계는 대화를 통해 이루어지므로 부모와 심정대화를 나눌 수 있는 자녀는 저절로 인간관계 능력이 키워질 것입니다.

4장
좋은 습관을 물려주는 부모

유태인의 비유 가운데 "자녀에게 낚시로 잡은 물고기를 주지 말고, 낚시하는 방법을 가르쳐주라"는 말이 있습니다. 그렇다면 낚시하는 방법에 해당하는 것은 무엇일까요? 그것은 바로 좋은 습관을 갖도록 하는 것입니다.

나는 누구일까요?

나는 항상 당신과 함께 합니다.
나는 당신을 가장 잘 도와주기도 하고 가장 무거운 짐이 되기도 합니다.
나는 당신을 성공적으로 밀어주기도 하고 실패로 끄집어 내리기도 합니다.
나는 전적으로 당신의 명령을 따릅니다.
내가 하는 일의 절반쯤을 당신이 나에게 떠맡긴다면
나는 그 일들을 더 빠르고 정확하게 처리할 수도 있습니다.

나는 쉽게 관리할 수 있습니다. 그저 나에게 엄격하게 대하기만 하면 되지요.

당신이 어떻게 하고 싶은지만 알려주세요.

몇 번 연습하고 나면 그 일을 자동적으로 할 수 있을 겁니다.

나는 모든 위대한 사람들의 하인이고

또한 모든 실패한 사람들의 하인입니다.

위대한 사람들은 사실 내가 위대하게 만들어 준 것이지요.

실패한 사람들도 사실 내가 실패하게 만들어 버렸고요.

나는 기계가 아닙니다. 기계처럼 정확하고

인간의 지성으로 일을 하긴 하지만

당신은 나를 이용해 이익을 얻을 수도 있고 망해버릴 수도 있습니다.

당신이 어떻게 하든 나한테는 별로 상관이 없는 일이지요.

나를 택해주세요.

나를 길들여주세요.

엄격하게 대해주세요.

그러면 세계를 제패하게 해 주겠습니다.

나를 너무 쉽게 대하면, 당신을 파괴할지도 모릅니다.

나는 누구일까요?

나는 습관입니다.

사고와 감정의 관계

"사고는 행동을 낳고 행동은 습관을 낳고 습관은 성품을 낳고 성품은 운명을 결정짓는다."(스티븐 코비, 1994, 64)는 말이 있습니다. 우리가 가지는 사고는 우리의 태도와 행동의 원천이 되고 궁극적으로는 대인관계의 근원이 됩니다. 현대 인지심리학은 사람의 감정도 사고에서 영향을 받고 있음을 증명하고 있습니다. 따라서 건강한 사고에서 건강한 감정이 나오고 부정적 사고에서 부정적 감정이 나오는 것입니다. 그러므로 사고의 전환이 이루어지면 감정도 바뀌며 습관이 바뀔 수 있는 것입니다.

사고와 감정의 관계에 대한 다음의 예를 들어보겠습니다.
"어제는 월급을 타는 날이라 기분이 좋았고, 고향친구를 만나 저녁을 같이 먹었다. 오랜만에 고향친구를 만나니 매우 반가웠고, 음식이 맛있어서 더 유쾌했다. 저녁뉴스에 비행기 사고가 터졌다고 해서 놀랍고 우울했는데, 내가 좋아하는 프로야구팀이 이겨서 신나고 즐거웠다. 그런데 어제 더워서 밤잠을 설쳤더니 오늘 아침 나의 기분은 영 개운치가 않다."
위의 표현을 "나는 이렇게 느낀다(A). 왜냐하면…(B)"이라는 형식을 빌어 나타내 보면 다음과 같은 표현이 됩니다.

A(나는 이렇게 느낀다)	B(왜냐하면……)
나는 기분이 좋다.	왜냐하면 월급을 타는 날이라서
나는 매우 기쁘다.	왜냐하면 오랜만에 고향친구를 만나서
나는 매우 유쾌하다.	왜냐하면 음식이 맛있어서
나는 매우 놀랍고 우울하다.	왜냐하면 뉴스에서 비행기 사고가 터졌다고 해서
나는 신나고 즐겁다.	왜냐하면 내가 좋아하는 프로야구팀이 이겨서
나는 기분이 개운치 않다.	왜냐하면 더워서 밤잠을 설쳤더니

우리는 표현 A에서 아무런 문제도 발견할 수 없습니다. 하지만 표현 B로 바꾸어 보니 감정과 그 감정을 일으킨 배경이 선명하게 나타나는 것을 알 수 있습니다. B라는 상황은 A라는 감정이 생겨난 배경이자 원인입니다. 이렇듯 각각의 감정이 생긴 원인을 이해하는 것은 중요합니다. 이때 간과해서는 안 될 것은 B가 A를 일으킨 절대적인 원인은 아니라는 점입니다. 월급을 타는 날이라고 해도 자신의 월급이 적다고 생각하면 기분이 좋지 않을 수도 있고, 오랜만에 고향친구를 만났더라도 마음이 통하지 않아서 괜히 다투기라도 했다면 차라리 만나지 않은 것만 못했을 것이기 때문입니다.

이렇듯 감정을 만들어내는 것은 상황이 아니라 자신의 생각입니다. 주어진 상황을 어떻게 생각하느냐에 따라서 느낌은 달라질 수 있는데, 다음의 경우는 이것에 대한 아주 적합한 실례입니다.

뉴욕의 어느 지하철에, 한 중년 남자가 아이들을 데리고 탑승했습니다. 아이들은 타자마자 앞뒤로 왔다 갔다 하면서 큰 소리로 말하고, 물건을 팽개치며, 심지어는 어떤 사람이 읽고 있는 신문을 움켜잡기까지 하였습니다. 매우 소란스런 분위기였습니다. 그러나 아이들과 함께 탑승한 남자는 그런 것에 전혀 개의치 않고 그저 죽은 듯이 가만히 있었습니다. 이 사람은 자기 아이들이 날뛰도록 내버려 두고, 자신은 무감각하게 가만히 있으면서 아무런 책임도 지지 않고 있었습니다. 거의 모든 승객들이 짜증을 내고 있다가 도저히 참기 어려운 지경에 까지 이르자 한 사람이 그 남자에게 이렇게 말했습니다.

"선생님, 아이들이 저렇게 많은 손님들에게 폐를 끼치고 있습니다. 어떻게 아이들을 좀 조용하게 할 수는 없겠습니까?"

그때야 그 사람은 마치 상황을 처음으로 인식한 것처럼 눈을 약간 뜨면서 다음과 같이 힘없이 말하였습니다.

"당신 말이 맞습니다. 저도 뭔가 어떻게 해 봐야겠다고 생각합니다. 그런데 사실 지금 막 병원에서 오는 길인데, 한 시간 전에 저 아이들의 엄마가 죽었습니다. 저는 앞이 캄캄해서 무엇을 어떻게 해야 할지 모르겠고, 아이들 역시 이 일을 어떻게 해야 될 지 막막한 것 같습니다."

그 순간 그 이야기를 들은 사람들은 갑자기 상황을 다르게 보기 시작했습니다. 그리고 상황을 다르게 보았기 때문에 다르게 생각하게 되었으며, 다르게 느끼게 되었고, 다르게 행동하기 시작했습니다. 짜증은 일순간 사라졌고 화를 냈던 자신들의 태도나 행동을 어떻게 다스릴까 걱정할 필요도 없었습니다. 주변에 있던 사람들의 마음은 온통 그 사람이 가진 고통을 함께 느끼면서 동정심과 측은한 마음이 자연스럽게 넘쳐 나왔습니다.

"당신의 부인이 돌아가셨다고요? 저런, 안됐습니다. 뭐라고 위로해야 할지 할 말이 없습니다."

모든 것이 순식간에 바뀐 것입니다(스티븐 코비, 1994, 40-41).

무의식에 저장된 기억의 힘

다음의 글은 우리의 기억이 무의식에 저장되고 있다는 사실을 잘 알려 주는 예입니다.

1950년대는 간질을 앓던 이들에게는 힘든 시기였습니다. 현재 간질에 사용하는 약품 중 대다수가 아직 개발되지 않았던 시기이기 때문입니다. 당시 펜필드라는 사람이 중증의 간질에는 외과수술이 효과가 있다는 것을 발견했습니다. 그것은 환자의 두뇌 표면을 조금 절개하면 발작이 줄어들거나 사라지는 효과가 있다는 것이었습니다. 그런데 이 수술은 환자가 맨 정신으로 깨어있는 상태에서 수술을 받아야 했습니다. 그 이유는 안전상(?)의 이유로 국부마취만 허용되었기 때문입니다. 의사는 두개골을 조금 떼 내어 뇌의 표면을 살짝 절개하고는 두개골을 도로 덮고 두피를 꿰매었습니다.

그런데 수술 도중에 환자들은 놀라운 현상을 체험했습니다. 집도의가 가느다란 외과용 바늘로 뇌의 표면을 조심스럽게 건드리는 순간, 갑자기 오래된 과거의 일들이 놀라우리만큼 선명하게 기억났던 것입니다. 오래 전에 〈바람과 함께 사라지다〉를 본 어느 환자는 극장 안에서 풍기던 싸구려 향수냄새와 앞자리에 앉았던 사람의 벌집모양 헤어스타일까지 완벽하게 기억해냈습니다. 의사가 외과용 바늘로 다른 곳을 건드리자, 환자는 수술대에 누워 생생히 깨어 있는 상태에서 자신의 네 번째 생일파티를 선명하게 기억해냈습니다.

잇따른 연구가 이 경이로운 발견을 뒷받침했습니다. 경험한 모든 것(모든 시각적 이미지, 소리, 대화 등)은 우리가 그때 느꼈던 감정과 함께 우리 뇌 속에 영원히 저장됩니다. 물론 이 모든 것을 기억해 낼 수는 없지만 어쨌든 기억은 저장되어 있고 그 기억들은 일생을 두고 영향을 끼치는 것입니다. 우리 뇌 속의 주름진 표면에 우리 인생이 몽땅 저장되어 있는 것입니다(스티브 비덜프, 2001, 28).

인간은 나도 모르는 사이에 과거의 기억에 따라 행동하거나 생각하곤 하는데 우리는 이러한 것을 잘 인식하지 못합니다. 그러므로 현재의 습관을 바꾸기 위해서 우리의 뇌 속에 깊이 스며들어 있는 무의식을 바꾸는 노력이 너무도 중요합니다. 의식적이며 의도적인 노력과 성경에 근거한 변화를 위한 노력이 있을 때 습관이 바꾸어 질 것입니다.[16]

어떤 습관을 물려줄 것인가?

좋은 습관은 아주 다양하고 많습니다. 예를 들어 일찍 자고 일찍 일어나기, 거짓말 하지 않기, 부지런하기, 공손하기, 약속 반드시 지키기 등 그 예는 아주 많으며 각 가정마다 부모가 가지고 있는 습관이 다 다를 것입니다. 필자는 습관이 미래의 삶을 결정하는데 가장 중요한 요소 중의 하나라고 생각합니다. 그래서 자녀에게 물려주어

---

[16] 우리가 마지막 날 하나님의 심판대 앞에 서게 될 때에 나의 영혼이 다 직고할 것이라는 근거가 여기에 있습니다.

야 할 가장 중요한 습관은 예수님의 제자로 사는 훈련이라고 말하고 싶습니다.

1) 책임지는 모습

자녀를 사랑한다는 것은 무조건 과잉보호하거나 버릇없이 자라게 하는 것과는 다릅니다. 잘못한 일은 꾸짖어 주고 많은 사람과의 관계에서 양보할 수 있는 마음을 길러주는 가운데 부모의 진정한 사랑이 빛날 수 있습니다. 참 사랑은 무조건 감싸주는 것이 아니라, 잘못된 점은 꾸짖어 옳은 길에 서도록 하는 훈계와 조화를 이루는 것입니다.

"운동장에서 뛰는 선수들이 다 열심히 뛰어도 이기는 자는 하나뿐(고전 9:24)"이라고 성경은 말합니다. "이기기를 다투는 자마다 모든 일에 절제하여 자기를 훈련시킨다(고전 9:25)"는 말씀처럼 자녀가 무엇을 하든지 열정을 다 하도록 도와야 합니다. 그리고 종목의 차이와 실력의 차이를 인정하여 거기에 맞는 훈련과 경쟁 환경을 마련해 주며 성실히 노력한 만큼 차별화된 상을 누릴 수 있도록 해 주어야 합니다. 심은 대로 거둔다는 법칙을 가르치십시오. 자녀를 훌륭하게 키운 어머니들의 공통된 점은 충분한 사랑과 질책을 아끼지 않으면서 자녀가 자신의 삶을 책임지도록 하는 모습을 가지고 있었다는 점입니다.

2) 최선을 다하는 모습

영화배우 한석규에게 맨 처음 주어진 배역은 가마꾼 네 명 중 한

명이었습니다. 하지만 그는 '무슨 배역이든 열심히 하면 언젠가는 나도 주인공이 될 수 있겠지' 하며 실망하지 않고 이를 악물었습니다. 야산에서 가마를 들고 뛰는 일은 이만저만 힘든 게 아니었습니다. 가마 무게 자체가 너무 어마어마한 데다 사람까지 타고 있으니 숨이 턱에 차고 온몸에는 땀이 비 오듯 했습니다. 촬영이 끝난 후 밥을 먹을 땐 숟가락을 들 힘조차 없었습니다.

그 뒤에도 그는 오랫동안 계속해서 단역만 맡았지만, 극중에서 단 한 마디의 대사라도 주어지면 며칠 동안 궁리하고 연습하기를 게을리 하지 않았습니다.

한 번은 그에게 웨이터 역할이 주어졌는데, 주어진 대사는 '뭘 드시겠습니까?' 한 마디였습니다. 그 대사를 몇 번이나 곱씹다가 그는 직접 웨이터의 행동과 말씨를 관찰하기 위해 술집에 갔습니다. 그리고 웨이터의 목소리와 손놀림을 유심히 보기 위해 시도 때도 없이 웨이터를 불렀습니다.

"물 한 잔만 갖다 줘요."

"냅킨 좀 주시겠어요?"

술과 안주는 조금 시켜 놓고 남모르는 꿍꿍이로 심부름만 시켜대며 그 대사를 수도 없이 연습했습니다. 작은 배역 하나도 소홀히 하지 않고 연습에 연습을 거듭한 결과 그는 자신의 전문분야에서 인정받는 사람이 되었던 것입니다.

대학에서 경영학을 전공한 한 젊은이가 친구와 함께 백화점에 취직했습니다. 이 젊은이는 당연히 경영부서에 보직을 받을 줄 알았습니다. 그런데 친구와 함께 '엘리베이터 안내직'을 맡게 되었습니다. 친구는 크게 실망하고 백화점을 그만 두었습니다.

그러나 이 젊은이는 엘리베이터 안내직을 고객들과의 만남의 기회로 볼 뿐 아니라 그들의 구매 심리를 현장에서 파악할 수 있는 기회로 알고 즐겁게 그 일을 감당합니다. 이 사람은 그의 주도성 때문에 얼마 안 있어 부서 책임자가 되었고 나중에는 최고 경영자가 되었습니다. 그가 바로 세계적인 백화점 왕 '페니'입니다.

작은 일이 주어졌을 때 그것을 이행하는 태도에 의해 우리의 성실성과 주도성이 어느 정도인지 드러납니다. 그 일이 비록 인간적인 권위를 통하여 왔다고 하더라도 궁극적으로 하나님께서 주신 기회임을 알 때 보다 성실하게 일할 수 있습니다. 성실하게 그 분야에서 매진하다 보면 일에 대한 노하우(Know How)를 가지게 되며 더 크게 일할 수 있는 기회를 얻게 됩니다. 영향력 있는 지도자란 성실한 태도와 전문성을 위한 끊임없는 훈련으로 만들어 지는 것입니다. 달란트 비유에서 볼 수 있듯이 성실성이란 현상유지에 그치는 것이 아니라 최선을 다하여 결과를 남기는 것입니다.

3) 전문가로 사는 모습

미래에는 많은 일을 하는 사람보다는, 한 분야에서 탁월한 사람이 인정을 받습니다. 이를 위해 전문성이 필요합니다.

'초밥 왕'이라는 일본 장편 만화가 있습니다. 초밥 장사를 하는 아버지가 돈 많은 경쟁자의 술수 때문에 사업에 실패하고 맙니다. 그 아들이 초밥 전문가의 꿈을 안고, 대도시의 초밥 집에 취직하여 바닥에서부터 기술을 배웁니다. 마침내 초밥 명인을 뽑는 대회에 나가게 되었고 마지막 결선까지 올랐습니다. 마지막은 초밥을 빨리 만드는 속도에서 승부가 납니다. 제 아무리 노력해도 초밥계의 선배인 상대방을 당할 수가 없습니다. 그러나 결국 그가 이겼습니다. 그 비결은 초밥을 한 번 쥘 때마다 밥알 개수까지 정확히 맞게 쥐도록 연습했기 때문입니다. 그래서 남은 밥을 다시 놓는 손동작 하나를 줄일 수 있었기에 우승이 가능했던 것입니다.

저는 이 글을 읽으며 '만화이니까 그렇지'라고 생각했는데 초밥 경력 15년인 안효주씨의 이야기를 듣고 잔잔한 충격을 받았습니다. 그는 초밥의 밥알 개수까지 정확하게 맞힌다고 합니다. 생선 초밥 한 개를 위해 밥을 쥐면 3백 50톨, 안주용은 2백 80톨이랍니다. 여성 손님이 다이어트용으로 주문하면 2백 78톨을 쥡니다. 공개적으로 시험한 결과 10번 중 8번이 한 톨도 틀리지 않고 정확했다고 합니다.

전문가는 아름답습니다. 그들에겐 매력이 있습니다. 그것은 극치미가 주는 감동입니다. 그러나 그 아름다움 뒤에는 남이 모르는 인고의 세월이 숨어 있습니다. 하지만 전문가의 진정한 아름다움은 그 극도의 전문성 자체가 아니라 거기에 겸손과 봉사 정신이 결합되어 있을 때 드러납니다. 초밥 명장인 안효주씨는 20여 년 전 일식당 주방의 '냄비 닦기' 담당이었던 손준근씨와 함께 한 달에 두 번씩 외로운 노인들에게 초밥을 대접하고 있습니다. '성공하면 남을 돕고 살자'는 10대 후반의 다짐을 실천하는 것이라고 합니다.

이제는 전문가의 시대입니다. 전문가가 있어야 나라가 삽니다. 그러나 전문성은 있으나 봉사 정신을 모르는 사람은 다른 사람 뿐 아니라 나라에도 해가 됩니다. 자기만을 위해 살거나 자기만족을 위해서 수고하는 사람들이 나라를 망치는 경우를 우리는 수도 없이 많이 봐왔습니다. 이것에 대해 종교개혁자 마틴 루터의 말은 우리에게 경종이 됩니다. 그는 그리스도인의 자유에 대해 유명한 명제 두 가지를 남겼습니다.

'첫째, 그리스도인은 그 어떤 것에도 매이지 않는 자유인입니다. 둘째, 그리스도인은 모든 것에 매이는 종입니다.'

현대인에게 전문가의 꿈은 돈, 시간, 일에서의 자유입니다. 그러나 진정한 자유는 남을 위해 섬기고 봉사하는 자유로 승화되는 것입니다.

4) 협력하는 모습

1960~70년대 그린베이 페커스팀을 이끌고 승률 75%를 기록하며 미식 축구계를 평정했던 전설의 감독 빈스 롬바디는 승리의 비결을 3가지로 이야기했습니다. 첫째 비결은 개인기와 팀워크를 잘 이루는 뛰어난 선수들, 둘째 비결은 실력과 배짱을 지닌 감독, 선수들로부터 존경을 받는 감독이라고 했습니다. 그리고 세 번째 비결이 가장 중요한데 그것은 사랑이라고 하면서 다음과 같이 말했습니다.

"가령, 앞에 서 있는 수비 선수가 '내가 저 녀석의 태클을 막지 못하면 내 뒤에 있는 폴의 다리가 부러지겠지? 내 사랑하는 폴이 그런 꼴을 당하는 걸 난 결코 참을 수 없어'라고 생각한다면 그는 목숨을 걸고 사랑하는 사람을 지키기 위해 싸울 것입니다. 사랑하는 사람을 위해 우리는 뭐든 할 수 있기 때문입니다. 그러므로 모든 요소들이 서로 비슷할 때는 서로 사랑하는 팀이야말로 진정한 챔피언이 되는 것입니다."(한홍, 2003, 331).

바람직한 인간관계는 의존도, 자립도 아닌 협력하는 관계입니다. 자신의 이익과 은사를 살필 뿐 아니라, 타인의 이익과 은사를 잘 살펴서 서로 포용하고 연합함으로 '일치'를 이루게 하는 인간관계를 갖도록 이끌어 주는 것이 너무도 중요합니다. 결국 사람의 소중함을 가르쳐야 한다는 말입니다.

이스라엘에서 가장 지혜로운 왕인 솔로몬은 전도서에서 다음과 같이 말합니다.

"두 사람이 한 사람보다 더 나은 것은 협력함으로 일을 효과적으로 할 수 있기 때문이다. 만일 두 사람 중 하나가 넘어지면 다른 사람이 그를 도와 일으킬 수 있으나 혼자 있다가 넘어지면 그를 도와 일으켜 주는 자가 없으므로 그는 어려움을 당하게 된다. 추운 방에 두 사람이 함께 누우면 따뜻해진다. 그러나 혼자서 어떻게 따뜻해질 수 있겠는가? 한 사람으로서는 당해 낼 수 없는 공격도 두 사람이면 능히 막아 낼 수 있으니 삼겹줄은 쉽게 끊어지지 않는다"(전도서 4:9-12).

여기서 우리는 함께 우리를 만들어가는 그룹 IQ가 얼마나 중요한지를 배웁니다. 함께 일을 하면 첫째, 일을 효과적으로 할 수 있고, 둘째, 실패할 때 다시 재기하기가 훨씬 쉽고, 셋째, 외롭고 추울 때 몸과 마음을 따뜻하게 해 주며 넷째, 자신을 공격해 오는 것들로부터 자신을 지켜 주는 방패가 생깁니다. 우리가 자녀들에게 꼭 주어야 할 선물은 바로 좋은 팀원들과 함께함으로써 생기는 것입니다.

한국인들을 볼 때, 한 사람, 한 사람의 개인적 역량은 참 탁월합니다. 그런데 함께 팀워크를 이루어서 뭔가 해 보려고 하면 잘 안 됩니다. 국가 경쟁력이란 게 무엇입니까? 한마디로 말해서 민족의 '그룹 IQ' 일 것입니다. 그런데 우리는 그것이 참 약합니다. 이는 우리가 어릴 때부터 다른 애들보다 더 잘해야 된다는 경쟁 논리로 가르쳤지, 함께 승리하거나 다른 사람들의 성공에 기여하는 윈-윈의 팀워크 논리로 가르치지 않았기 때문일 것입니다. 지금부터라도 우리 자녀들에게 함께 성공하고 함께 돕는 것이야 말로 진정한 승자이며 챔피언임을 교육하는 부모가 되어야겠습니다.

5) 베푸는 모습

받는 축복, 누리는 축복보다 더 값진 것은 베푸는 축복입니다. 돈을 버는 방법도 중요하지만 벌어들인 돈을 어떻게 사용하느냐가 더 중요합니다. 돈을 정직한 방법으로 성실하게 버는 사람들은 많지만 돈을 올바르게 사용하는 사람은 그리 많지 않습니다. 돈을 사용하는 삶의 모습을 통해 그 사람이 가지고 있는 가치관을 읽을 수 있습니다.

하버드 대학의 저명한 심리학자는 세상에는 두 종류의 윤리가 있다고 했습니다. 하나는 '공평의 윤리'이고, 또 하나는 '보살핌의 윤리'입니다. 현대인들은 항상 모든 것이 공평해야 한다고 부르짖습니다. 부의 분배도 공평해야 하고 인종 차별도 없어져서 모두가 공평한 대우를 받아야 한다고 합니다. 자기가 남보다 더 가진 것은 어물어물 넘어가면서, 남이 자기보다 더 가진 것은 견디지 못합니다. 그러나 인류의 역사가 흘러가는 한 완벽한 평등은 있을 수 없습니다. 자신의 노력과 능력 여하에 따라서 혹은 불공평한 사회 시스템 등의 이유 때문에 항상 자신보다 더 많은 돈과 권력, 인기를 가지는 사람들이 있게 마련입니다. 공산주의는 억지로 '공평한 분배'를 제도화하려 했지만 결국 실패했습니다. 공평의 윤리만으로는 무리가 있습니다. 그러므로 더 가진 자가 적게 가진 자들에게 나눠 주고 도와주는 '보살핌의 윤리' 혹은 '섬기는 리더십'을 장려하는 것이 더 낫습니다. 가진 자들의 것을 억지로 뺏는 것이 아니라, 가진 자 스스로가 못 가진 자를 섬기는 사랑의 마음이 필요합니다. 이것이 예수 그리스도의 마음이 아니겠습니까?

5장
올바른 권위로 훈계하는 부모

'훈계'에는 말을 통한 훈계와 처벌을 통한 훈계가 있는데 처벌은 부드럽지만 단호하게 해야 효과가 있으며 꼭 필요한 경우에는 매를 들 수도 있습니다. 매는 자녀의 나이가 어릴 때(초등학교 저학년)에만 효과가 있습니다. 자녀를 사랑하는 부모는 훈계하는 부모입니다. "매를 아끼는 자는 그의 자식을 미워함이라 자식을 사랑하는 자는 근실히 징계 하느니라"(잠언 13:24)는 말씀처럼, 자녀에게 소망을 두는 부모는 훈계합니다.

훈계를 통한 교육

모든 부모는 자녀를 기르는 데 있어서 나름대로의 철학을 갖고 있습니다. 이 철학이란 의식세계에 속한 것일 수도 있고 무의식 속에 잠재해 있을 수도 있습니다. 일반적으로 훈계는 매우 부정적인 개념으로 이해되어 왔지만 실상 훈계는 긍정적이고 고무적이며 사랑의 증거로까지 이해될 수 있는 단어입니다. '훈계(Discipline)'란 단어의 어원은 '제자(Disciple)'로서 당신의 자녀를 제자로 삼는 것입니다.

훈계에는 다음과 같이 3단계가 있습니다.

자녀를 가르치고 지시하는 것이 훈계의 1단계입니다. 2단계는 훈련입니다. 훈련은 자녀들의 성장을 이끌고 방향을 제시하는 과정입니다. 이 과정은 자녀가 습관을 형성하고 가르침을 받은 영역에 숙달되도록 돕는 것까지를 포함합니다. 3단계는 교정입니다. 교정은 자녀의 행동을 바꾸거나 적응시켜서 이전의 지도방향을 따르도록 하는 것입니다. 그러므로 교정은 가르침에 뒤따르는 것입니다. 자녀가 지도내용을 알고 있으면서도 그것을 따르지 않았을 때 교정이 필요한 것입니다. 이 단계에서는 행동을 취하는 것이 절대적으로 중요합니다. 그렇지 않으면 자녀의 정신적 안정감과 자제력의 성장에 손실을 갖고 옵니다. 이 단계에서는 명백하고도 단호한 태도가 요구됩니다.

피아노를 가졌다고 누구나 피아니스트가 되는 것이 아닌 것처럼 자녀를 가졌다고 해서 누구나 부모가 되는 것은 아닙니다. 참된 부모가 되기 위해서 노력해야 하는데 그 중 가장 중요한 전략이 일관되게 사랑하고 칭찬하고 격려하고 가르치는 것입니다. 이것이 훈계입니다. 사랑스러운 자녀들이라도 그 마음속에는 악함으로 인한 조종이나 교묘함이 있을 수 있기 때문에 이것을 몰아내는 데는 말보다 채찍이 더 효과적입니다. 이것은 가지를 침으로써 나무가 견고하게 자라는 것과 같습니다(잠 15:32-33; 히 12:11). 우리의 자녀들을 방임했을 때 예측할 수 있는 결과는 저주와 수치입니다(잠 29:15).

성경적 훈계의 모델

인본주의에서는 인간을 본성적으로 선하다고 보기 때문에 자녀를 민주적으로 키우도록 권장합니다. 부모나 리더의 권위도 부정적으로 보며, 흔히 "아이 기죽이지 마라."고 말합니다. 이러한 표현에는 자녀 속에 숨어 있는 죄성(죄의 경향성)에 대해서는 인정하지 않고 오히려 자녀에게 자유와 만족을 제공하는 것이 옳다는 인본주의 사상이 녹아 있습니다.

그러나 성경은 아이 속에는 이기적이고 반항적인 본성이 있다고 말합니다. 부정적 본성을 훈계로 다스리면서 바로잡아 주어야 함을 강조하고 있습니다. 그래서 성경은 부모의 권위는 하나님의 권위를 대신하며 진정한 권위는 반드시 필요함을 인정하고 있습니다. 진정한 권위는 신성한 것입니다.

자녀는 어릴 때부터 부모의 권위를 경험해야 합니다. 그리고 부모의 권위에 순종하도록 가르침을 받아야 합니다. 제한과 질서와 순종을 배워야 한다는 것입니다. 설사 충돌과 갈등이 있더라도 자녀의 궁극적 행복을 위해 어릴 때부터 훈계를 해야 하는 것입니다. 훈계에 관한 인본주의 모델과 성경적 모델을 비교하면 아래와 같습니다(이기복, 2006, 53).

〈훈계에 대한 인본주의와 성경적 모델 비교〉

인본주의 모델	성경적 모델
인간은 선하다.	인간은 죄성을 지니고 있다.
민주적 모델이다.	부모는 자녀의 권위자이다.
권위는 나쁘다.	아름다운 권위는 신성한 것이며 필요하다.
자녀에게 자유를 준다.	제한과 질서와 순종을 가르쳐야 한다.
충돌과 갈등을 피한다.	충돌과 갈등이 있어도 사랑으로 훈계해야 한다.
지금 만족감을 준다.	궁극적 만족을 위해 지금은 훈계가 필요하다.

성경적 훈계는 벌을 주는 것이 아니라, 훈련하고 수정해 주는 것을 뜻합니다. 성경적 훈계는 자녀의 행위나 성취나 성적 등을 보고 반응하는 것이 아니라, 자녀의 마음속에 숨어 있는 죄성과 불순종과 마음의 동기를 보고 반응하는 것입니다. 이것이 세상적 훈계와 성경적 훈계의 가장 큰 차이입니다.

훈계한 다음에 자녀가 사랑과 안정감을 느꼈는가, 아니면 분노와 좌절감을 겪었는가를 따져 보면, 훈계가 올바로 이루어졌는지, 단순히 징계로 끝났는지 가늠해 볼 수 있습니다(이기복, 2006, 54-55).

〈올바른 훈계와 징계의 차이〉(주디 & 잭 볼스윅, 보니 & 던 파이퍼, 2006, 104).

올바른 훈계	징 계
교정과 성숙을 위한 훈련	벌칙(형벌) 부과
미래의 변화에 중점을 둠	과거의 비행에 중점을 둠
사랑과 관심에서 행함	부모의 감정적인 반응을 보여줌
힘 겨루기를 제거함	힘 겨루기를 우선시 함
자녀에게 안정감을 제공함	자녀에게 두려움과 죄책감을 지니게 함
내적인 책임을 강화시킴	외적인 행동과 순종에 중점을 둠

훈계의 원칙

가정에서 훈계할 때 지켜야 할 원칙으로 다음의 여덟 가지를 제안합니다.

첫째, 부부가 훈계의 원칙에 합의해야 합니다. 부부의 일관성 있는 태도가 자녀의 행동을 바꿀 수 있고 변화시킬 수 있습니다. 만일 부부의 교육철학이 다르면 자녀 양육은 좋은 효과를 기대하기 어렵습니다.

둘째, 자녀의 잘못된 행동을 먼저 살펴보고 난 다음에 책망하십시오. 부득이하여 자녀가 잘못을 범할 수가 있습니다. 그가 악한 동기로 잘못된 행동을 했다면 마땅히 그에게 책임을 물어야 하지만 선한 의도로 어떤 행동을 했는데 부모가 충분히 알아보지 않고 책망할 경우 자녀는 억울해 할 수 있기 때문입니다.

셋째, 불순종의 한계와 책임을 분명히 설정하십시오. 어디까지 허용하고 어디까지 허용하지 않을 것인지 부모가 명확하게 선을 그어주어야 합니다. 그때 자녀는 한계 안에서 자유와 책임을 지는 것입니다.

넷째, 훈계는 단둘이서 해야 합니다. 그것이 자녀를 인격적으로 존중하는 것입니다. 하나님의 형상으로 지음 받았다는 것은 하나님의 왕권을 부여받았다는 뜻도 포함합니다. 하나님의 왕자와 공주를 책망할 때 그의 인격을 존중해야 합니다.

다섯째, 훈계의 방법은 말과 행동을 제한하거나 특권을 보류하는 것입니다. 존 웨슬리를 포함하여 10명의 자녀를 훌륭하게 키운 수잔

나에게 자녀 교육의 비밀을 물어보았을 때 그녀는 이렇게 대답했습니다.

"나는 아이들의 머리가 크기 전에 정확하게 말해서 다섯 살이 되기 이전에 그 아이들의 악한 의지를 꺾어서 주의 말씀 앞에 복종하는 아이가 되도록 만들었습니다."

인간의 본성은 악합니다. 그래서 어릴 때 악한 의지를 꺾어야 합니다. 그 다음에 인격적으로 선한 용기를 가슴에 불어 넣어야 합니다. 감정이 아닌 인격적인 온유함으로 일관성 있게 악한 생각을 뽑아내고 선한 생각을 계속 불어 넣어야 합니다.

여섯째, 보상이 필요하면 함께 토의하고, 스스로의 행동에 책임을 지도록 이끌어 주어야 합니다. 백화점에서 꼬마와 엄마가 한가하게 쇼핑을 하고 있었습니다. 그런데 이 꼬마가 사탕이 먹고 싶어서 몰래 하나를 집어 들었습니다. 엄마가 그것을 보았습니다. 보통 어머니 같으면 "야, 갖다 놔!" 그랬을 것입니다. 그런데 엄마는 조용히 자녀를 끌어안고 자녀에게 뭐라고 이야기를 하는 것이었습니다. 아이가 한참 듣더니 고개를 숙이고 돌이켜서 가게로 뚜벅뚜벅 걸어갔습니다. 가다가 자리에 서서 엄마를 힐끗 쳐다봅니다. 가기가 힘들었던 것입니다. 엄마가 다시 아이를 쳐다보면서 눈을 찡끗찡끗 하자 아이는 이 행동에 다시 용기를 내어 가게로 들어갔습니다. 그리고 사탕을 올려놓고 가게 주인에게 잘못을 고했습니다. 가게 주인이 너무 기특해서 웃으며 아이의 머리를 쓰다듬으니까 엄마가 달려가서 아이를 끌어안고 백화점 구석으로 가서 아이와 함께 기도하는 것이었습니다. 엄마의 행동 하나하나가 어쩌면 그렇게 아이를 소중히 여기고 존중하는

지, 그 사랑이 절절하게 느껴졌습니다. 얼마나 복된 자녀이며 복된 어머니입니까?

일곱째, 오해한 일은 솔직히 사과하십시오. 사과는 절대로 부모의 체면을 깎는 일이 아닙니다. 사실에 대한 솔직한 인정은 오히려 부모와 자녀 사이를 더 건강하게 만들어 줍니다. 훈계는 자녀의 미래를 위하여 그에게 축복을 선물로 주는 것입니다. 그러므로 잘못된 훈계에 대해서는 사과해야 합니다.

여덟째, 형제관계를 잘 다루어야 합니다. 형제간의 경쟁은 가인과 아벨로 시작되는 최초의 시간으로 거슬러 올라갑니다. 가족 안에서 맏이, 가운데, 막내, 외동아이 등 자녀의 서열은 다양한 방법으로 영향을 줍니다. 각 형제의 위치는 보편적인 특성들을 지니고 있습니다. 예를 들면, 맏이로 태어난 자녀들은 흔히 성취 지향적이고 책임감이 강합니다. 그들은 처음에는 특별한 관심을 받으며 나중에는 특별한 책임을 맡습니다. 가운데 아이들은 흔히 위에 있는 형제들을 '따라 잡기' 위하여 경쟁적입니다. 그들은 자신들을 눈에 띄게 하는 독특한 특성을 찾아다닐 수도 있습니다. 때로 가족 안에서 무시당하거나 버려졌다고 느끼고 불평하기도 합니다. 막내들은 늘 가족들이 비위를 맞춰주므로 느긋하고 태평스러운 경향이 있습니다. 형제들은 막내를 보고 '아가'와 '응석받이'라는 이름을 붙이며 놀리지만, 대개는 그만큼 가족의 사랑을 많이 받습니다. 형제가 없는 외동아이들은 많은 면에서 맏이와 비슷하지만, 그들만의 독특한 특성을 가지고 있습니다. 그들은 맏이나 막내와 비슷한 많은 특권들을 가지고 있지만, 그들의 태도와 행동은 매우 어른스러운 경향이 있습니다.

형제의 차이를 다루는 방법에 관하여 몇 가지 제안을 하고자 합니다.
- 각 아이의 독특한 특성들을 소중히 여기라.
- 각 아이가 특별하고 안전하게 느끼는지 확인하라.
- 각 형제의 위치에 따른 권리와 특권을 존중하라.
- 가족 구성원들의 독특한 공헌을 감사하라.
- 경쟁적인 분위기를 단념시키라.
- 조화와 협동을 향상시키라(주디 & 잭 볼스윅, 보니 & 던 파이퍼, 2006, 156-158).

마지막으로 일관성이 있어야 합니다. 부모의 일관성 없는 교육은 자녀를 혼란스럽게 합니다. 부모의 기분에 따라서 상, 벌이 달라지면 자녀 교육의 원칙과 기준도 달라지기 때문에 자녀는 어떻게 행동해야 할지 갈피를 잡을 수 없게 됩니다. 일관성과 원칙이 있는 사랑은 자녀에게 안전감을 주며 삶의 방향을 갖게 합니다. 만일 부득이하여 교육 내용을 바꿔야 한다면 다시 설명해야 합니다. 왜 내용을 바꾸게 되었는지, 왜 엄마, 아빠의 행동기준이 바뀌었는지 충분히 설명해야 하고, 자녀의 동의를 구해야 합니다.

권위적 부모[17]

"자녀들은 부모에게 순종하는 것이 마땅합니다. 그것은 하나님께

---

17) 여기에서 '권위적 부모'란 진정한 권위를 통해 자녀를 적절히 성장시키는 부모를 말합니다.

서 부모에게 자녀를 다스리기 위한 권위를 주셨기 때문입니다."(엡 6:1 Today's Living Bible 번역)

하나님께서는 자녀들 마음속에 부모의 권위에 대한 인식을 이미 두고 계십니다. 그러므로 부모는 자녀에게 이미 존재하고 있는 내적 권위를 잃지 않도록 하는 것이 중요합니다. 그것은 그 권위를 올바르게 사용함으로써 가능합니다. 자녀를 억누르거나 강제로 지시하는 일은 권위를 올바르게 사용하는 것이 아닙니다.

주디와 잭 볼스윅 그리고 보니와 던 파이퍼(2006, 27-29)는 부모의

〈부모 역할 유형〉

	독재적 부모 역할	허용적 부모 역할	권위적 인격적 부모 역할
초점	• 높은 권위를 보여주고 복종을 요구함 • 내면화된 가치가 아닌 외적인 행동의 결과에 초점이 있음	• 아이가 스스로 가치관을 형성하게 하려 함	• 적절한 훈육(지도)과 지지(감정적 연합, 양육)의 균형 → 아이들이 최선을 다함 • 관계와 능력(지도)의 균형 → 긍정적인 성장과 발달에 기여
방법	• 육체적, 언어적으로 통제 • 종종 부모의 변덕에 좌우됨 • 사랑을 거두고 통제하려 함	• 부드러운 사랑과 지지 • 비조직적이고 자유로운 표현을 장려 • 충분한 지도력 제공 못함	• 충분한 조직, 현명한 지도, 분명한 규칙들, 확실한 제한들, 논리적인 결과들, 방향 제시 등으로 자녀 스스로 방향을 정하며 유능하고 책임감 있는 인물로 자라도록 격려
결과	• 독립적인 생각이나 행동을 거의 하지 못함 • 가치를 내면화하지 못함 • 아이들을 허약하게 함 • 두려움, 불안을 줌 • 의존적이 됨 • 일시적 효과 있으나 장기적으로 성공하지 못함	• 자기중심적 응석받이가 됨 • 사회적 책임감 부족 • 스스로 규칙을 이해하는 데 어려움을 겪음 • 자신에 대한 잘못된 인식을 가짐 • 현실의 인간관계에서 사람들이 부모와 다름을 발견	• 자녀가 유능하고 책임감 있게 행동하도록 이끌어 줌 • 사랑, 용납, 확신의 관계에서 자라며, 자신들의 노력 가운데서 확신을 얻음

역할을 다음과 같이 세가지로 구분하였습니다. 이 중에서 우리가 지향해야 하는 유형은 권위적 부모입니다.

진정한 권위

어떤 아들이 피아노 배우러 갈 시간에 다른 곳에 들러서 놀다가 피아노를 다 치고 왔다고 거짓말을 했습니다. 사실을 알게 된 엄마가 화를 냈습니다.

"야 이놈아, 아빠가 월급 타다가 밥 먹여주고 공부시켜주고 피아노까지 가르쳐주었는데 그것도 하기 싫어서 거짓말까지 해!"라고 화를 내며 책망합니다. 마침 아버지가 곁에 있었는데 아버지는 아들에게 이런 편지를 썼습니다.

"아들아, 너는 나의 기쁨이다. 네가 나에게 준 기쁨이란 평생 갚아도 갚을 수 없을 만큼 큰 것이었어. 말하자면 그건 내가 네게 진 사랑의 빚과 같은 거야. 네가 아빠에게 많은 사랑을 받아 사랑의 빚이 있다면 사실은 나도 네게 빚이 있단다. 그러니까 아빠에게 진 빚 때문이라면 치기 싫은 피아노 억지로 치지 않아도 된단다."

그날 이후 아이는 기쁜 마음으로 기분 좋게 피아노를 배우러 다녔습니다. 그리고 그 편지 이후 아들은 아빠를 무척이나 따르게 되었습니다. 그 아버지는 편지 한 장으로 아들의 마음을 얻게 되었고 자녀를 교육할 수 있는 권한과 기회 또한 얻게 된 것입니다.

최근 어떤 조사에 따르면 젊은이 중 약 70%의 사람들이 자기 부모를 미워한다고 합니다. 부모를 대하기 힘들어하고 싫어하는 정도가 아니라 부모를 미워한다는 것은 참으로 우리에게 충격적인 이야기가 아닐 수 없습니다. 이는 정말 심각한 사회문제요, 앞으로 우리나라를 걱정하고 염려하게 되는 중요한 문제입니다. 도대체 그 이유가 어디에 있을까요?

그것은 우리시대의 부모들이 유교의 영향으로 인하여 권위주의적인 성향을 가지고 있으며, 자녀가 하나 혹은 둘이다보니 과잉보호와 원칙이 없는 자녀양육을 하는 경향이 많기 때문입니다.

어느 장로님의 이야기입니다. 명성이 있는 대학의 교수이며 교인들의 존경을 받고 있는 장로님에게 딸이 있었는데 외국에서 공부를 하고 방학이 되어 귀국을 하였습니다. 그런데 딸이 머리에 노란 물을 들이고 집에 왔습니다. 아버지가 조용히 딸을 불러서 단호하면서도 확고하게 이렇게 말을 합니다.

"네가 이제 18세가 되었으니 집을 나가서 독립해도 된다. 독립해서 살게 된다면 너는 네 마음대로 해도 좋다. 그러나 내 집에서 나와 함께 사는 동안에는 내 말을 들어야 한다. 나는 네가 머리에 노란 물을 당장 지우고 오기를 바란다!"

그러자 딸이 눈물을 글썽이며 아버지에게 "비겁합니다."라고 말을 합니다.

아버지가 깜짝 놀라서 "그게 무슨 소리냐?"고 물어보았더니,

"경제적으로 자립할 준비가 되어 있지 않은 자녀를 몰아붙여서 억

지로 아버지의 말을 따르게 하는 것은 비겁한 일입니다."라고 대답을 하였습니다.

딸은 결국 아버지의 요구대로 머리 모양을 고쳤습니다. 그러나 가슴속에 있던 아버지에 대한 존경심은 다 무너지고 말았습니다.

우리가 자녀에게 밥을 먹여주고 용돈을 주고 학비를 대어 준다고 해서 너는 무조건 내 말을 들어야한다고 주장한다면 이것은 폭력입니다. 그런 생각과 자세를 가지고 있는 부모라면 절대로 자녀교육에 성공을 거둘 수가 없습니다. 우리가 부모이기 때문에 자녀에게 용돈을 주고 먹을 것과 학비를 제공하는 것입니다. 이것은 인간으로서 가장 기본적인 것입니다. 내가 번 것이라도 필요하다면 가족을 위해서 기꺼이 제공하는 것이 사랑입니다. 그러므로 내가 번 돈을 가족들이 쓰는 것이 아니라, 자기 돈을 자기가 쓰는 것입니다. 왜냐하면 우리는 하나이기 때문입니다. "내가 벌어 와서 너에게 주었으니 내 돈을 쓰는 동안에는 내 말을 들어야 한다."라는 식의 논리는 매우 잘못된 생각입니다. 그것은 사랑으로 하나 된 가족이 아니라는 논리입니다.

진정한 권위와 권위주의는 다릅니다. 권위주의는 자신의 지위와 힘을 이용하여 남을 지배하고 상대에게 복종을 강요하며 군림하는 것이 목적입니다. 하지만 진정한 권위는 자기 신분이나 지위를 과시하는 것이 아니라 자기 스스로가 원해서 일을 하기 때문에 힘을 과시할 필요를 느끼지 않습니다. 그리고 권위를 가지는 이유도 자신을 위해서가 아니라 섬기기 위한 것입니다.

결국 부모가 권위를 가지는 이유는 자신을 위해서가 아니라 자녀를 올바로 인도하고 이끌어 주기 위해서 입니다. 그리고 하나님의 대리자로서의 역할을 감당하기 위해서도 자녀에게 순종을 가르쳐야 하겠기에 힘을 갖는 것입니다. 자녀를 위한 권위가 아니라 부모가 힘을 행사하기 위해서 자녀에게 순종을 강요한다면 자녀는 마음속에서 우러나오는 순종을 배울 기회를 놓치게 됩니다. 따라서 자녀를 조종하거나 지배하기 위한 권위가 아니라 자녀를 위한 권위가 되도록 부모된 우리는 자기를 잘 다스려야 합니다.

	진정한 권위	권위주의
힘의 원천	어떤 일을 잘 해내고 그 결과로 자신을 평가받고자 함(내 노력과 능력으로 평가받음)	자신의 노력과 관계없이 주어진 지위, 신분에서 힘이 나온다고 생각함.
신분에 대한 태도	자기 신분을 과시할 필요가 없음	지위, 신분에서 힘이 나온다고 믿으며 그것을 과시함. (경찰, 군인의 계급표시)
사람들의 인정	능력이 내부에서 나오기 때문에 자연히 인정받게 됨	능력이 외부에서 온다고 믿기에 복종을 요구함
지위의 상실에 대한 두려움	내가 좋아서 그 일을 했고, 일이 없어져도 자기 능력이 사라진 것이 아니므로 큰 타격이 없음(내 힘을 나누어주며 더불어 일해가기 위해 노력함)	지위를 잃으면 상실감이 크며 따라서 그것을 지키기 위해 몸부림 침. 남들을 경계하고 비판함. 남을 짓밟음.(기술이나 일들을 나누어주지 않음)
사람, 일과의 관계	사람들과 관계가 좋아지고 자신의 능력이 향상되어 탁월한 전문가가 됨	사람들과의 관계가 점점 멀어지면서 고립되고 사역의 전문성을 가지지 못해 무능력자가 됨

자녀들이 불순종하거나 부모의 권위에 도전하는 것처럼 느껴질 때 당황스럽고 화가 나는 것은 당연합니다. 그러나 부모 자신이 주장하는 권위는 자녀들에게 외적인 권위, 즉 권위 의식으로 다가옵니

다. 자녀들은 권위의식을 가지고 억누르는 부모에게 반항심을 가집니다.

권위가 지속적인 효력을 발휘하려면 존경심이 뒷받침되어야 합니다. 당신이 권위를 사용하여 자녀에게 벌을 준다고 가정합시다. 만일 당신의 자녀가 당신을 존경하지 않는다면 자녀는 당신이 그들 주변에 있어서 그들의 잘못된 행동을 제어할 수 있을 때만 당신에게 순종하는 듯이 행동할 뿐, 자기를 통제하는 사람이 아무도 없을 때에는 자기 마음대로 행동할 것입니다. 자녀가 부모에게 인정하는 권위는 내적인 권위로서 부모에 대한 존경심에 기초한 것이어야 합니다. 내가 가진 권한으로 권리 주장을 한다면 이것은 잘못된 것입니다. 내 권리를 내려놓고 자녀를 진심어린 사랑으로 대하고 인격적으로 대우해 줄 때 자녀와 나 사이에 감격적인 만남이 있게 되고 그런 감동이 자녀의 삶에 변화를 가져오게 되는 것입니다.

자녀가 권위에 불순종할 때

자녀들이 부모의 권위를 인정하는 것은 그들이 부모의 말을 존중하는 것으로 확인할 수 있습니다. 만일 그들이 부모가 하는 말에 귀를 기울이지 않거나 관심을 보이지 않는다면 부모는 자녀 양육에 있어서 중요한 힘을 상실한 것입니다.

자녀가 부모들의 권위를 인정하지 못하는 이유는 첫째로 부모의 말이나 행위에 신뢰가 가지 않기 때문입니다. 어떤 이유로든지 자녀가 부모를 신뢰하지 않게 되었다면 부모는 권위를 상실하게 된 것입니다. 이런 경우에는 빨리 신뢰를 회복해야 합니다. 이것은 부모가 말과 행위에 있어 진실성을 되찾을 때 가능합니다.

자녀가 부모의 권위를 인정하지 못하는 둘째 이유는 부모 된 우리 자신이 자녀들을 존중하지 않기 때문입니다. 사람은 자기를 존중해 주는 사람의 말과 생각을 존중하게 되어 있습니다. 부모에게 무시당하는 자녀는 부모에게 받은 마음의 상처로 인해 결코 그 부모를 존경하지 않게 됩니다. 다시 말해서 부모의 권위를 인정하지 않게 됩니다. 그러므로 자녀에게 권위를 인정받기 위해서는 자녀를 한 인격체로서 존중하는 마음을 가지고 사랑해야 합니다.

존경심은 부모의 권위가 지속적으로 작용하기 위한 필요조건입니다. 그런데 그것은 요구함으로써 얻어지는 것이 아닙니다. 그것은 사랑을 받는 사람들이 사랑을 주는 사람에 대하여 가지게 되는 감정입니다. 물론 서로 관계를 가지지 않는 사람들 사이에도 객관적인 존경심이 생길 수는 있으나 부모에 대하여 가지는 존경심은 부모와 자녀라는 관계를 전제로 한 것이기 때문에 사랑이 없이는 생길 수 없습니다. 그러므로 부모의 권위를 인정하기 위해서 제일 먼저 자녀들은 부모의 사랑을 느껴야 합니다.

자녀가 의도적인 불순종의 표시로 싫다고 할 때는 몇 차례의 경고 후에 따끔하게 다스려야 합니다. 자녀를 양육하면서 유일하게 따끔한 체벌이 필요한 때가 있다면 바로 이런 때입니다. 그러나 이런 때라도 자녀를 체벌할 때는 일정한 규칙을 따라서 일관성 있게 해야 합니다. 그리고 간혹 자녀가 싫다고 말할 만한 이유가 있는 경우도 있으니 무작정 벌하려고 하기보다 자녀를 살펴보아야 합니다. 자녀가 순종하지 않을 때 부모가 애원하듯이 순종을 구걸하는 태도를 가진다면 자녀가 부모를 우습게 여기는 악함을 만들 수 있습니다. 순종은 가르쳐야 하는 것이지 구걸하는 것이 아닙니다.

즐거운 일은 자꾸 하게 마련입니다. 자녀가 당신의 말에 바로 순종했거나 심부름을 했다면 곧바로 "참 잘했구나. 네가 이렇게 정리해 놓으니 방안이 정말 보기 좋구나." 혹은 "고마워"등의 말을 하면서 칭찬해주면 좋습니다. 가끔은 "우리 자연이가 요즘 엄마 말에 순종을 잘 해서 엄마가 오늘 특별 요리를 하려고 해."라는 말을 하며 아이가 좋아하는 음식을 만들어 주거나 깜짝 선물 같은 것을 준비한다면 엄마에게 순종한 아이의 마음이 보상이 되어 정말 행복할 것입니다.

자기 하고 싶은 대로 못하게 하면 엄마에게 화를 내면서 이틀씩이나 먹지 않고 버티는 세 살짜리 아이가 있었습니다. 그 엄마는 아이가 어떻게 될까봐 무척 걱정이 되고 죄책감도 들었습니다. 마침내 아빠가 개입했습니다. 아빠는 아이의 눈을 정면으로 보며 말했습니다. "밥을 먹든지 아니면 맞든지 해라." 잠시 후 싸움은 끝났습니다. 그 아이가 굴복하여 먹기 시작한 것입니다.

아이들에게 즉각적으로 순종하는 것을 가르치는 것은 매우 중요합니다. 어른이 말씀하실 때 바로 순종하지 않으면 불순종의 씨를 키우는 것입니다. 아이들에게 "이를 닦고 오너라."하고 말했으면 곧 씻고 오도록 지도해야 합니다. 아이가 그 말을 듣고도 이를 닦으러 가지 않는데 그렇게 말한 엄마조차 별로 상관하지 않고 있으면 아이는 엄마가 하는 말을 무시하는 습관이 몸에 배게 될 것입니다. 아이가 부모의 말을 존중하고 순종하는 태도는 엄마에게 달려있습니다.

아이가 순종하기를 미루거나 거부하는 것을 그대로 간과하면 안 됩니다. 아이의 주의를 환기시켜 엄마가 자기의 대답이나 행동을 기다리고 있다고 알려 주어 순종하도록 훈련시켜야 합니다. 그러나 아이가 옷을 갈아입고 있는데 장난감 정리를 하라고 말할 때에는 "옷 갈아입고 나서 장난감 정리해라"고 말해야지, 옷을 갈아입고 있는 아이에게 즉각적으로 장난감을 치우라고 호통을 치는 것은 잘못입니다.

부모의 권위는 부모가 됨으로써 자동적으로 부여되는 것이 아닙니다. 그 권위가 존중받기 위해서는 현명하고 지혜로운 부모 역할이 필요하다는 사실을 잊어선 안 됩니다. 부모의 권위가 서기 위해서는 먼저 부모 자신이 하나님께 절대적으로 순종하는 모습을 보여 주는 것이 가장 중요합니다. 그리고 앞에서도 강조하였지만 자녀가 나의 것이 아니라 하나님의 것임을 분명히 인식함으로 자녀를 인격적으로 존중하는 자세가 필요합니다. 간혹 순종하도록 하는 것이 아이의 기를 꺾는 것은 아닌지 염려하는 경우가 있는데 아이의 기가 꺾이는 것은 자존감을 상하게 할 때, 즉 존중의 마음을 보여주지 않거나, 사랑을 주지 않을 때 꺾이는 것입니다. 아이의 의지는 강철과도 같으며 나이가 들어감에 따라 더 강해지므로 악한 의지는 꺾어주는 것이 아이를 올바르게 양육하는 것임을 꼭 다짐해야 합니다.

그리고 실제적으로 존경받는 부모가 되기 위해서는 자녀들의 이야기를 경청하기, 감정대로 대하지 않기, 약속한 것은 반드시 지키기, 가르치는 것을 부모가 먼저 행하기, 어려운 일에 부딪혔을 때 진심으로 도와주기, 그리고 잘못한 것이 있을 때는 솔직하게 시인하고 사과하기 등의 행동이 수반되어야 합니다. 삶은 지식이나 이론이 아니라 실제입니다.

약속을 지키는 부모

당신이 부모로서 자녀와의 약속을 중요하게 생각하지 않는다면 자녀를 신실한 자녀로 키우기는 어려울 것입니다. 당신이 계속 약속을 지키지 않는다면 자녀는 당신을 통해 약속 지키는 것이 중요한 일이 아니라는 사실을 배우게 될 것입니다. 자녀들이 어릴 때 배운 것은 일생동안 영향을 끼치는 인격으로 자리를 잡게 됩니다. 또한 이에 못지않게 중요한 것은 자녀가 당신을 신뢰할 수 없게 된다는 사실입니다. 자녀가 부모를 신뢰하지 않게 된다면 자녀를 양육하는 일은 소망이 없어집니다. 이런 작은 일로 인한 불신들이 자녀 마음에 상처로 남게 되며 그것이 커지면 분노하게 되고 결국에는 반항을 낳게 됩니다. 자녀가 어리다고 하더라도 하나님의 형상을 닮은 독립된 인격체로서 인격적으로 존중하며 서로 신뢰를 쌓도록 힘써야 합니다.

자녀들의 어떤 특이한 말이나 행동은 누군가로부터 배운 것이거나, 그런 말 또는 행동이 나올 만한 어떤 배경이 있게 마련입니다. 혹 자녀들이 부모님을 부르거나 부탁했을 때 곧바로 응해주지 않았거나, "조금 있다가"라고 말하거나, "나중에 해 줄게"라고 대답하고는 그렇게 말한 사실조차 잊어버리는 경우는 없는지요?

이런 일들이 반복되는 동안 자녀의 마음은 상처가 심해져 부모의 말을 신뢰하지 않게 됩니다. 뿐만 아니라 부모나 다른 웃어른들이 하는 말을 귀담아 듣지 않거나 들어도 곧바로 순종하지 않고 자기들이 부모에게 들은 대로 "조금 있다가요."라고 반응할 뿐 움직이려고 하지 않는 것입니다. 어른들이 하는 말씀을 고의적으로 듣지 않으려는 것이 아니라도 이런 식으로 습관이 형성되면 결국은 불순종이 몸에 배게 됩니다. 그러므로 자녀를 양육하는 부모는 자신의 말과 행동을 늘 돌아보아야 합니다.

자녀가 하고 싶어 하는 일을 약속하는 것 뿐 아니라 자녀와 함께 정한 규칙도 지켜야 합니다. 만일 이런 규칙을 지키지 않으면 문젯거리를 지나쳐버리는 것이므로 당장은 서로가 좋은 것 같지만 결국 엄마 자신의 권위를 떨어뜨리며 신뢰를 잃어버리게 됩니다.

엄마가 약속을 지키려고 노력하는 것처럼 자녀도 약속을 지키도록 가르쳐야 합니다. 거짓말을 하면 결국 아무도 그 사람을 믿지 않게 될 것이며 그렇게 되면 누구하고도 친구가 될 수 없다는 사실을 뼈저리게 느끼도록 해야 합니다. 그러므로 자녀가 거짓말을 했을 때는 단호하게 벌을 주어야 합니다. 하루 종일 자녀를 상대하지 않고 자녀가 하는 말을 무시하며 밥을 굶기는 한이 있더라도 거짓말은 결코 용납될 수 없다는 것을 가르쳐야 합니다. 하나님께서는 거짓말하는 자들을 미워하십니다(계 21:27).

6장
함께 웃는 부모

웃음은 하나님이 인간에게 주신 아름다운 감정입니다. 그런데 웃고 살 수 없는 사람은 얼마나 안타까운 사람입니까? 웃지 않고 일만 하는 사람은 너무나 불쌍한 사람입니다. 웃는 사람은 행복합니다. 행복한 부모를 둔 자녀는 부모 때문에 행복할 수 있으니 얼마나 좋겠습니까? 날마다 웃고 행복한 부모가 되어 봅시다.

웃음은 하나님이 주신 감정

예배 후 폐회기도 때 기도를 길게 하기로 이름난 장로님이 기도를 시작하셨습니다. 장로님은 창세기부터 요한계시록까지 거창하게 1시간 동안 기도를 하신 후 눈을 떠보니 목사님만 남고 교인은 한 사람도 없었습니다.

"목사님, 어찌된 일입니까?"

"아, 예……. 노아 홍수 때 다 떠내려갔습니다."

어떤 사람이 말했습니다.

"이 세상에는 두 가지 기적이 있다. 하나는 하나님 믿지 않고 사는 기적이요 다른 하나는 하나님을 믿으면서도 웃지 않고 사는 기적이다."

그런데 두 번째 기적이 더 큰 기적이라고 합니다.

대개 웃지 않는 사람들은 이유가 많습니다. 가난 때문에, 자식들 때문에, 사람들 때문에, 환경 때문에 못 웃습니다. 그런데 웃지 못하는 원인을 근본적으로 따지고 올라가면 불신앙 때문입니다.

"웃음의 반대는 슬픔이 아니라 불신앙이다."

콘라드 하이어란 사람은 이렇게 말했습니다.

"하나님이 천국을 만드신 것은 웃는 사람을 위해서이고 지옥을 만든 것은 웃지 않는 사람들을 위해서다. 천국에 가면 웃는 사람만 있고 지옥에 가면 심각한 사람만 있다."

심각하게 살려면 왜 천국까지 갑니까? 이 세상에도 심각한 일이 많은데 천국까지 가서 심각할 이유가 있습니까? 천국에는 웃는 사람만 있습니다. 우리는 웃기 위해 천국에 갑니다. 그리고 그 웃음을 연습하며 이 땅에 삽니다. 참, 마음에 와 닿는 말입니다.

그런데 처음 웃으신 분이 하나님이십니다. 하나님은 웃음을 가장 먼저 창조하셨고 또 자신이 가장 먼저 웃으셨습니다. 하나님은 엿새 동안 세상을 창조하셨고 마지막 날 사람을 창조하셨습니다. 흙으로 아담을 만드시고 아담이 잠든 틈을 이용하여 갈비뼈로 하와를 만드셨습니다. 하와를 만드신 후 친히 손을 잡아 아담에게 데려다 주셨습니다. 그리고 말씀하셨습니다.

"아담, 이 사람이 네 배필이다. 앞으로 사랑하고 아껴다오."

하나님의 마음은 친정아버지의 마음이었습니다. 그런데 아담이 그 아내를 보는 순간 눈이 뒤집혔습니다. 지금까지 에덴동산에 살면서 그렇게 아름다운 존재는 처음 봅니다. 거기다 자기와 똑같은 사람입니다. 너무 너무 좋아서 소리쳤습니다.

"이것은 내 뼈 중의 뼈요 살 중의 살이로다."

이것을 다른 현대어 성경을 보니까 이렇게 번역했습니다.

"야, 바로 이거야. 이것이 내가 찾던 바로 그거야."

그리고 어떻게 했겠습니까?

"하하하"

박장대소하고 웃었습니다. 좋아서 웃었고 전기가 통해서 웃었습니다. 아담은 사랑이 무엇인지 몰랐으나 웃었습니다. 웃음이 곧 사랑이었습니다.

"야, 너무 좋다. 너무 예뻐. 너는 내 꺼야."

그리고 또 웃었습니다.

그때 성경이 뭐라고 말한 줄 아십니까? 창세기 2장 2절에서 "하나님이 그 창조하시며 만드시던 모든 일을 마치고 안식하셨더라."라고 말씀합니다. 하나님이 흙으로 아담을 만들 때 창조가 끝나지 않았습니다. 하나님이 아담의 갈비뼈로 하와를 만든 후 아담이 하와를 보고 "바로 이거야"하며 웃음을 터뜨렸을 때, 하와가 수줍은 미소로 아담을 보고 웃었을 때, 창조는 마무리된 것입니다.

그리고 아담과 하와가 서로 보고 웃었을 때 "하나님이 그 지으신 모든 것을 보시니 보시기에 심히 좋았더라"라고 31절에 말씀합니다. 하나님은 웃기를 좋아하시는 분입니다. 그런데 많은 분들이 하나님은 조금도 웃음이 없으신 무서운 분이라고 생각합니다. 어떤 사람은 하나님을 강철 같은 분, 어떤 사람은 무시무시한 분, 어떤 사람은 돈 많은 은행장쯤으로 생각합니다. 이런 분은 시편 23편을 이렇게 읽습니다.

"여호와는 나의 은행장이시니 내가 부족함이 없으리로다. 그가 나를 대박 터지는 곳에 누이시며 돈벼락 떨어지는 곳으로 인도하시는도다."

하나님이 부자인 것은 사실이지만 돈으로 세상을 다스리지 않습니다. 하나님은 우리의 아버지입니다. 좋으신 아버지입니다. 그가 사랑하는 자녀들이 웃고 사는 것을 보고 함께 웃으시는 아버지입니다.

사람은 사랑하는 사람과 함께 있을 때 웃습니다. 당신이 사랑한 아담과 하와가 행복하게 사는 것을 보고 웃었습니다. 사람이 가장 기쁠 때는 자기를 꼭 닮은 자식이 태어나 재롱을 떨 때입니다. 그래서 어떤 시인이 말했습니다.

"누군가를 사랑하고 누군가로부터 사랑을 받을 때 사람은 가장 행복한 것입니다. 그런 점에서 가장 행복한 사람은 아마 갓난아이를 안고 있는 어머니와 그 품에 안겨 있는 아이일 것입니다."

웃음과 울음은 쌍둥이

얼마 전에 미국 코넬대학에서 2년간 37개의 다양한 문화집단 속에 속한 5,000여 명을 조사한 연구 결과, 사랑에 관한 흥미 있는 논문을 발표하였습니다. 인간에게는 사랑을 하도록 만드는 에너지가 있는데, 이 에너지가 무한한 것이 아니라 한정되어 있다는 것입니다. 그것도 18개월에서 30개월 정도 지나면 다 소멸되어 버린다는 것입니다. 신혼기의 깨가 쏟아지는 기간도 길게 가야 2-3년인 정도인데 이 기간이 지나면 그렇게 뜨거웠던 사랑도 시들해진다고 합니다. 이 기간이 지나면 상대방을 봐도 가슴이 뛰는 일이 없어진다는 것입니다. 결국 인간의 사랑은 한계가 있는 사랑이기에 그 사랑만을 믿고 살아간다면 관계가 문제될 수밖에 없다는 것입니다.

그러한 우리들을 향해 하나님은, 그럼에도 불구하고 "너희가 서로 사랑하라"고 말씀하십니다. 인간에게 사랑 에너지가 원래 없는데 무엇으로 사랑해야만 하는 것일까? 그 해답은 요한일서 4장 7절에서 얻을 수 있습니다.

'사랑은 하나님께 속한 것이니……'

그렇습니다. 사랑은 하나님께 속한 것입니다. 그렇기에 우리는 날마다 일용할 양식인 사랑을 하나님으로부터 공급받아야만 합니다. 특별히 인간은 사랑 없이는 살아갈 수 없는 존재이기에 더욱 더 그러한 간구가 있어야만 하는 것입니다. 이 사랑이 있어야 서로를 보고 웃을 수 있습니다.

이는 고통 가운데 사랑하는 기쁨입니다. 도공이 작품이 될 만한 도자기 하나를 만들기 위해서는 백 번 정도 만들었다 부수었다 한다는 이야기를 들은 적이 있습니다. 적당히 만들려면 얼마든지 만들 수 있습니다. 그러나 국전에 나가고 세계 도예대전에 나갈 정도의 작품은 쉽지 않다는 것입니다.

하나님이 왜 웃으셨습니까? 인간을 창조한 이후에 인간이 타락하고 범죄하여 하나님의 곁을 떠날 것을 아시지만 그래도 그들을 사랑하시는 사랑의 고통입니다. 영원하신 하나님, 인간의 모든 삶을 내다보시는 하나님께서 인간을 처음 사랑할 때 인간의 모든 것을 다 내다보시고 사랑하신 것입니다.

웃음은 오랜 세월 고통의 대가로 받은 것입니다. 웃음은 눈물과 서로 쌍둥이입니다. 여러분의 자녀가 훌륭하게 되어 그 자녀 때문에 나중에 크게 웃기를 바랍니까? 바로 지금 자녀를 눈물로 키우십시오. 기쁨의 샘은 눈물의 샘을 파야 나옵니다. 눈물의 샘에서 나온 웃음만이 진짜 웃음입니다.

미래에 대한 소망 때문에 웃을 수 있는 부모

사람의 미래에 대한 기대와 꿈을 가지고 있을 때 웃을 수 있습니다. 하나님은 아담과 하와에게 기대를 가지고 계셨습니다. 하나님은 모든 것을 아담과 하와에게 주셨습니다.

창세기 1장 29-30절에 보면, '모든'이란 말이 나옵니다. 모든 채소, 모든 나무, 모든 짐승, 모든 새, 모든 땅에 기는 것을 다 주셨습니다. 아담과 하와에게 무엇을 아끼셨겠습니까? 생명을 주시고 물질도 주시고 그 물질에 대한 지배권까지 주신 것입니다.

사람으로 하여금 세상 앞에 하나님을 대신하며, 하나님 앞에 세상을 대신할 수 있게 하셨습니다. 하나님은 사람에게 배우자도 주시고 자녀도 주셨습니다. 그러면서 무엇을 기대하셨을까요?

"비록 저들이 지금 약해도 앞으로는 잘 될거야. 그럼 잘 되고말고. 내가 모든 것을 주었는데, 날 대신하여 세상을 다스릴 권세와 세상을 번성케 할 능력을 주었는데 아무렴, 잘 되고 말고."

그리고 웃으셨습니다.

우리가 웃지 않고 사는 이유는 미래에 대한 기대보다 현재의 실상을 먼저 보기 때문입니다. 사명보다 과거의 실패를 먼저 보기 때문입니다. 눈으로 보는 세계를, 눈에 보이지 않는 세계보다 크게 보기 때문입니다. 웃음의 뿌리는 희망입니다. 실상을 말한다면 우리에게는 가지지 않은 것이 없습니다. 우리가 현재 가지고 있다고 느끼는 것보다 우리가 실제 가지고 있는 것이 훨씬 많습니다. 우리가 사는 현재보다 우리 앞에 펼쳐질 미래가 훨씬 밝습니다.

우리는 우리가 하나님께 받았다고 느끼는 것보다 훨씬 많은 것을 받았습니다. 우리는 모든 채소를 받았습니다. 모든 나무를 받았습니다. 모든 짐승, 모든 새, 모든 땅에 기는 것, 모든 풀을 받았습니다. 그렇다면 먹고 살 걱정이 없는 것입니다. 현재를 바라보면 소망이 없어 보여도 우리에게 모든 것을 채워주실 하나님을 생각하면 우리 그리스도인들은 웃을 수 있습니다.

자기를 보고 웃을 수 있는 행복

우리는 하나님으로부터 모든 통치권을 받았습니다. 세상을 다스리라는 지배권을 받았습니다. 우리는 하나밖에 없는 몸을 받았고, 정신을 받았고, 지혜를 받았고, 부모를 받았고, 조국을 받았습니다. 그리고 무엇보다 예수님을 받았습니다. 그래서 천하보다 귀한 구원을 받았습니다. 우리는 하나님이 정하신 날까지 행복하게 이 땅에 살다 마침내 때가 되면 천국에 갈 사람들입니다. 그러니 무엇이 두렵습니까? 무엇이 문제입니까?

그래서 어떤 사람이 말했습니다.

"참된 웃음은 자기를 보고 웃을 수 있는 여유다."

가장 큰 웃음은 자기를 보고 웃는 웃음이라는 것입니다. 조금 나은 웃음은 내가 이룬 성공, 사업, 자식, 명예 때문에 웃는 웃음입니다.

그러나 최고의 웃음은 자기 자신을 보고 웃는 웃음입니다.

내가 누구입니까? 시원찮게 보이지만 하나님의 자녀입니다. 죄를 짓지만 하나님의 성도입니다. 완전하지는 않지만 하나님의 선하신 뜻을 위해서 살아가는 하나님의 백성입니다. 그러므로 나도 나를 긍정적으로 여겨야 합니다. 하나님께서 나를 보고 웃으시며 나를 긍정적으로 바라보시기 때문입니다. 성경은 분명히 말씀하고 있습니다.

"누구든지 그리스도 안에 있으면 새로운 피조물이라. 이전 것은 지나갔으니 보라 새것이 되었도다(고후 5:17)"

"그리스도 예수 안에 있는 자에게는 결코 정죄함이 없나니 이는 그리스도 예수 안에 있는 생명의 성령의 법이 죄와 사망의 법에서 너를 해방하였음이라(롬 8:2)"

"영접하는 자 곧 그 이름을 믿는 자들에게는 하나님의 자녀가 되는 권세를 주셨으니(요 1:12)"

하나님이 하나밖에 없는 그 아들을 죽이셔서 우리를 구원하셨습니다. 그래서 우리는 나 자신이 너무 귀해서 나를 보고 웃을 수 있어야 합니다. 가장 큰 웃음은 자기를 보고 웃는 웃음이어야 합니다. 당신은 당신 자신을 보고 웃습니까? 다른 사람을 보고 웃는 것이 사랑이라면 하나님을 보고 웃는 것은 믿음입니다. 그리고 자기를 보고 웃는 것이 소망입니다. 하나님이 이 우주 만물보다 우리 한 사람 한 사람을 더 사랑하셨다는 것을 아십니까? 하나님은 우리에게 가장 좋은 것을 아끼지 않고 주셨고 또 계속해서 주실 것입니다. 여러분의 과거도 아름답고 현재도 소중하지만 여러분의 미래는 더 좋을 것입니다.

성 프란시스의 임종을 많은 교인들이 모여서 지켜보고 있었습니다. 조용히 숨을 거둘 시간이 가까웠을 때 그는 갑자기 큰 소리로 찬송을 부르기 시작했습니다. 한 수도사가 옆에서 이렇게 말했답니다.

"선생님, 지금 창밖에 많은 사람들이 와 있습니다. 이 엄숙한 시간에 신중하게 처신하시는 것이 좋을 듯합니다."

그러자 이 말이 끝나기 무섭게 빙그레 웃으면서 하는 말이,

"미안하네, 내가 주책을 떨어서. 하지만 난 도저히 참을 수가 없다네, 가슴 깊이 솟구치는 기쁨을 어떻게 감추겠나. 내가 오랫동안 그리워하던 주님을 두 눈으로 볼 수 있게 되었으니 말이네."

세상을 떠나면서 이렇게 기뻐하는 마음, 그것이 그리스도인입니다.

유머를 보여주는 부모

우체국에서 한 직원이 '하나님께' 라고 적힌 편지를 보고 궁금해서 뜯어보았습니다. 그 내용은 이러했습니다. '하나님, 저는 지금까지 살면서 하나님께 아무 것도 바란 적이 없는데 지금 10만원이 절실히 필요합니다. 보내주실 수 있다면 정말 고맙겠어요.' 직원은 그 재미있는 편지를 읽고 동료들과 함께 돈을 모았습니다. 그 결과 9만원이 모여 그 돈을 보내주었습니다.

몇 주 후에 다시 '하나님께' 라고 적힌 편지가 도착했습니다.

'보내 주신 돈은 잘 받았습니다. 정말 감사합니다. 그런데, 제가 9

만원밖에 못 받았습니다. 아마도 빌어먹을 우체국 놈들이 빼돌렸을 거예요.'

지금 이 글을 보고 웃지 않으셨습니까? 웃고 나니 기분이 좋아졌을 것이고 에너지가 솟아남을 느낄 수 있을 것입니다. 웃음은 새로운 힘을 공급해줍니다. 부모가 뛰어난 유머 감각을 가지고 있을 때 자녀는 행복할 수 있습니다. 그러므로 부모는 자녀에게 유머를 보여주기 위해 노력해야 합니다.

제가 아는 한 성도가 있는데 그분이 저에게 해준 아주 재미있는 이야기를 소개할까 합니다. 그 성도의 아버님은 이제 고인이 되었는데 생전에 있었던 이야기입니다. 하루는 그 분의 아버님께서 자녀들에게 "얘들아, 밥 먹으러 가자. 오늘은 내가 밥 사마."라고 하시고는 고기집으로 가자고 하셨습니다. 자녀들은 돈도 별로 없으신 아버지께서 비싼 고기를 사신다고 하셔서 "아니요, 저희들이 사겠습니다."라고 말씀드렸더니, "아니다. 오늘은 내가 밥 사마."라고 단호히 말씀을 하시고는 주문은 자녀들에게 맡기셨습니다. 10명이 넘는 식구들이 비싼 고기를 다 먹고, 후식으로 밥과 냉면까지 다 먹고 계산을 해야겠기에 아버지 눈치만 보고 있었습니다. 그때 이 아버지께서 하시는 말씀이 "자, 밥값은 내가 낸다." 하시면서 5000원을 내시더랍니다. 무슨 일인가하며 의아해했더니 "내가 밥값 내겠다고 했지? 고기값 내겠다고는 한 적 없다!"며 껄껄 웃으시더랍니다. 그 이후, 이 이야기는 그 집의 재미있는 단골 유머라고 하면서 아버님의 기일 때마다 이 이야기가 회자되곤 한답니다.

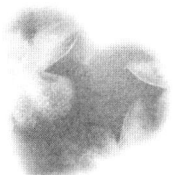

7장
비전을 보여주는 부모

비전은 믿음입니다. 하나님께서 내게 주신 것을 반드시 허락할 줄 믿고 그것을 그리며 확신으로 나아갈 때에 승리의 지점에 도달하게 되는 것입니다. 이것은 반드시 필요한 과정입니다. 많은 사람들이 성공의 문턱에서 실패합니다. 왜 그렇습니까? 성공은 눈에 보이지 않기 때문입니다. 내 마음 가운데 그것을 보아야 합니다. 내 마음 가운데 그것을 그려야 합니다. 그 때 비전이 현실로 이루어지는 것입니다.

마틴 루터 킹의 꿈

1963년 링컨 기념비 앞에서 했던 마틴 루터 킹의 연설은 미국을 향한 그의 비전을 말하는 것이었습니다. 다음은 그의 연설문입니다.

"지금은 모든 하나님의 자녀들에게 문이 열려 있습니다. 지금은 인종의 불의한 모래성에서 형제애의 굳은 반석으로 우리나라를 바꿀 시기입니다. 형제들이여, 오늘 제가 여러분께 말씀드리는 것은, 어려움과 절망의 순간에도 불구하고 저는 여전히 꿈을 가지고 있다는 것입니다.

제가 가지고 있는 꿈은 언젠가 조지아의 붉은 언덕 위에서 노예의 후예들과 주인의 후예들이 서로 형제애의 따뜻한 식탁을 함께 나누는 날이 올 것이라는 꿈입니다. 불의와 압제의 뜨거운 열기로 땀을 흘리고 있는 사막인 미시시피주가 언젠가는 자유와 정의의 오아시스로 변할 것이라는 꿈입니다.

언젠가는 저의 어린 네 자녀가 피부색으로 판단 받지 않고 인물 됨됨이로 평가받는 그런 나라에서 살게 될 것이라는 꿈입니다.

언젠가는 하나님의 모든 자녀들이 흑인이든 백인이든, 유대인이든 이방인이든 개신교이든 구교이든 간에 함께 손을 잡고 흑인영가 '마지막에 자유를! 마지막에 자유를! 전능하신 하나님께 감사를, 우리는 마지막에 자유롭게 된다'를 부를 날이 올 것이라는 꿈을 가지고 있습니다"(존 E. 하가이, 1997, 39-40).

비전이란

비전(vision)은 인생에 의미를 부여하는 시원한 공기로 시력, 통찰력, 관찰력으로 번역됩니다. 즉, 의미 있는 것을 볼 수 있는 능력입니다. 그러나 우리의 육안으로 볼 수 있는 시계(視界)에는 한계가 있습니다. 지식이 있는 사람은 지(知)안으로 먼 곳에서 일어나는 일, 곧 육안으로 볼 수 없는 우주의 흐름을 볼 수 있습니다. 그러나 비전은 육안이나 지안보다 더 높은 차원의 심(心)안 및 영안으로 보는 것입니다. 사람은 하나님의 형상으로 창조된 특별한 존재이기 때문에 마음과 영의 눈이 열린 사람은 아직 오지 않은 미래를 볼 수 있습니다. 10년, 20년, 100년 후의 자기모습, 가정상태, 민족의 앞날을 그려볼 수 있습니다. 이렇게 비전은 남들이 보지 못하는 것을 명확히 보게 하며, 신념을 가지고 자신의 육체적, 지적, 정신적 및 영적인 힘을 집중시켜서 자신의 잠재력을 극대화할 수 있도록 해줍니다.

명확한 비전을 가진 사람은 긴 안목으로 인생을 설계하고 이끌어 갈 수 있습니다. 빌립보서 3장 13, 14절에는 바울이 '오직 한 일, 즉 뒤에 있는 것은 잊어버리고 앞에 있는 것을 잡으려고 푯대를 향하여 그리스도 예수 안에서 하나님이 위에서 부르신 부름의 상을 위하여 좇아가노라'고 기록하고 있습니다. 바울은 천국을 보았습니다. 그 영광 안에서 예수와 함께 사는 축복을 보았습니다. 동시에 예수를 모르는 자들의 저주와 비참함과 사망의 형벌을 보았습니다. 그래서 그는 복음을 모르는 자들에게 목숨을 걸고 생명을 전해 주고자 힘쓰게 되었습니다.

이렇게 비전을 가진 사람에게는 시간이 역류합니다. '과거 → 현재 → 미래'의 흐름이 아니라 '미래 → 현재 → 과거'의 순서로 흘러갑니다. 왜냐하면 미래의 비전이 오늘을 작동시키고 오늘의 행위는 과거가 되기 때문입니다. 이러한 비전이 내 마음에 있을 때 나는 그 비전을 그림으로 그리게 되고 그것은 내 가슴에 화인처럼 박히게 됩니다.

비전 교육이란

비전 교육이란 자녀의 존재를 있는 그대로 믿어주고 관심을 가지고 격려하며, 자녀의 인생과 미래에 대한 축복으로 교육하는 것입니다. 비전을 가지고 자녀를 격려하고 지원할 때 미래의 위대한 인물은 만들어지는 것입니다.

19세기의 유명한 시인이자 화가인 단테 가브리엘 로세티(Dante Gabriel Rossetti)에게 한 노인이 다가왔습니다. 그는 자신이 최근에 완성한 여러 가지 스케치와 그림을 들고 있었습니다. 그는 그 위대한 화가에게 자신의 작품들이 어느 정도의 예술적 가치가 있는지 평가해 달라고 부탁했습니다. 로세티는 그 그림들을 신중하게 훑어보았고 그것들에게서 최소한의 예술적 재능조차 보이지 않는다고 결론을 내렸습니다. 그는 노인에게 부드럽게 그 사실을 말했고, 그 노인은 실망하는 것 같았지만 그다지 놀라는 것 같지는 않았습니다.

그 노인은 로세티에게 젊은 미술 학도가 그린 그림 몇 점을 한번 봐달라고 다시 부탁했고 로세티는 그러겠다고 했습니다. 로세티는 그 그림을 그린 젊은 학생이 엄청난 잠재력을 보여주고 있으며, 잘 훈련받으면 미술가로서 성공할 것이 분명하다고 말했습니다. 노인은 그 말에 큰 감명을 받은 것 같았습니다. 그래서 로세티는 그 작품들이 노인의 아들 것이냐고 물었습니다. 노인은 대답했습니다. "아니오. 이것들 역시 내 것이라오. 바로 40년 전에 내가 그린 그림이오. 만일 내가 그때 당신의 칭찬을 들었더라면……. 당신이 보다시피 나는 용기를 잃었고 너무 빨리 포기했다오.(캐롤 래드, 2001, 96-97)"

사실 격려는 우리 삶에 있어서 지속적인 과정이 되어야 합니다. 격려는 자녀들에게 사랑을 가지고 대하며 그들의 인생에 특별한 관심을 나타내는 것입니다. 격려는 10대 청소년 뿐 아니라 성인 모두가 매일 필요로 하는 특별한 것입니다. 격려로 인하여 우리가 꿈을 꿀 뿐만 아니라 비전의 삶을 살게 되는 것입니다.

그런데 오늘 우리의 현실은 어떠합니까? 비전 교육은커녕 자녀가 부모와 진실한 대화를 할 기회마저 빼앗기고 TV와 컴퓨터에 모든 시간과 관심을 쏟고 있습니다. TV를 보는 시간은 평균 3시간 인데 반해 부모님과의 대화는 평균 7분이라는 통계는 우리에게 충격을 줍니다.

또한 많은 부모들이 천재교육, 영재교육, 일류병에 휩싸여 있습니다. 더욱이 생존경쟁의 법칙은 수단과 방법을 가리지 않고 무조건 이겨야 한다는 무서운 가치관을 심어주고 있습니다. 이것은 남을 죽이며 자기를 죽이는 것입니다. 우리는 함께 이길 때 행복하게 되어 있는데 생존 경쟁의 법칙은 빈곤의 원리를 보여줍니다. 하나님은 인생을 풍요의 법칙으로 창조하셨습니다. 경쟁의 법칙이 지배하는 세상의 교육과 사회의 분위기는 우리를 빈곤하게 살게 하므로 이것을 바르게 잡아 주어야 합니다.

이것을 고치지 않고 세상의 흐름대로 따라 살아가다 보면 우리는 신앙과 삶이 다르고, 원하는 것과 실제의 삶이 다른 이중적인 생활을 하면서 갈등을 가지게 됩니다. 뿐만 아니라 진정으로 내가 원하는 삶을 살 수도 없이 세상의 포로가 되어 살게 될 것입니다. 그러므로 미래에 대한 올바른 청사진을 가지고 살아야 하는데 이것이 바로 비전 교육입니다.

비전 교육을 하기 위해서는 자녀 안에 있는 가능성, 재능, 보물을 찾아내는 작업이 따라야 합니다.

잠언 22장 6절은 "마땅히 행할 길을 아이에게 가르치라 그리하면 늙어도 그것을 떠나지 아니하리라."고 말씀하셨는데 마땅히 행할 길을 가르친다는 것은 주님 만나는 것, 곧 주님 안에서 자기를 위해 예비 된 독특한 인생의 길을 찾도록 도와준다는 뜻이 됩니다. 이것은 세심한 분별력과 장기간의 관찰과 하나님으로부터 오는 깊은 지혜를 요하는 일입니다. 부모가 지혜를 가지고 자녀들의 타고난 재능에 날개를 달아 주기만 하면 그보다 더 값진 선물은 없을 것입니다.

언젠가 자기 분야에서 정상에 오른 건축가를 만난 일이 있었습니다. 그에게 어떻게 그 분야에 들어서게 되었느냐고 물었더니 다음과 같이 대답했습니다.

"제가 7살 때 아버지는 나한테 기계에 대한 흥미와 집 짓는 능력이 있음을 보시고 장난감 가게에 있는 빌딩세트를 몽땅 사다 주셨습니다. 그러면서 제가 집 짓는 것을 도와주셨고, 설계도를 그릴 수 있게 되면서 나중에는 건축대학에 입학하게 되었습니다. 저는 건축이 너무 재미있습니다. 일하러 가는 것이 꼭 놀러 가는 것 같습니다. 건축일을 하는 것 때문에 저는 매일 매일이 너무 즐겁습니다."

이 건축가의 부모는 금을 캐내는 광부처럼 귀한 사명을 잘 감당했습니다. 부모들은 이처럼 하나님께서 어린이들에게 주신 재능의 금맥들을 발견하고 그것을 아름다운 꿈의 보물로 다듬어 갈 수 있도록 도와야 합니다. 우리가 자녀들로 하여금 자신들이 가지고 있는 잠재력의 최대치까지 성장하고 성숙하도록 도와주기 위해서는 그들을 알고 이해해야만 하며 그들의 장점과 약점을 알아야만 합니다. 우리는 그들이 자신의 독특한 소질을 발견하도록 도와야만 합니다.

일단 그들이 하나님께서 그들을 위해 정하신 방향으로 삶의 방향을 정하게 되면, 우리는 그들의 항해에 도움을 주는 바람이 되어 그들 자신의 특별한 목표와 꿈의 종착지에 이르도록 도와줄 수 있을 것입니다.

비전 품기

1) 비전이 이루어진다는 믿음

비전을 품기 위해 가장 중요한 열쇠는 내가 꿈 꾼 비전이 이루어질 수 있다는 믿음입니다. 존 하가이 박사는 "하나님이 함께 하지 않으면 실패할 수밖에 없는 큰 계획을 세워라."고 우리에게 도전합니다. 비전은 이루어지기 힘든 것이 사실이지만 그러기에 당신의 미래 비전은 다음과 같이 성취될 수 있습니다.

오직 내가 도달하려는 높이까지만, 나는 성장할 수 있다.
오직 내가 추구하는 거리까지만, 나는 갈 수 있다.
오직 내가 살펴볼 수 있는 깊이까지만, 나는 볼 수 있다.
오직 내가 꿈을 꾸는 정도까지만, 나는 될 수 있다.

비전 성취를 위해서 필요한 것은 제한된 땅의 믿음이 아니라 무한한 하늘의 믿음입니다. 그러나 이렇게 믿음으로 산다고 하여 결코 현실을 부정하지 마십시오. 믿음으로 산다는 것은 현실이 보여 주는 감각을 부정하지 않습니다. 다만 그 감각을 바라보지 마십시오. 오직 믿음으로 사다리 끝에 서신 하나님을 바라보십시오. 오직 하나님의 말씀이 우리를 지시하게 하십시오.

"이는 우리가 믿음으로 행하고 보는 것으로 하지 아니함이로라"
(고후 5:7)

그런 의미에서 만일 당신이 하나님 안에서 성공하려면 일찍부터 배워야 할 것이 있습니다. 그것은 하나님의 관점을 소유하고 하나님의 믿음을 소유하는 것입니다. 그것을 위해 사물을 하나님이 보시는 방식으로 바라보십시오. 하나님이 생각하시는 대로 생각하십시오. 그리고 하나님이 말씀하시는 대로 말하는 방법을 배우십시오.

이렇게 하늘의 관점을 소유했다면 예전에 보이지 않던 것들이 보이기 시작할 것입니다.

2) 비전 바라보기

비전을 바라보는 것은 마치 비행하는 것과 같습니다. 비행을 하기 전에 조종사는 비행계획을 세웁니다. 그들은 항로와 행선지를 정확히 알고 비행 계획에 따라 이륙합니다. 그러나 비행기가 날아가는 동안 바람과 비, 기류, 조종실수, 그리고 그 밖의 여러 요인들이 비행에 영향을 줍니다. 전체적으로 볼 때는 약간씩 비행 계획에서 벗어나서 가는 것입니다. 더구나 기상변화나 항공 교통체증이 심해지면 항로가 아주 바뀌기도 합니다. 그러나 큰 문제가 일어나지 않는 한 비행기는 반드시 목적지에 도착합니다.

어떻게 무사히 도착할 수 있을까요? 그것은 비행 도중 조종사는 끊임없이 피드백(feedback)을 받기 때문입니다. 그들은 각종 기기로부터 필요한 기상정보를 제공받으며 관제탑과 다른 비행기들로부터도 정보를 얻습니다. 이런 피드백을 바탕으로 조종사들은 항로에서 이탈할 때마다 원래 정해진 항로를 되찾아 비행하게 되는 것입니다. 그러므로 항로 이탈은 걱정할 필요가 없는 것입니다.

비전을 향한 길이 보이지 않습니까? 분명하지 않습니까? 걱정하지 마십시오. 아브라함이나 요셉도 처음에는 자신의 인생에 대한 전체적인 그림은 보지 못했으니까요. 그들도 모르는 가운데 부분적으로 보는 것만큼만 살아가면서 하나님을 만나고 자신의 삶에서 최선의 경주를 하였습니다. 중요한 것은 오늘 내가 하나님을 바라보고, 그분이 주시는 비전을 좇고 있는가, 그것을 바라보고 한 발, 두 발 전진하고 있는가 하는 것입니다. 하나님은 당신을 바라는 자에게 자신을 나타내 보이십니다.

비전은 결국 무엇을 위한 것일까요? 여러분은 무엇이라고 생각하십니까? 바로 형제를 섬기기 위해서, 이웃을 섬기기 위해서, 세계를 섬기기 위해서입니다. 만약에 내가 가지고 있는 비전이 '섬김'에 있지 않다면, 그것은 참 비전이 아닙니다. 우리는 하나님이 나에게 주신 비전을 찾음으로, 이 땅에서 하나님의 사역의 한 부분을 담당하는 것입니다.

3) 비전 꿈꾸기

꿈과 환상, 비전과 소원은 도대체 어디서부터 오는 것일까요? 그것은 모두 우리를 위해 하나님께서 세워 놓으신 계획으로부터 나옵니다. 하나님께서는 우리가 스스로에게 씌워 놓은 자기 한계의 굴레를 보시지 않습니다. 오히려 그분은 변화되고 성장할 수 있는 놀라운 힘과 잠재력으로 가득 찬 우리를 보고 계십니다. 그 무한하시고 기적을 행하시는 하나님께서 우리에게 비전과 소원을 주셔서 그것을 통해 그분의 일을 행하십니다. 그래서 비전이 없는 사람들은 자신에게 약속된 것을 이루지 못합니다.

"너희 안에서 행하시는 이는 하나님이시니 자기의 기쁘신 뜻을 위하여 너희에게 소원을 두고 행하게 하시나니(빌립보서 2:13)"라는 말씀에 의하면, 하나님께서는 우리 안에 역사하고 계시며, 그분의 목적을 이루시기 위해 우리에게 소원을 주신다고 했습니다.

그렇습니다. 하나님께서는 그분의 기쁘신 목적을 이루시기 위해 우리 안에 소원을 갖게 하십니다. 그런 의미에서 우리가 소망하는 곳에 그분도 계십니다. 그분의 소망이 곧 우리의 소원입니다. 그것이 그분께서 일하시는 방법입니다. 사도 바울도 아그립바 왕 앞에서 자신의 비전과 목표를 말하면서 "하늘에서 보이신 것을 내가 거스리지 아니한다"(행 26:19)고 하였습니다.

그렇다면 어떻게 하나님이 우리를 통해서 그분의 소원을 이루어 가실 수 있을까요? 성경은 그리스도와 우리가 머리와 몸의 관계라고 말합니다(엡 5:23, 골 1:18). 사람이 머리와 몸으로 구성되어 있고, 그 머리와 몸은 하나로 연결되어 있어 머리의 생각을 몸이 행하게 됩니다. 즉 우리의 몸이 머리에 속해 있듯이 몸인 우리는 그리스도에게 속해 있어 이런 일이 가능한 것입니다.

하나님께서는 우리를 통해 무엇인가를 하시려고 우리 마음속에 소원을 주십니다. 그 소원은 때로는 작은 아이디어의 형태로, 간절한 소망으로, 혹은 뜻밖의 환경이나 여건으로, 아니면 새로운 목표를 찾지 않으면 안 될 만큼 참을 수 없는 고통으로 우리에게 다가옵니다. 그때 우리가 해야 할 일은 바로 행동하고 시작하는 것입니다.

일단 분명한 목표를 가진 사람은 그 목표에 시선을 끝까지 고정해야 합니다. 성경에 의하면, 짧은 거리이기는 하지만 사도 베드로는 물 위를 걸었습니다. 그런데 그가 바람을 두려워하는 순간 물에 빠졌다고 기록되어 있습니다. 그는 왜 물 위를 걷다가 그만 빠지고 말았을까요? 그것은 그의 목표인 예수 그리스도에게서 눈을 돌려 바람을 바라보는 순간, 이미 목표가 사라졌기 때문입니다.

존 맥스웰(John C. Maxwell)은 열매 맺는 지도자(Be All You Can Be)에서 알프스 산의 등산로 중간쯤에 위치해서 등산객들에게 인기가 좋았던 한 휴게소 이야기를 합니다. 이 휴게소 주인은 몇 년간의 경험을 통해서 한 가지 흥미로운 현상을 발견하였습니다. 대개 등산객들이 휴게소에 도착하면 훈훈한 난로와 구수한 음식 냄새 풍기는 아늑함과 만납니다. 그러면 그 중에 대여섯 명은 예외 없이 그 유혹에 굴복하고 그곳에 남습니다. 그들은 "난 말일세, 여기서 그냥 기다리다가 나중에 자네들과 함께 내려가겠네"라고 말하며 동료들과 헤어집니다. 그들은 난롯가에 둘러앉아 피아노 치고 노래 부르며 만족해합니다.

한편, 정상을 향해 출발한 나머지 사람들은 목표 지점을 향해 힘들게 전진합니다. 한 두 시간이 지나는 동안 작은 오두막의 난롯가에는 여전히 행복이 흘러넘칩니다. 그러나 서너 시간이 지나면 사람들이 서서히 조용해지면서 번갈아 창 밖을 내다보고 산 정상을 쳐다봅니다. 그들은 동료들이 목표에 도달해 감에 따라 점차 침묵을 지킵니다. 결국 휴게실 분위기는 즐거움이 사라지고 장례식장 분위기가 되어 버립니다. 그들은 비로소 정상을 버리고 차선에 머무르고 말았음을 깨닫게 된 것입니다.

  목표를 추구하는 과정에서 어찌 포기하고 싶은 유혹과 장애물이 없겠습니까? 그 때마다 포기할 만한 충분한 이유도 있고, 다른 사람들이 들으면 수긍할 만한 합리적인 이유들도 많습니다. 그러나 목표를 너무 쉽게 포기하지 마십시오. 절망적일수록 바쁘게 움직이고, 한 번 더 창조적으로 생각하십시오.

  폴 하비(Paul Harvey)의 통찰은 그래서 빛납니다.

  "어떤 것도 분명한 목표를 위해 존재하려는 인간의 의지에 저항할 수 없다."

  이제 우리가 행동해야 할 때입니다. 앞으로 1년 안에 반드시 이루고 싶은 목표를 적어 보십시오. 그런 다음, 왜 그런 목표를 세워야하는지 이유들을 명시하십시오. 다음은 작성된 목표를 매일 정기적으로 점검하고 그것을 성취할 때의 기쁨을 열흘간 반복해서 떠올리십시오. 그런 다음, 목표를 실현하는 데 도움이 될 만한 사람이나 역할 모델을 가까이하십시오. 이렇게 분명한 목표를 세운 사람은 이제 그 것을 성취할 방법을 선택해야 합니다(가천노, 2003, 110-119).

꿈꾸는 사람

  야곱은 그가 살아온 일생 동안 12명의 자녀를 두었습니다. 그 중에서 11번째로 태어난 라헬의 소생 중에 요셉이라는 아들이 있었습니다. 야곱은 요셉을 특별히 아꼈습니다. 그에게는 장식이 달린 알록

달록한 옷을 지어 입히고, 늘 자신의 곁에 있도록 했습니다. 결국 이러한 그의 행동은 요셉이 다른 형제들에게 미움을 받는 빌미가 되기도 했습니다.

그런데 요셉은 유난히 꿈을 잘 꾸었습니다. 형들의 곡식 단들이 자신의 곡식 단을 향해 절하는 꿈이라든지, 해와 달과 열 한 별이 자기에게 절을 하는 꿈이었습니다. 이러한 꿈들이 의미하는 것은 분명했습니다. 장차 요셉이 어떤 인생을 살게 될지를 예고하는 꿈들이었습니다. 우리가 아는 대로 그는 애굽 땅에 노예로 팔려 갔으나 결국 그곳에서 총리가 되었습니다.

야곱의 삶이 위대한 것은 그가 이룬 성공의 결과물들 때문만이 아닙니다. 그의 삶이 위대한 것은 후손들로 하여금 꿈꾸는 인생을 살게 한 것입니다. 요셉이 꿈 이야기를 했을 때, 그의 형들은 시기하고 미워하였지만 아버지 야곱은 그 말을 마음에 담아 두었다고 했습니다. 야곱의 삶은 단순히 자신의 일생으로 끝나지 않고 요셉을 비롯한 이스라엘 후손들로 하여금 꿈꾸게 한 인생이었습니다. 진정한 성공은 남들을 꿈꾸게 합니다.

어두운 하늘같은 인생을 사는 사람에게 빛나는 태양을 그리게 할 수 있는 사람은 진정으로 성공한 사람입니다. 성공이 아름다운 것은 꿈을 전염시킬 뿐 아니라 꿈꾸는 사람들의 이정표가 된다는 것입니다. 그래서 성공은 모든 사람들이 자신의 환경과 고정 관념을 뛰어넘어 삶의 유쾌함을 맛보게 합니다. 성공은 가능한 한 많은 사람들이 그것을 완전하게 발휘하도록 돕습니다. 그것은 우리로 하여금 불가능한 일을 보고도 물러서지 않고 행동할 수 있는 위대한 사람으로 만듭니다. 그러므로 성공은 우리 자신뿐 아니라 다른 사람들의 삶까지도 변화시키는 강한 영향력을 가진 마력입니다.

그런 의미에서 성공은 또 다른 성공을 낳습니다. 성공이 성공을 만들고, 성공이 성공을 전염시킵니다. 사람은 모름지기 자신이 가진 것을 주게 되어 있습니다. 자신이 먼저 갖지 않으면 남에게 줄 수 없습니다. 용서받은 사람은 다른 사람들을 용서하는 사람이 되어가고, 고침을 받은 사람은 치유하는 자가 되어가고, 사랑을 받은 사람은 사랑을 주는 사람이 되어갑니다. 이것이 하나님의 방법입니다.

뿐만 아니라 내가 최고가 되고 또, 그렇게 이룬 최고의 성공을 남들과 나누십시오. 그것들을 남들에게 나누어 주십시오. 그것을 나눌 때 비로소 진정한 성공이 됩니다. 그때 비로소 최고의 것이 됩니다. 왜냐하면 그것들을 나누어 주는 사람은 이 세상에서 최고의 존재이기 때문입니다. 나의 최고의 것을 나누어 최고의 사람들이 될 수 있다면, 그것이 최고의 삶이 아니고 무엇이겠습니까?

악보를 볼 줄 알아야 음악 세계를 이해합니다. 악보를 모르는 사람은 악보의 음표들을 바라보아도 그 음을 상상할 수 없습니다. 영적 세계도 마찬가지입니다. 영적 세계를 바라볼 수 있는 눈은 바로 믿음입니다. 믿음을 통하지 않고는 영적 세계를 볼 수 없습니다.

열왕기하 6장 8-17절에 이스라엘과 수리아의 전쟁 이야기가 나옵니다. 그 전쟁 중에 하나님께서는 엘리사 선지자에게 수리아 군대의 전략을 알려 주시곤 했습니다. 수리아 군대는 그들 중에 틀림없이 첩자가 있을 거라고 의심했습니다. 그러나 그 원인이 바로 엘리사 때문이라는 것을 알게 되었고 마침내 사마리아 도단 성에 있는 엘리사를 잡기 위해 그 성을 포위하고 아침이 되면 공격할 채비를 갖추었습니다.

선지자 엘리사에게는 게하시라는 사환이 있었습니다. 그의 일과 중 하나는 우물에서 물을 길어 항아리에 채우는 것이었습니다. 그 날도 아침에 물을 긷기 위해 밖으로 나왔다가 성벽 위에 올라가서 성 밖 골짜기와 산등성이를 비롯해서 강, 다리 모든 곳에 수리아 군대가 새까맣게 깔려 있는 것을 보고 기겁을 하였습니다. 게하시는 선지자에게 달려와 "이제 우리가 어찌하리이까" 하고 황급하게 고하였습니다. 그러나 엘리사는 11만의 수리아 군대를 보고도 "우리와 함께 한 자가 저들과 함께 한 자보다 많다"고 태연하게 말했습니다.

이게 도대체 무슨 말인지 믿을 수 없는 게하시의 눈을 하나님께서 열어 주시자 산에 가득한 불말과 불병거를 보게 되었습니다. 불말과 불병거는 이미 거기에 있었습니다. 다만 그것을 볼 수 있는 눈이 열리지 않았던 것입니다. 그래서 선지자는 눈을 열어 달라고 기도했습니다. 그 눈은 물론 육신의 눈이 아니었습니다. 영적 세계를 볼 수 있는 영의 눈이었습니다.

마가복음 9장 1-8절을 보면 예수께서 제자들을 데리고 산에 올라가셨습니다. 그 중에서 베드로, 야고보와 요한을 따로 불러서 더 나아가셨습니다. 그리고 그들 앞에서 별안간 변형됩니다. 그 옷이 광채가 나면서 세상에서는 그렇게 할 수 없을 만큼 희어졌습니다. 그때 엘리야와 모세가 나타나서 예수님과 대화를 합니다. 세 제자는 두려움에 압도되어 무슨 말을 해야 할지 몰랐습니다. 예수님은 제자들이 영적인 세계에 대한 비전을 갖도록 하기 위해 부활체의 모습, 하늘나라의 모습을 보여주셨습니다. 우리가 영적 안목이 뜨이면 늘 그 세계를 바라보고 힘을 얻게 되며 목적지향의 삶을 살게 될 것입니다.

우리는 3차원의 세계에 살고 있으며 육신을 갖고 살고 있습니다. 그 육신 안에는 진정한 우리의 실체인 영이 들어 있습니다. 우리는 육체 안에 살고 있는 영적 존재입니다. 그러므로 영의 세계를 보기 위해서는 육신의 눈이 아닌 영의 눈이 열려야 합니다. 지금 우리에게 필요한 모든 것은 이미 준비되어 있습니다. 하나님이 창조하신 모든 것은 영의 세계에 이미 존재합니다. 그것을 영의 세계에서 현실로 끌어내기 위해서는 믿음이 필요합니다. 영적 세계는 믿음을 통해서만 보입니다. 믿음으로 거기에 있는 것을 바라보고, 믿음으로 그것들이 현실에 나타나게 하십시오. 이런 믿음이 있는 사람이 바로 꿈꾸는 사람이며 그 사람이 바로 비전을 현실화시킬 수 있는 사람입니다.

비전과 사명선언서

1) 사명선언서의 위력

미국에 어느 심리학자가 하버드대학을 졸업하는 졸업생들을 모아 놓고 그들에게 비전이 있고 생애목표가 있는지를 조사한 적이 있었습니다.

이 때 응답자의 27%가 별 계획이 없다고 말했고, 60%는 경제적인 문제에 대해서만 계획을 갖고 있었고, 10%는 자기 미래에 대하여 구체적인 계획들을 머리에 그리고 있었습니다. 그리고 3%는 구체적인 비전과 목표들을 글로 써서 문서화된 내용을 갖고 있었습니다.

20년이 지나서 이들이 어떤 삶을 살고 있는지 추적해서 조사해보았더니 아주 흥미로운 사실이 한 가지 발견되었습니다. 별 계획이 없었던 27%의 사람들은 20년이 지나서 정부보조금을 받고 사는 극빈자로 살고 있었고, 먹고 사는 문제에 대해 계획을 갖고 있던 60%의 사람들은 서민층을 형성하고 있었습니다. 그리고 미래에 대한 계획을 가지고 있던 10%의 사람들은 미국 사회의 상류층을 이루고 있었습니다. 구체적으로 자기 미래를 글로 써서 갖고 있던 3%의 사람들은 미국을 움직이는 지도층이 되어 있었다고 합니다.

사명선언서를 작성하는 데는 몇 가지 이유가 있습니다.

첫째, 우리가 어디로 가고 있는지를 안다면 우리는 그곳에 도착하는 올바른 길을 걸어갈 수 있습니다. 방향을 잃으면 목표 없이 헤매게 되고 서로 다른 여러 방향에서 잡아당기는 사회의 요구대로 모든 일을 하게 됩니다.

둘째, 사명선언서는 인생의 경주에서 무엇이 진실로 중요한지를 생각하도록 도와줍니다. 장기간에 걸친 경주를 위해 속도를 조절하도록 도와줍니다. 제임스 돕슨은 "자녀를 양육하는 것은 참가자들이 달리기 속도 조절법을 배워야만 한다는 점에서 장거리 경주와 같습니다. 그것이 승리의 비결입니다."라고 하였습니다. 우리 개인의 사명선언서는 우리로 하여금 명확한 목적을 가지고 삶을 살아가도록 돕고, 우리가 긍정적인 방향에 계속 초점을 맞출 수 있도록 해줍니다 (캐롤 래드, 2001, 51-52).

2) 비전과 목표

지금부터 약 50년 전에 영국 해협을 헤엄쳐서 건너가고 다시 헤엄쳐서 돌아온 프로렌스 채드릭이라고 하는 여성이 있었습니다. 이 여성이 36세가 되던 해인 1952년 7월 4일, 로스엔젤레스 부근의 한 섬에서 캘리포니아 해안까지 수영해서 가겠다고 선언했습니다. 미국 TV는 이 광경을 전국에 방영했고 수많은 캘리포니아 사람들이 해변에 나와서 그녀의 도착을 기다리고 있었습니다. 채드웍은 16시간이나 수영을 계속했습니다. 그런데 갑자기 짙은 안개가 몰려 들어오기 시작했고 그녀는 사력을 다했지만 점점 힘이 고갈되어 가기 시작했습니다. 마침내 그녀는 전의를 상실하고 기권하고 말았습니다. 그래서 자기를 따라오던 구조선에 승선해서 육지에 도착하게 되었습니다.

그녀가 안개 때문에 보지 못했던 그 거리를 보니까 약 500m도 채 되지 않았습니다. 너무나 안타까웠습니다. 이 실패 후에 인터뷰를 통해서 왜 실패했느냐고 물어본 기자들의 질문에 대해서 그녀는 아주 흥미로운 대답을 했습니다.

"추위나 피곤 때문에 실패한 것이 아니고 안개 때문에 실패했습니다. 더 정확하게 이야기하자면 안개 때문에 제가 목표를 바라볼 수가 없었습니다. 제가 도착해야 할 목표를 바라볼 수만 있었다면 저는 어떤 방법을 통해서라도 도착할 수가 있었을 겁니다."

그녀가 꿈을 이룰 수 없었던 것은 안개로 인하여 목표를 볼 수가 없었기 때문이었습니다. 바로 이 안개가 그녀의 마지막 실패 요인이었습니다.

그 후 두 달 만에 프로렌스 채드릭은 다시 도전을 시도했습니다.

물은 그때보다 더 차가웠고 바람은 더 많이 불었으며 안개는 더욱 자욱했습니다. 그런데 그녀는 횡단에 성공했습니다. 성공한 다음에 많은 사람이 물었습니다.

"비결이 무엇입니까?"

그때 채드릭은 이렇게 말했습니다.

"내 마음에 목표가 있었습니다."

목표를 눈으로 본 것이 아니라 마음으로 본 것입니다. 그녀는 마음의 눈으로 자기가 도달해야 할 캘리포니아 해변을 바라보고 수영해 나갔기에 성공할 수 있었던 것입니다.(심수명, 2010, 197-198).

목표를 갖는 것은 눈에 보이지 않는 것을 눈에 보이는 현실로 만드는 첫째 단계입니다. 처음에 사람들이 목표를 세울 때는 증거는 없고 믿음만 있습니다. 그 목표 달성을 도와주는 상황이나 자원이 주위에 있든 없든 목표를 정해야 합니다. 목표 수립은 처음부터 이 목표가 이루어질 수 있는지 아닌지를 검토하여 결정하는 것이 아닙니다. 우리가 소원하는 꿈에 기초할 뿐입니다. 그래서 사람들이 목표를 정할 때에는 눈에 보이지 않는 믿음을 사용합니다. 목표란 본래 그런 것이기 때문에 원대하게 세워야 합니다. 큰 목표를 세우면 처음에는 달성하는 것이 불가능해 보입니다. 그러나 목표는 달성이 불가능해 보일지라도 성취했을 때를 생각하면 생각만 해도 짜릿할 정도로 자신을 흥분시키는 것이어야 합니다. 그래야 목표가 자신에게 동기를 부여하여 잠재 능력을 발휘하게 합니다. 그때 비로소 자신의 한계를 뛰어넘어 무한한 능력을 발휘할 수 있는 믿음이 발동되는 것입니다(가천노, 2003, 102-103).

3) 사명선언서 예

(1) 지도자(심수명목사)의 예

● 사명: 내 인생의 총체적 비전은 '사람들이 비전의 지도자가 되도록 돕는 것'이다.

● 사명 설명 : 비전의 지도자란 그들이 거듭나 예수님을 아는 것이며 그 사랑 속에서 자신과 타인을 돕고, 경영할 수 있는 능력을 갖추는 사람이 되는 것이다.

● 결의 : 이를 위해 내가 아름답고 숭고한 인격자가 되어 내 삶을 통해 그들이 하나님께 경배하는 자가 되도록 영향을 주며, 그들이 하나님을 사랑하며 섬겨 예수의 인격을 갖고 사역을 감당하도록 다음과 같이 나를 훈련하겠다.

● 각 분야의 비전
① 자신
- 나는 하나님 외에 지상의 어느 누구도 두려워하지 않을 것이다.
- 나는 누구에게도 악한 마음을 품지 않을 것이며 어떠한 경우에도 불의에 굴복하지 않도록 노력할 것이다. 순간 굴복했으면 깊이 회개하고 다시 이를 바로잡을 것이다.

- 나는 나를 치료하여 무의식에서라도 거짓이 없도록 진실로 거짓을 정복할 것이다. 그리고 거짓에 항거하기 위해선 어떤 고통도 견디어 낼 것이다.
- 나는 아무리 어려운 상황이라도 사랑으로 대하며 인격적으로 문제를 극복할 것이다. 내가 하나님 안에 있고 하나님이 내 안에 있다면 내가 원하는 어떤 일도 모두 이룰 수 있음을 믿기에 분명한 목적을 세워 걸어갈 것이다.

② 가정
- 아내에게 삶의 환희와 기쁨을 주는 남편이 될 것이다.
- 자연이와 수연이에게는 삶의 모본으로서, 인생의 안내자요 버팀목으로서, 생의 후원자로서 사랑을 주는 아버지가 되겠다.
- 어머니와 장인, 장모님께는 자랑스러운 아들, 효도하는 아들이 되겠으며 천국 가시는 그날까지 삶의 보호자가 되겠다.
- 주변의 가족들(친척, 친구)을 사랑으로 돌아보며 그들의 삶을 세워주기 위하여 최선을 다할 것이다.

③ 교회사역
- 나는 한밀 교회의 성도들이 하나님을 알며 그 분의 은총 아래서 참된 예배가 이루어지는 영성 있는 공동체를 만들겠다.
- 나는 나의 성도들이 진정한 인간회복을 체험하도록 인격적인 목회를 하겠다.
- 나는 교역자 및 간사, 목자들이 한국 제일의 사역자 및 전문인이

되도록 가르치고 도전하며 후원하겠다.
- 나는 장로들이 개인과 가정과 직장에서 성공적인 분들이 되도록 기도하고 도우며 나와 함께 사역한 기간이 행복의 기간이 되게 하겠다.
- 나는 안수집사들, 권사들, 서리집사들, 모든 성도들이 하나님의 사랑과 은혜를 아는 성도로서 자기 인생의 행복을 찾아가도록 최선을 다해 돕겠다.
- 나는 한밀교회의 자녀들이 비전과 꿈을 가지고 성장하면서 세계의 지도자가 되어 지구촌에 영향을 주는 사람이 되도록 그들을 가르치고 인도하겠다.

④ 사단법인 다세움
- 나는 다세움의 비전인 '사람의 전인이 하나님의 형상으로 온전히 회복되도록' 노력하겠으며 다세움이 복음적으로 세워지도록 지도력을 발휘할 것이다. 그리고 모든 산하단체들이 한국 최고의 기관들이 되도록 함께 노력할 것이다.
- 나는 다세움의 직원들이 한국 제일의 사역자 및 전문인이 되도록 가르치고 도전하며 후원하겠다.
- 나는 다세움의 직원들이 나와 함께 사역한 기간이 행복의 기간이 되도록 노력할 것이다.

⑤ 학교 사역
나는 국제신대 및 대학원을 한국 최고의 임상중심 학교가 되도록

학과의 운영에 최선을 다 하겠다. 그리고 한기총 다세움상담목회대학원을 통해 수많은 목회자와 사모, 평신도 지도자들을 치유하고 회복시키며 그들에게 상담목회 및 사랑의 기술을 전수하겠다. 그 외 모든 가르침의 장소에서 학생들에게 사랑과 정의를 가지고 매순간 감동적인 강의와 만남이 되도록 교수하겠다.

⑥ 한국교회

나는 한밀교회의 목회 경험과 대학에서의 교수 경험, 상담과 심리치료의 모든 경험을 가지고 한국 교회를 섬겨 한국 교회가 건강하게 세워지도록 기여하겠다.

● 실천사항

① 자신을 위한 실천사항
- 나는 하나님을 제일로 사랑하며 늘 복종하는 삶을 연습하겠다.
- 나는 늘 기도하는 마음으로 살 것이며 말씀이 내 영혼과 인격 전체를 지배하도록 말씀 묵상과 연구에 최선을 다하겠다.
- 나의 진정한 힘과 자부심은 하나님과 내 안에서 나오기 때문에 나는 하나님 안에서 나 자신을 사랑하는 동시에, 사랑으로 맺어진 인간관계에 항상 마음을 열어둘 것이다.
- 나는 진실을 추구하며 진실을 향해 앞으로 나아가 그것을 보고 들을 것이다.
- 나는 나 자신의 희망과 꿈, 생각과 믿음을 들을 것이며 무의식에 심겨진 꿈을 의식의 세계로 끌어올려 창조적으로 실현하며 살아

가도록 노력하겠다.
- 나는 자신의 변화에 대한 믿음, 선택의 자유, 용서, 모든 사람들을 사랑하는 마음을 가지고 살아갈 것이다.
- 나는 자신의 인격을 변화시키기 위한 과정들이 길고 긴 고통의 기간임을 기억하고 반복되는 병든 모습이 내 안에 보일지라도 실망하지 않을 것이다. 이 과정에서 다른 사람들이 나에게 도전하고 공격해도 순간순간 자각으로 맞서되 겸손히 수용하며 사랑하겠다.
- 나는 주도적으로 자신의 선택을 계속하며, 내가 지금까지 해온 대로 선택한 것들에 대한 결과를 수용하겠다. 따라서 어떤 문제가 발생할 때 변명을 하거나 다른 사람들을 탓하지 않고 책임지는 삶을 살겠다.
- 나는 할 수 있는 한 모든 사람들을 사랑하고 존경하고 친절하게 대하겠다.
- 나는 어린이의 순수함을, 청춘의 환희와 활력을, 장년의 성숙한 사랑, 노년의 통합된 인격을 바라보며 인생을 열정적으로 살겠다.
- 나는 항상 기도하는 마음과 말씀을 묵상하는 지성, 찬송하는 입술, 봉사와 섬김의 자세를 가지고 얼굴에 항상 밝은 미소를 띠고 사람들을 따뜻이 맞이하며, 눈을 총명하게 반짝거리며 삶을 연구하며 살아가겠다.
- 나는 참다운 삶을 살기 위해 내일은 너무 늦기에 지금 도전의 삶을 살기 시작할 것을 벅찬 마음으로 매순간 다짐한다.

- 나는 내가 오르는 산이 다른 사람들에게는 언덕만도 못하게 보일지라도 그것에 눈치 보거나 위축되거나 영향 받지 않고 하나님 앞에서 겸손히 머리 숙여 감사하면서 나 자신의 개인적 승리와 환희를 느끼며 늘 새롭게 도전하겠다.

② 전인건강을 위한 실천사항
- 나는 가능한 한 오랫동안 인생경영을 잘 할 수 있도록 영적, 지적, 심리적, 신체적 건강을 가꾸어 나갈 것이다.
- 나의 영성을 위해 하나님 앞에서 살아가는 신전의식을 늘 마음에 새기겠다.
- 나의 영적, 심리적 건강을 위해 하나님의 사랑인 긍휼, 용서, 회복이 내 마음에 흐르도록 하나님을 묵상하며 그 사랑으로 자신의 마음을 다스려 나가겠다.
- 나의 지성을 위해 나의 전공분야를 더 깊이 연구하겠다(성경, 신학, 목회, 리더십, 심리학 및 상담학, 임상기술, 경영기술, 외국어).
- 나는 신체적 건강을 위하여 일주일에 세 번 이상 1시간씩 운동하며, 몸무게를 60Kg 정도 유지하며 정기적인 건강검진을 받겠다.
- 나는 자신의 신체리듬에 따라 연구와 저술, 목회, 세미나 및 강연, 개인상담 및 집단심리치료 스케줄을 조정해 나가겠다.
- 나는 삶의 신선함과 활기를 위해 적절히 쉬며 안식월을 잘 활용하여 전인적인 재충전을 할 것이다.

③ 다른 사람 및 사역을 위한 실천사항

- 나는 다른 사람의 변화와 성장에 대한 믿음과 소망을 가지고 최선을 다해 도울 것이며, 그들을 돕는 것이 곧 나를 돕는 것이며 하나님이 기뻐하시는 길임을 깊이 인식한다.
- 나를 돕는 사람들에게 늘 감사하는 마음을 잊지 않는다. 오늘의 나는 그분들의 도움의 결과이기에 머리 숙여 감사한다.
- 나는 겸손한 마음으로 살도록 매일 하나님께 어떤 방법으로든 감사를 드린다.
- 나는 하나님이 주신 인생의 주도권으로 나를 배척하는 사람을 나 역시 배척하는 종속적인 삶을 살지 않는다.
- 나는 나 자신이 타인을 섬기기 위해 부르심을 받았으며 그 길을 따라 살다가 죽기를 소원한다.
- 나는 하나님의 은혜 아래 날마다 새로운 삶을 살기 위해 가난한 마음으로 하나님을 의지하고 성령의 충만함을 입도록 말씀을 묵상하며 기도한다.
- 나는 비전의 약속들을 성실히 이행하도록 하루에 한번은 생각하고 말하며 점검하고 끊임없이 실천함으로 마침내 이루어 낼 것이다.

● 나의 부고

심수명은 애정이 넘치는 목회자요, 스승이자, 꾸밈없이 진솔한 인간의 본보기였다. 고인의 리더십은 자신뿐 아니라 많은 사람들로 하여금 스스로의 삶 속에서 하나님의 존재를 깨닫게 해주었다. 고인은 사랑스런 아들이자, 우리의 형제이며, 남편이었다. 또 그는 아버지이며, 할아버지이자 장인이며, 처남이자 삼촌이며, 친구이자, 인생 동료로서, 진정한 사랑을 나누려고 애썼다. 고인은 스스로 영적인 평화를 누렸기에, 자신의 인생관에서 벗어나게 만드는 사람이나 일에 대해서는 겸손과 애정을 담아 분별하려 하였다. 고인은 어떤 사건이나 상황 속에서도 공감적 시각을 가지고 바라보았으며 언제나 사람을 순수한 마음으로 대할 고결한 에너지를 지녔고, 또 무슨 일이 생기더라도 그 속에서 하나님의 메시지를 발견할 줄도 알았다.

심수명은 자신에 대한 하나님의 무조건적인 사랑을 믿었다. 그는 성실함을 자기 삶 속에 지니기 위해 평생을 수고하였고, 언행의 일치를 추구하였다. 고인은 어디에 가든지 자신의 존재로써 이 세상에 하나님의 사랑과 긍휼을 더 나타내고 싶어 하였다. 그러므로 고인으로 말미암아 이 땅에 하나님의 복음과 사랑이 전해져 따뜻한 공간이 더욱 많아졌으며, 그를 알았던 누구도 그를 잊지 못할 것이다.

(2) 평신도의 예

● 사명: 사람들이 성숙한 삶을 살도록 돕는다.

● 사명 설명 : 성숙한 삶이란 하나님을 경험하고 그리스도 안에서 하나님의 온전한 형상으로 회복되어가는 삶이다. 성숙한 삶의 궁극적 목표는 하나님을 사랑하고 나를 사랑하며 사람을 사랑하고 섬기는 삶이다. 나는 다른 사람들이 이러한 삶을 살도록 도우며 살겠다.

① 하나님에 대하여
- 가치 : 하나님은 내 삶을 세우시는 분이시다. 하나님은 나의 사랑과 보호와 축복이 되신다.
- 궁극적 목표 : 매 순간 하나님의 말씀과 기도 안에서 산다.
- 장기목표 : 하나님의 말씀이 내 안에 깊이 머물도록 한다.
- 과정 : 하나님의 사랑과 은혜를 누리며 QT를 통해 교제한다.
  체계적인 성경공부를 꾸준히 한다.
  기도와 말씀으로 무장되어 하나님과 성령 안에서 교제한다.
- 실천계획 : 매일 성경읽기(통독, 책별 읽기, 큐티 묵상)를 한다.(30분 이상)
  하나님의 임재를 경험하는 영성 있는 찬양예배에 매주 참여한다.
  새벽기도를 삶의 우선순위에 둔다.
  매일 산책하면서, 안식 주시는 하나님을 누리고 만나며, 깊은 평안의 시간을 갖는다.

② 나에 대하여
〈인격에 대하여〉
- 가치 : 나는 그리스도의 제자로 부름 받은 자이다.
- 궁극적 목표 : 하나님이 주신 영과 육의 모든 것들을 통해 사람을 섬긴다.
- 장기 목표 : 교회 공동체와 상담사역을 통해 그리스도의 사랑을 전한다.

- 과정 목표 : 날마다 하나님의 사랑을 누리며 확인하고 신적 자존감을 회복한다.

  예수님의 인격과 성품을 닮아가도록 성령을 통해 훈련한다.

  인격적인 삶으로 통합되어가며 인간관계의 풍성함을 누린다.
- 실천 계획 : 매일 아침 기도를 거르지 않는 습관을 들인다.

  내 안에 있는 욕망과 두려움을 주님께 맡긴다.

  판단하는 언어사용을 자제하고 공감적 언어를 사용한다.

  사람을 소중히 여긴다.

〈신체에 대하여〉

- 가치 : 내 몸은 성령이 임하시는 거룩한 성전이다.
- 궁극적 목표 : 몸의 건강을 유지하여, 하나님과 사람을 섬기는 일에 지장이 없도록 한다.
- 장기 목표 : 건강 유지를 위해 생활습관, 식습관의 건강성을 이룬다.
- 과정 목표 : 운동과 식사조절로 몸무게를 53kg으로 유지한다.

  수영으로 관절과 건강을 유지한다.

  소식과 운동, 스트레스 조절로 건강을 유지한다.
- 실천계획 : 매일 걷기 20분 이상 한다.

  월1회 2시간 산행을 한다.

③ 가정에 대하여

〈배우자에 대하여〉

- 가치 : 남편은 나의 이웃 사랑 실천 대상의 제 1순위이다.
- 궁극적 목표 : 남편이 하나님을 만나고 그 사랑을 누리는 자가 되도록 돕는다.
- 장기 목표 : 나를 통해 그리스도의 사랑을 만날 수 있도록 남편을 감동케 하는 자가 된다.
- 과정 목표 : 사랑을 받는 자가 되려는 마음을 항상 자각하여 버려간다.
  사랑을 주는 자가 되도록, 최선을 다해 남편을 섬긴다.
- 실천계획 : 내가 구원해야할 제1순위의 전도대상이므로, 가장 귀한 귀빈으로 모신다.
  매주 한 번 이상 함께 할 일을 만든다(운동, 모임 동행, 문화 활동, 외식 등).
  매일 새벽마다 남편을 위해 구체적으로 기도한다.
  좋은 문화 프로그램이나 책을 적극적으로 소개하고 함께 한다.

〈자녀에 대하여〉

- 가치 : 자녀는 내 소유가 아니라, 하나님이 잠시 맡기신 그 분의 자녀이다.
- 궁극적 목표 : 자녀가 그리스도의 길을 뒤따르는 자가 되도록 돕는다.
- 장기 목표 : 자신의 은사를 발견하여, 그를 통해 하나님께 영광

돌리는 삶을 살도록 돕는다.
　　비전을 찾아가도록 지지하고 격려하며, 영적으로 물질적으로 후원자가 되어 돕는다.
- 과정 목표 : 자녀들에게 가정을 행복한 쉼터로 만들어준다.
　　자녀의 인격을 존중한다.
　　편견을 가지고 자녀를 칭찬하거나 질책하지 않는다.
　　자기 은사와 비전을 찾아서, 비전의 길을 걸어가도록 돕는다.
- 실천 계획 : 자녀들이 나를 필요로 할 때 함께 하며 대화한다.
　　묻고 싶은 것이 있어도 한 번 더 생각해 본다.
　　문자를 활용하여 사랑과 격려를 한다.

④ 부모님에 대하여
- 가치 : 주안에서 공경하며 감사한다.
- 궁극적 목표 : 부모님의 여생이 영육 간에 평안하고 보람이 있도록 효도한다.
- 장기목표 : 부모님을 진심으로 사랑하며, 친밀감 있게 대한다.
- 과정목표 : 신앙이 성장할 수 있도록 돕는다.
　　가끔씩 같이 시간을 보내며 필요한 일에 도움을 드린다.
　　화단(텃밭)을 만들어 여가생활을 하시도록 한다.
　　가족예배를 드린다.
- 실천 계획 : 매주 찾아뵙고 인사드린다.
　　용돈을 매달 풍성하게 채워드린다.
　　생신, 명절, 추도예배 등 의미 있는 날은 꼭 챙긴다.

⑤ 교회 공동체에 대하여
- 가치 : 모든 사람은 하나님 앞에서 존귀한 존재이다. 사람들이 하나님의 형상을 회복한 성숙한 인격으로 살아가도록 돕는다.
- 궁극적 목표 : 삶에 어려움을 겪는 사람들이 문제를 회복하고 하나님 앞에 나아가 스스로를 세울 수 있도록 돕는다.
- 장기 목표 : 하나님을 경험하고 그리스도 안에서 하나님의 온전한 형상으로 인격이 회복되는 성숙한 삶을 이루는데 도움이 되는 사역을 교회 내에 확대하도록 돕는다.
- 과정 목표 : 성숙한 인격을 다듬어서 영적 지도자로서의 자질과 능력을 발휘해간다.
  지도자로서 필요한 훈련을 열심히 하고 경험을 쌓는다.
- 실천 계획: 일대일 양육을 꾸준히 해나간다.
  목장 사역을 위해 기도하며, 새 목자를 세우고, 분가를 목표로 한다.
  교회가 필요로 하는 곳이면 어디든 달려간다.

⑥ 경제생활에 대하여
- 가치 : 물질은 하나님이 맡기신 축복이며, 하나님과 사람을 섬기기 위한 도구이다.
- 궁극적 목표 : 청지기로서 균형 있는 물질 관리를 하도록 하며 부가 목적이 되지 않도록 한다.
- 장기 목표 : 감사함으로 헌금을 드리고, 기쁨으로 나눠야 할 사람과 나누고 적절하게 소비생활을 한다.

- 과정 목표 : 직업을 통해 얻는 소득의 50%는 나의 최소한의 삶을 위해 쓰고, 나머지는 섬김을 위해 쓴다.

  저축과 소비의 균형을 맞춘다.

  매월 정기적으로 건축헌금을 하며 수입의 30% 이상을 헌금으로 드리도록 한다.

- 실천 계획 : 매월 일정금액을 구제와 선교 사업으로 헌금한다.

  가계부를 적고 적절한 지출이었는지 반드시 점검한다.

  노후를 위한 저축을 늘린다.(적립식 펀드, 적금 확대)

  외식을 줄이고 새 옷 구입은 철에 한 벌로 제한한다.

4) 나의 사명선언서 작성

여러분의 사명선언서를 작성해 보십시오. 다른 사람 것을 모방하기 시작할 때 더 멋있는 작품을 만들 수 있습니다. 위의 예를 기초로 하여 여러분의 멋진 사명선언서가 탄생하길 바랍니다.[18]

① 분야 :

가치	
궁극적 목표	
과정 목표	
실천 계획	

---

[18] 비전과 사명선언서에 대해서는 저자가 쓴 『비전과 리더십(도서출판 다세움)』이라는 책에 자세히 설명하였고 사명선언서의 예도 다양하게 소개하였다. 그 책을 참조하기 바란다.

② 분야 :

가치	
궁극적 목표	
과정 목표	
실천 계획	

③ 분야 :

가치	
궁극적 목표	
과정 목표	
실천 계획	

④ 분야 :

가치	
궁극적 목표	
과정 목표	
실천 계획	

⑤ 분야 :

가치	
궁극적 목표	
과정 목표	
실천 계획	

⑥ 분야 :

가치	
궁극적 목표	
과정 목표	
실천 계획	

마치며

　세상에 자녀를 사랑하지 않는 부모가 어디 있습니까? 자녀를 위해서라면 부모는 자기 생명도 아끼지 않습니다. 그만큼 부모는 자녀를 사랑합니다. 그럼에도 불구하고 자녀들에게 가장 고통을 주는 사람이 있다면 그 또한 부모일 것입니다.

　자녀를 사랑하지 않는 부모는 극히 예외적이며 비정상적인 몇몇 부모들 외에는 없습니다. 보편적인 부모들은 그들 나름의 최선을 다해 자녀를 사랑합니다. 그렇지만 안타깝게도 자녀들에게 말할 수 없는 고통을 주는 경우들도 종종 발생하는 것입니다.

　그렇다면 자녀를 사랑하는데도 자녀에게 원치 않는 고통과 불행을 주는 까닭은 무엇일까요? 그것은 자녀교육에 대한 지식과 지혜가 부족하기 때문입니다. 사랑만으로는 부족합니다. 정말 사랑한다면 사랑하는 법을 배워야 하며 사랑하는 사람에 대해 연구해야 합니다. 무지한 사랑은 흔히 무례한 사랑으로 이어지기 쉽습니다. 그리고 그러한 사랑은 사랑하는 사람에게 깊은 상처를 주기 마련입니다.

　자녀를 진정으로 사랑한다면 자녀교육과 자녀사랑을 공부해야 합니다. 그런데 많은 부모들이 자녀교육을 공부하지 않습니다. 그냥 본능과 감정으로만 교육하려고 합니다. 그래서 부모들이 자녀교육에 실패하는 것입니다.

우리 자녀가 문제를 일으키는 사람이 된다면 우리의 가정은 심각해집니다. 우리는 그 자녀로 인해서 스트레스를 받아 지칠 대로 지치게 됩니다. 이스라엘 사람들이 여리고 성을 돌고 돌았듯이, 우리도 나팔을 불어 대면서 그들이 세운 벽을 돌고 또 돌게 될 것입니다. 여호수아와 그의 군대는 여리고 성벽을 무너뜨렸지만, 우리에게는 그런 희망도 없습니다. 이들은 우리의 혈육이요 우리의 아들이나 딸입니다. 그래서 잠을 이루지 못하며 지난 날들을 되돌아보면서 자신을 살피게 됩니다. 그러면서 어쩌면 우리의 잘못으로 사랑하는 자녀를 이 지경으로 몰아넣은 것일지도 모른다는 생각 때문에, 수십 가지 일을 되돌아보며 회한에 쌓입니다. 직장이나 결혼 생활에 적응을 못하고, 각종 중독에 빠지거나 가족들이 모이는 때면 큰 소리로 소동을 일으키는 자녀를 둔 부모들은 저녁이 되면 베갯머리를 맞대고 탄식하며 아들과 딸에 대한 이야기를 나눌 것입니다. 만일 목사님이나 장로님, 그리고 집사님이나 교사, 또는 교회에서 중요한 위치를 차지하고 있는 사람에게 이런 자녀가 있다면 성도들은 갈피를 잡지 못하고 근거도 없이 여러 가지 무성한 소문이 떠돌게 됩니다.

시사주간지 타임지는 어떤 범죄자가 30세에 감옥에 들어와 70세까지 복역하는 비용이 한 사람이 명문학교를 졸업하는 비용보다 더 많이 든다는 통계를 제시합니다. 즉 수감자를 위해서는 방과 옷 그리고 음식 등의 비용이 필요한데 이 경우에 드는 비용이 사람이 태어나서 미국에서 가장 등록금이 비싸다는 스탠퍼드대학교를 졸업할 때까지의 비용만큼 많이 든다는 것입니다. 성공을 위해서 비용을 들여야 하는 것처럼 실패를 위해서도 비용이 필요합니다. 보통 우리의 삶은 성공을 위해 비용을 지출하기보다 실패한 후 그 실패를 보상하느라 훨씬 많은 비용을 지출합니다. 따라서 어차피 비용을 지출해야 한다면 처음부터 성공을 위해 비용을 들이는 것이 실패를 보상하느라 힘을 쏟는 것보다 훨씬 현명합니다.

잠언에는 우리가 들어야 할 충고가 기록되어 있습니다.

"사람의 마음에 있는 모략은 깊은 물 같으니라 그럴지라도 명철한 사람은 그것을 길어 내느니라"(잠 20:5).

이제 우리는 자녀의 깊은 내면에 있는 그들의 숨은 능력을 찾아보며, 그들을 지으신 이가 설계한 '원대한 목적'을 발견해야 합니다. 예수님의 인격을 닮는 사람, 예수님의 지혜를 배우는 자녀가 되도록 길러야 할 것입니다.

수년 전 한국의 대학생 천여 명에게 이런 질문을 했다고 합니다.

"지금 당장 가지고 싶은 것이 무엇입니까?"

자동차, 텔레비전, 컴퓨터 등일 것이라는 우리의 예측과 달리, 정작 그들의 대답은 "나는 감동을 받고 싶다."고 대답하였습니다. 오늘날 많은 사람들이 감동에 목말라 하고 있습니다. 감동받기를 원하고 있습니다.

저는 상처 가운데 태어나 많은 아픔이 있었습니다. 하지만 하나님의 은혜와 사랑으로 거듭나 새 사람이 되었습니다. 저의 영적, 정서적 상처를 하나님의 사랑으로 치료 받았기에 부족하지만 다른 영혼을 치료하는 사람으로 살아가면서 매 순간 진정한 자유와 기쁨을 누리며 살고 있습니다. 이러한 축복은 세상 사람과 다르게 살도록 나를 지으신 하나님의 뜻에 순종하기 위해 몸부림치면서 얻은 작은 축복입니다. 저의 지나온 삶을 돌아보며 '내 인생이 정말 이럴수가 있을까? 할 정도로 저는 마음에 행복과 평화를 느끼며 살고 있습니다. 이 모두가 다 하나님의 은혜입니다. 저는 이렇게 내게 임한 하나님의 은혜가 이 땅의 모든 이에게 적용되길 기도합니다. 하나님, 우리 모두에게 은혜를 베푸소서.

내가 다시 아이를 기르게 된다면

내가 다시 아이를 기르게 된다면
그들의 버릇을 고쳐 놓으려고 애쓰기보다
내가 그들의 모범이 되는 일에 마음을 쏟으리라.
그들의 습관과 행동을 고치는 일에 시간을 빼앗기기보다
내 마음을 넓히는 일에 시간을 쓰리라.
그들을 꾸지람하고 야단치는 일에 마음을 쏟기보다
더 많이 성경 이야기를 들려주리라.

내가 다시 아이를 기르게 된다면
잔소리로 그들의 마음을 박박 긁어 놓기보다
그들을 위해 기도하리라.
간섭하고 끼어들어 그들의 마음과 생각을 흐트러뜨리기보다
그들을 하나님께 내맡기리라.

내가 다시 아이를 기르게 된다면
찬양 소리로 그들의 아침잠을 깨우고
하루를 마감하는 기도의 소리로 잠들게 하리라.
내게 다시 기회가 주어진다면
더 많이 기도하리라.
더 기도하리라.
그러나 내게 기회가 주어지지 않는다 할지라도
나는 여전히 기도하리라.
그들을 위해 무릎을 꿇으리라.
기도로 나의 과오를 씻어 내고
그들의 상처를 감싸 주리라.
기도로 그들의 세계를 밝게 열어 주리라.

– 부록 –
성숙한 신앙인으로 키우는 교육

한국의 기독교가 큰 부흥과 성장을 이루어왔음에도 한국 기독교인의 의식구조는 바뀌지 않고 있습니다. 개혁과 변화를 요구하면서도 전혀 개혁되지 않고 변화되지 않는 이 현실에 대해서 그 나라가 도래할 때까지 우리는 그저 방관만 한 채 살아야 한단 말인가요? 어떤 다른 대안은 없는 것일까요?

문제 제기

아마 우리 모두는 사회 전반에 걸쳐 의식구조가 쉽게 바뀌지 않는 현상들을 관찰하였을 것입니다. 이런 현상을 통해 다음의 몇 가지 사실을 알 수 있습니다. 첫째, 대부분의 사람들이 모든 분야에 변화와 개혁이 필요하다고 생각하고 있습니다. 둘째, 그러나 그들 모두가 실제로 개혁의 주체로서 행동하지는 않습니다. 셋째, 개혁에 대한 의지와 실제의 행동 사이에 상당한 차이가 있습니다.

기독교인의 중요한 행동양식 중의 하나는 신앙과 생활이 일치해야 한다는 점입니다. 이 땅에 기독교인이 4분의 1이나 되면서도 이들이 여전히 사회를 변화시키지 못하는 가장 큰 이유는 신앙과 생활을 통합적으로 보지 못하는 분열적 사고에 있다고 생각합니다. 정치가 변화하여 이 땅에 평화와 인권이 보장될 수 있도록 아무리 기도한다 하더라도 자신이 이기적이고 부당한 행동양식을 버리지 않으면 기도에 능력이 나타날 리 없습니다. 이기심, 불공정, 비리, 탈세 등 불법을 퇴치하고 이 땅에 평화와 정의를 강물과 같이 넘쳐나게 하기 위해서는 기독교인의 역할이 매우 중요합니다. 그렇다고 기독교인이 개혁의 주체가 되고자 운동권이나 혁명가처럼 행동할 수는 없습니다. 개혁적 사고를 가지되 기독교인이 취해야 할 성경적인 입장은 분명히 달라야 합니다.

따라서 우리의 자녀들이 이 시대를 이끌 변화의 주체로서 성숙한 수준의 사고를 가질 수 있는 방법과, 어떤 삶을 사는 것이 성숙한 신앙인의 삶인지 살펴보고자 합니다.

대안-부모의 새 관점 형성하기

사람의 모든 행동은 내면세계의 심리적 역동에 의해 좌우됩니다. 식당에 들어가 먼저 신문을 펼쳐 드는 사람, 지하철을 타자마자 팔짱을 끼고 졸기 시작하는 사람, 밥을 먹을 때 항상 국을 먼저 먹어야 하는 사람, 책을 한 번 붙잡으면 끝까지 읽어야 하는 사람 등, 극히 자연스러운 행동들 같지만 내면의 심리적 역동에 의해 조절된 행동들입니다.

이렇게 사람을 움직이는 내면의 역동이 있지만 성도로 부름 받은 자들인 우리들은 내면의 심리적 역동을 다스릴 수 있는 힘이 있어야 할 것입니다. 심리적 역동이 성령의 역동과 판이하게 다른 경우들이 너무나 많기에 성도는 성령의 인도하심 아래 믿음으로 살아갈 수 있도록 자신의 전인을 그리스도 안에 통합시켜야 하는 것입니다.

이를 위해 아래의 내용을 살펴봄으로 성숙한 신앙인을 위한 길을 제시하고자 합니다.

통제소재(Locus of control)

통제소재란 어떤 결과가 있을 때 그 원인이 무엇인지를 분석하는 것입니다. 통제소재에는 외적 통제소재와 내적 통제소재가 있습니다. 외적 통제소재의 사람은 모든 것을 운명과 팔자소관으로 생각합니다. 반면에 내적 통제소재의 사람은 자신의 노력과 능력을 중요한 요인으로 생각하며 결과의 성패에 관계없이 스스로 책임을 집니다.

통제소재와 관련하여 그 사람과 민족의 성향을 알기 위하여 문화를 살펴보아야 합니다. 특별히 동화나 설화는 그 민족의 성향을 여실히 보여주고 있습니다. 예를 들면 흥부전에서는 제비 다리를 고쳐주어 부자가 되고 심청전에서는 인당수에 빠진 심청을 용왕이 살려주는 것을 봅니다. 이것은 내 노력이나 능력보다는 초자연적 힘에 자신의 운명을 맡기며 변화를 기대하는 것입니다. 이런 한국민족의 심성에 흐르는 무의식적 요소는 우리의 전망을 어둡게 하고 있습니다. 민족적으로 볼 때 새로운 지식의 창출이 거의 없습니다. 우리는 거의 다 빌려온 지식에 의존하고 있습니다.

종교성향

종교성향이란 그가 가지고 있는 종교적 신념과 일치되는 사고와 가치관을 가지고 있는가 하는 것입니다. 여기에 내재적 종교성향과 외재적 종교성향이 있습니다. Allport(1966)에 따르면 내재적 종교성향을 가진 사람은 종교 안에서 그들의 가장 중요한 동기를 발견하고 다른 동기들은 궁극적 의미를 갖지 않습니다. 이들은 신조를 받아들이고 그것을 내면화하며 또 그것에 완전히 순종하도록 노력합니다. 그리고 이들은 이타적이며, 규칙적으로 예배에 참석하고, 성서나 종교 관련 서적을 읽는 등 교리에 대한 지적인 관심도 보입니다. 이들이 종교적인 생활을 한다는 것은 이러한 행동양식을 의미합니다.

한편, 외재적 종교성향을 가진 사람들은 자기의 목적이나 이익을 위해 종교를 이용하려고 합니다. 이러한 사람들은 종교를 다양한 방식으로 이용해서 그 유효성을 느낄지도 모릅니다. 예컨대, 그들은 종교를 안정과 위안, 사교성과 기분전환, 지위와 자기 정당화를 부여해 주는 것으로서 받아들이며, 종교적 신념은 가볍게 취급하거나, 아니면 당초의 요구에 더 적합하도록 변형시킵니다. 이들은 이기적이며 실리적이고 도구적인 가치관을 갖고 있습니다. 종교를 이용하는 이들은 교회의 진실된 종교적 기능과 밀접한 연관성을 갖지 못하고 있습니다.

신앙은 어떤 하나의 목표를 향한 강력하고 적극적인 정신 운동입니다. 성숙한 신앙을 가진 자는 궁극적 목표를 마음속에 간직하고 그 목표에 초점을 맞추기 위해 종교적 실천 활동을 행할 수 있으며 과거의 경험보다 미래에 강조점을 둡니다. 연구 결과에는 내재적 종교성향을 가진 사람들이 외재적 종교성향을 가진 사람들에 비해 보다 뚜렷하고 만족스러운 목적이나 목표가 있으며, 의욕적으로 그것을 향해 모든 것을 추진하고 있는 것으로 나타났습니다.

기독교 가정 내에서 부모의 종교성에 따라 자녀의 종교성은 어떻게 나타나는가를 자녀가 지각하는 부모권위와 관련하여 알아본 결과에 의하면 부모의 내재적 종교성은 생활전반에서 내면화되기 때문에 자녀에게 필연적으로 영향을 끼치는 것으로 나타났습니다. 이에 비해 외재적 종교성에서 보이는 도구적인 성향은 종교의 권한에 전적인 가치를 두고 있지 않으며 올포트의 표현 그대로 종교를 생활화하고 있는 것이 아니므로 이것이 관계적 차원에서 영향을 발휘하지 못하는 것으로 드러났습니다.

기독교가정의 종교교육은 부모의 종교성이 성숙되어 있을 때 진정한 것이 될 수 있습니다. 부모와 자녀의 관계는 종교성의 성숙에 밀접한 영향을 끼치는 관계이기 때문입니다. 이러한 관점에서 성숙한 자녀를 키우기 위한 부모의 역할은 너무도 중요합니다. 그렇다면 어떻게 해야 할까요?

내면의 변화

앞에서 이야기 한대로 내적 종교성향은 종교적 신념과 가치관대로 살아가는 사람이고 외적 종교성향은 종교적 행동과 신념이 불일치하는 것입니다. 종교성향과 통제소재의 관계연구를 해볼 때 내적 종교성향의 사람이 내적 통제소재의 경향을 가지고 있고 외적 종교성향의 사람이 외적 통제소재의 경향을 가지고 있는 것으로 나타났습니다. 이것을 그림으로 나타내면 다음과 같습니다.

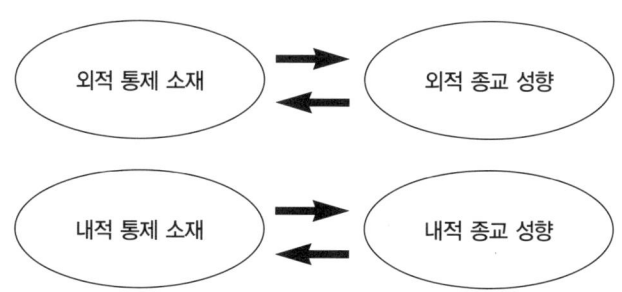

외적 통제소재의 성향을 가진 사람이 신앙생활을 한다면 외적 종교성향의 신앙생활을, 내적 통제소재의 성향을 가진 사람은 내적 종교성향의 신앙생활을 하게 됩니다. 외적 종교성향의 사람이 내적 통제소재의 사람으로 변화될 수 있는가? 이는 불가능합니다. 특별히 우리 민족은 다분히 외적 통제소재의 경향성을 가지고 있기에 신앙을 가지게 되면 외적 종교성향의 신앙인이 되는 경우가 많은 것입니다. 이런 현실 속에서 어떻게 내적 종교성향으로 변화될 수 있을까요? 만일 변화될 수 없다면 하나님의 능력은 헛된 것이며 사회변화 역시 기대할 수 없습니다.

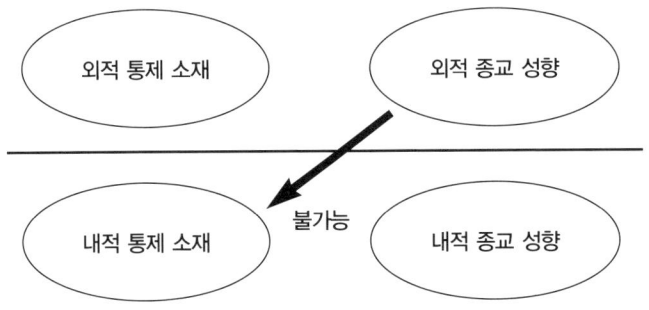

외적 종교성향에서 내적 종교성향의 사람으로 변화되려면 첫째, 새로운 피조물이 되게 하시며 우리의 인격을 변화시키는 성령님을 온전히 의지해야 합니다. 둘째, 하나님의 말씀에 순종하면서 자신의 악과 본성에 대해 철저한 돌이킴의 훈련을 믿음으로 감당해야 합니다. 이때 '철저하게' 라는 말이 중요합니다. 대강 훈련한다거나 어느 정도만 감당해서는 내면적인 가치를 추구하는 사람으로 변화하기를 기대해서는 안 됩니다. 셋째, 지성과 정서와 의지를 통전적으로 변화시키는 인격적 훈련을 받아야 합니다. 부단한 수고는 달고 맛있는 열매를 맺게 할 것입니다.

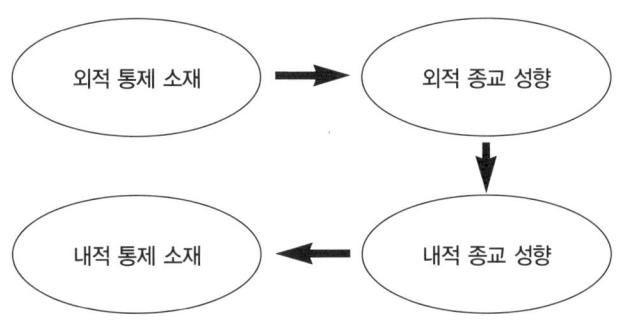

변화와 성숙의 삶

사람들은 생각하기를 싫어합니다. 세상을 지각하고 판단할 때 가능하면 노력을 덜 들이면서 결론에 이르려고 하는 '인지적 구두쇠'들이 많은 것이 사실입니다. 그러므로 우리가 깨달아야 할 점은 사람은 누구나 다 자기 맘대로 판단하고 생각한다는 것입니다. 자기 자신에 대해서도 "나는 …한 사람입니다."라는 말로써 자신을 어떤 틀 속에 넣어버리고 성장을 위한 갈등을 제거해 버리곤 합니다. 자기 자신이 이제까지 계속해온 행동을 정당화시키고, 현재도 같은 행동을 되풀이하는 변명으로 이용하곤 합니다. 자신이 스스로 틀을 만들어 놓고 그 틀 속에 자기를 가두어 버리면 바로 그 순간부터 성장은 정지하게 됩니다. 그리고 자기 내부의 성장을 위한 잠재력은 출구를 잃고 맙니다. 이런 일관성을 거짓된 일관성(False-consistency)이라고 합니다. 거짓된 일관성은 사람을 움직이는 역동 중에서도 상당히 부정적인 영향력을 발휘하는 심리적 힘입니다. 그러므로 나를 믿어주는 하나님 때문에 하나님의 사람으로 살고 싶은 열망을 가지고 자신을 받아들이고 인정하면서 성숙한 그리스도으로 살겠다는 각오가 있어야 변화가 시작되는 것입니다.

개신교 윤리가 강화될 때 미숙한 성격인 외적 통제경향이 성숙한 성격인 내적 통제경향으로 변화된다는 연구 보고가 있었습니다(이누미야 요시유키, 1997, 5). 그러므로 미숙한 종교성향이 성숙한 종교성향으로 변하도록 하기 위해 꾸준한 훈련이 있어야 할 것입니다. 말로만 하는 가르침이 아니라 종교 안에서 궁극적 의미를 발견하고 그것에 따라 살며, 그것 때문에 고난과 괴로움을 감수하는 진정한 실천적 가르침이 필요합니다. Allport(1972)는 이러한 종교성향의 빠른 변화를 위해 심리적 요인으로서 종교 교육을 제시하였습니다. 그는 가정교육이 종교적 체험을 형성하는 데 가장 중요한 요인이라고 했고 다음으로 개인적 반성, 학교 교육의 순으로 종교 교육의 중요성을 강조했습니다. 따라서 기독교의 종교성향에 변화를 주기 위해 진정한 종교적 각성이 오늘 우리 안에 다시 일어나야 합니다.

기독교인에게 있어 개혁은 하나님의 형상을 이루기까지 계속됩니다. 그 실천방식은 거룩함을 회복하는 것입니다. 온전한 성장은 그리스도를 믿는 것과 아는 지식에 기초합니다. 감상적 사랑이나 맹목적 가르침만으로 개인이 성숙해질 수는 없습니다. 사랑과 인격에 기초한 교육만이 비로소 변화를 이루게 할 수 있습니다. 그리고 개혁은

탈세속화의 방식으로 실현되어야 합니다. 윤리적으로 정당하다 하더라도 그것이 인간중심적일 경우 그 실천방식은 배제하지 않으면 안 됩니다. 우리 기독교인이 이와 같은 입장에 확고히 설 수 있다면 각종 사회문제에 관한 개혁은 탄력을 받을 수 있을 것이며 하나님의 나라는 확장될 수 있을 것입니다.

| 참고문헌 |

가천노. 「성공 패러다임」 서울: 생명의 말씀사. 2003.
김정환. 「전인 교육 어떻게 할 것인가」 서울: 내일을 여는 책. 1997.
문용린. 「신세대 부모여, 확신을 가져라」 서울: 바오로 딸. 1994.
_____. 「나는 어떤 부모인가」 서울: 바오로딸. 1994.
심수명. 「인격치료」서울: 학지사. 2004.
_____. 「한국적 이마고 부부치료」 서울: 도서출판 다세움, 2006.
_____. 「사랑이 흐르는 공동체만들기 2- 인간관계훈련」 서울: 도서출판 다세움. 2008.
_____. 「비전과 리더십」 서울: 도서출판 다세움, 2010.
최인호. 「사랑의 기쁨」 서울: 여백. 1997.
한 홍. 「다음 세대의 날개」 서울: 비전과 리더십. 2003.
빌이라는 이름을 가진 아버지. 「아빠 저 임신했어요」 김성웅 역.
　　　서울: 줄과 추. 1997.
스티브 R. 비덜프. 「아이에게 행복을 주는 비결 1」 전순영 역.
　　　서울: 북하우스. 2001.
스티브 R. 비덜프. 「아이에게 행복을 주는 비결 2」 전순영 역.
　　　서울: 북하우스. 2001.
스티븐 코비. 「성공하는 사람들의 7가지 습관」 김경섭 역. 서울: 김영사. 1994.
이누미야 요시유키. "통제소재와 종교성향의 관계" 석사학위논문.
　　　고려대학교 대학원. 1997.
존. 하가이. 「미래는 진정한 리더를 요구합니다」임하나 역.
　　　서울: 하늘사닥다리. 1997.
캐롤 래드. 「긍정적인 엄마의 파워」 양경원 역. 서울: 나침반, 2001.
James Packer, Thomas Howard. 「Christianity: The True Humanism」
　　　김석현 역.「기독교: 참된 휴머니즘」 서울: 여수룬, 1990.

| 저자소개 |

심 수 명(Ph.D., D.Min.)

한밀교회를 개척하여 상담목회를 적용하고 있는 저자는 상담 전문가이며 신학과 심리학, 상담과 목회현장을 아우르는 학자이며 목회자입니다. 저자는 치유와 훈련, 목회를 마음에 품고 한 영혼의 전인적인 돌봄, 부부관계 회복, 비전있는 자녀교육, 건강한 교회 세움, 상담전문가 양성 등에 헌신해 왔습니다. 그 노력의 일환으로 제자훈련 시리즈, 상담 훈련용 교재들을 출판해 왔습니다.

2011년에는 "기독교상담적 관점에서 본 정신역동상담"이 문화체육관광부 우수학술도서로 선정되고, 2011년 목회와 신학에서 한국교회 명강사(상담분야)로 선정되는 등 한국교회와 사회에 영향력을 끼치고 있습니다.

안양대와 총신대(신학), 고려대(석사. 상담심리)와 미국 풀러신대에서 목회상담학 박사와 국제신대에서 상담학 철학박사 학위를 취득하였다.

상담자격은 한국 목회상담협회 감독, 한국 복음주의 기독교상담학회 감독상담사, 한국 기독교 상담 및 심리치료학회 상담전문가, 한국 가족상담협회 수련감독으로 활동 중입니다.

여성부정책자문위원으로 활동했으며 현재 한기총 다세움상담목회대학원 원장, 사단법인 다세움 대표, 국제신학대학원대학교 상담학교수로 사역하고 있습니다.

• 이메일:
soomyung2@naver.com

| 저서 |

교육상담훈련
- 인생을 축제처럼(도서출판 다세움)
- 인격치료(학지사)
- 그래도 삶은 소중합니다(도서출판 다세움)
- 감수성훈련 워크북(도서출판 다세움)
- 정신역동상담(도서출판 다세움)

목회
- 인격목회(도서출판 다세움)
- 상담목회(도서출판 다세움)
- 비전과 리더십(도서출판 다세움)
- 상담적 설교의 이론과 실제(도서출판 다세움)

소그룹 훈련 시리즈(상담목회를 적용한 소그룹 훈련시리즈)
- 의사소통 훈련(도서출판 다세움)
- 인간관계 훈련(도서출판 다세움)
- 거절감치료(도서출판 다세움)
- 분노치료(도서출판 다세움)
- 비전의 사람들(도서출판 다세움)

결혼·가정 사역
- 한국적 이마고 부부치료(도서출판 다세움)
- 부부심리 이해(도서출판 다세움)
- 행복결혼학교(도서출판 다세움)
- 아버지 학교(도서출판 다세움)
- 어머니 학교(도서출판 다세움)
- 위대한 부모 위대한 자녀(도서출판 다세움)

제자훈련 시리즈 전 4권(상담목회를 적용한 제자훈련시리즈)
- 1권. 제자로의 발돋움(도서출판 다세움)
- 2권. 믿음의 기초(도서출판 다세움)
- 3권. 그리스도와의 동행(도서출판 다세움)
- 4권. 인격적인 제자로의 성장(도서출판 다세움)
- 전인성숙을 위한 제자훈련 시리즈 인도자지침서(도서출판 다세움)

새신자용 교재
- 새로운 시작(도서출판 다세움)

위대한 부모 위대한 자녀

발행 | 김선경
저자 | 심수명
기획 | 유근준
교정 | 전은희
디자인 | 김명진
제1판 1쇄 발행 | 2012. 8. 15.
발행처 | 도서출판 다세움
서울시 강서구 수명로2길 88(내발산동 747)
Tel. 02-2601-7422~4
Fax. 02-2601-7419
Home Page : www.daseum.org

총판 | 비전북
경기도 고양시 일산 서구 덕이동 1347-7
Tel. 031-907-3927
Fax. 031-905-3927

정가 15,000원
ISBN 978-89-92750-21-9 03230